무엇이 우리를 성장시키는가

무엇이 우리를 성장시키는가

1판 1쇄 인쇄 2023. 7. 20.
1판 1쇄 발행 2023. 7. 27.

지은이 에바 아셀만 · 마르티나 파르
옮긴이 박성원

발행인 고세규
편집 심성미 디자인 유향주 마케팅 백선미 홍보 이한솔
발행처 김영사
등록 1979년 5월 17일(제406-2003-036호)
주소 경기도 파주시 문발로 197(문발동) 우편번호 10881
전화 마케팅부 031)955-3100, 편집부 031)955-3200 | 팩스 031)955-3111

값은 뒤표지에 있습니다.
ISBN 978-89-349-8244-9 03190

홈페이지 www.gimmyoung.com 블로그 blog.naver.com/gybook
인스타그램 instagram.com/gimmyoung 이메일 bestbook@gimmyoung.com

좋은 독자가 좋은 책을 만듭니다.
김영사는 독자 여러분의 의견에 항상 귀 기울이고 있습니다.

무엇이 우리를 성장시키는가

성장을 위한 경험과 성격의 변화에 대한 연구

에바 아셀만 — 박성원 옮김

김영사

차례

머리말 8

1장 무엇이 나를 남과 구별되게 하는가 15
성격과 성격심리학

성격이란 무엇인가 18
성격심리학이란 무엇인가 21
개개인의 성격을 측정할 수 있는가 23
성격은 어떻게 삶을 풍부하게 만드는가 29

2장 어떤 특성을 고려할 것인가 35
다섯 가지 주요 성격

성격심리학의 간단한 역사 38
오션스 파이브 특성 40
빅 파이브 이외의 성격 특성 46

3장 성격은 경험을 창조하는가 55
성격이 삶에 미치는 영향

건강을 도모할 때 58
친구를 만들 때 60
직업을 구할 때 62

중요한 건 성격보다 상황 63
긍정적인 사람에게 긍정적인 일이 생긴다 66

4장 성격은 언제까지 변하는가 75
유년기에서 노년기까지 성격의 성장

유년 시절의 뿌리 78
질풍노도의 청소년기 86
청년기와 장년기의 경험 90
노년기의 관점 93

5장 행복한 직업 생활은 가능한가 103
성격과 직업의 관계

취업과 은퇴로 강화되는 성격 107
성격과 직업적 성공 109
성격과 임원의 자질 111
직장 생활의 위기 115

6장 사랑은 만병통치약일까 123
성격과 사랑의 관계

사랑, 결혼, 이혼을 할 때 128
요동치는 감정과 삶에 대한 만족감 사이 136

7장 자녀는 정말 축복일까 145
자녀가 부모에게 미치는 영향

아기가 태어나면 바뀌는 것들 148
젊은 부모와 나이 든 부모의 차이 150
어머니와 아버지의 차이 152
변화하긴 해도 성숙해지진 않는다 153
웰빙 요인으로서의 자녀 154

8장 약일까 독일까 167
스트레스를 대하는 방식

독이 될 수도 있는 스트레스 170
진짜 중요한 것은 건강 179
애도를 넘은 극복 181
죽음과 결별로 인한 상실 184

9장 위기를 겪고 나면 강해지는가 195
회복 탄력성 키우는 방법

죽을 만큼 힘든 위기 후 198
회복 탄력성 연구의 뿌리 202
회복 탄력성의 여러 측면 207
트라우마를 소화하는 능력 211
훈련으로 개인의 자원을 강화하는 방법 215

10장 체념할 것인가 반항할 것인가 221
팬데믹을 견디는 성격

바이러스로 무너지는 사람들 225
팬데믹 초반의 대처 227
팬데믹이 정신 건강에 미치는 영향 229
언택트 시대의 행복 232
둠스크롤링의 위협 237

11장 내 성격을 튜닝할 수 있을까 245
성격 변화의 가능성

심리학적 개입의 효과 251
성격을 바꾸려는 이유 259
성격 변화 연습 262

12장 나를 어떻게 해석할 것인가 271
연구실에서 하는 일

심리에 관한 설문지 작성 273
테스트 점수 해석 275
성격 변화 측정 방법 279
직접 테스트하기 281

주 291

우리의 존재 양식은 제각기 다르다. 하지만 어느 누구도 계속 동일한 존재 양식을 고수할 필요는 없다.

> 우리의 인생행로는 결코 우리가 온전히 스스로 만들어낸 작품이 아니라 두 가지 요인의 산물이기 때문이다. 그중 하나는 각자에게 주어진 일련의 사건들이고 다른 하나는 각자의 결심인데, 이 둘은 끊임없이 서로 맞물리고, 서로를 변화시킨다.(쇼펜하우어)

좋은 소식을 한 가지 전하자면, 우리가 어떤 모습으로 성장하는지(우리가 얼마나 훌륭하게 혹은 얼마나 폭넓게 자라는지, 어떤 성격적 특성을 지니며 자라는지)에는 유전자 외에 다른 요인들이 영향을 미친다는 것이다. 그것은 각자의 주변 환경 또한 각자의 성장에 결정적 영향을 미치는데, 다행히도 사람들은 저마다 자신의 주변 환경을 일정 부분 스스로 조성할 수 있다. 학계의 연구에 의해 이미 여러 해 전에 입증된 바와 같이, 인간의 성격은 고정되어 있지 않고 평생에 걸쳐 변화한다.

이 같은 사실은 누구나 알고 있다. 그렇다면 인간의 이러한 변화를 유발하는 요인은 정확히 무엇이며, 인생의 주요 사건들은 인간의 성격에 어느 정도 영향을 미칠까? 새로운 이와 사랑에 빠져 함께 살거나, 결혼하거나, 가정을 꾸리는 사람에게는 얼마나 커다란 변화가 일어날까? 직업 활동을 시작하거나 승진하면 어떤 일이 생길까? 은퇴하고 나면 이전보다 더 마음이 편안해질까? 부모가 되고 나면, 혹은 사회생활을 시작하면 더 '성숙한' 사람이 될까? 실직이나 이혼, 사별로 인한 성격 변화는 일시적일까, 혹은 여러 해가 지날 때까지 지속될까?

나는 지난 수년간 이러한 문제를 연구해왔고 이와 관련해 수천 명의 데이터를 분석·평가했다. 이런 과정에서 도출한 결과는 때로 기존의 다양한 통념을 입증해주었지만, 때로 지극히 놀라운 결론으로 이어지기도 했다. 어쨌든 두 가지 경우 모두 흥미로운 결과인데, 이 책에는 이런 모든 결과가 담겨 있다.

우리의 존재 양식과 체험의 관계

개인의 체험은 개인의 성격에 영향을 미친다. 동시에 개인의 성격은 우리가 각자 어떤 체험을 할지 결정짓는다. 이는 우리가 삶에서 특정한 일을 단 한 번이라도 경험할지 여부가 우리 각자의 성격에 달려 있다는 의미이기도 하다.

개방적인 사람은 익숙한 것을 선호하는 사람에 비해 새로운 나라와 새로운 사람을 만나기 위해 이국적인 곳으로 휴가를 떠나는 경향이 더 강하다. 덜 개방적인 사람의 경우 친숙한 곳을 여행지로 선택하는 경향이 있다. 조화를 중요하게 여기는 사람은 친절하고 타협할 자세가 되어 있기 때문에 분쟁, 이별 혹은 법적 다툼의 발생 빈도가 낮다. 주도적인 사람은 서슴지 않고 리더의 과제를 떠맡기 때문에 간부직에 쉽게 올라간다.

이 모든 것은 일종의 상호작용이다. 우리의 주변 환경은 우리를 특징짓고, 우리는 (생각·감정·행동을 통해) 우리의 주변 환경을 특징짓는다. 이처럼 사람들은 흔히 이러한 '생존 가능 환경', 즉 자신의 존재 방식에 상응하고 그걸 더욱 강화시켜줄 환경을 스스로 '선별'한다.

우리가 직업으로 수행하는 일을 생각해보자. 창의적인 사람은 예술적인 직업을 선택하고, 이로써 더욱 창의성을 발휘한다. 학문에 관심 있는 사람은 연구 활동을 하고, 이로써 그의 학문적 관심은 (바라건대!) 더욱 커진다. 리스크를 꺼리지 않는 사람은 스타트업을 창업하고, 이로써 자신의 대담함을 자주 입증할 수 있다(혹은 입증해야만 한다). 이런 효과는 직업적인 일 외에 삶의 다른 분야에서도 발생한다.

우리 주변에는 두 가지 직업을 두고 끊임없이 고민하는 A씨도 있고, 드라마 같은 러브 스토리가 끊이지 않는 B씨도 있다. 하루가 멀다 하고 곤경에 빠지는 C씨도 있고, 만사가 형통해 보이는 D씨도 있다. 어떤 성격적 특성으로 인해 이런 차이가 생겨나는 걸까? 개별적 삶의 영역에 특별히 커다란 영향을 미치는 특성은 무엇일까? '좋은' 성격과 '나쁜' 성격이 따로 있는 걸까? 누군가를 불운한 사람으로 만드는 성격이 있고, 누군가를 건강하고 행복하고 인기 있고 성공한 행운아로 만드는 성격이 있는 걸까?

인생의 사건들은 개개인의 존재 양식뿐만 아니라 감정에도 영향을 미친다. 우리는 누구나 자신의 체험을 통해 이를 잘 알고 있다. 즉, 우리는 누구나 새로운 사랑에 빠져 한없이 행복한 사람이 되어보기도 하고, 이별이나 이혼으로 인해 나락을 경험하기도 하고, 부모가 되어 한없는 행복감을 맛보기도 하고, 직장 문제로 스트레스를 받기도 하고, 사랑하는 이와 사별해 깊은 절망에 빠지기도 한다.

그런데 이런 사건들이 우리에게 미치는 영향은 얼마나 강력하고 얼마나 오랫동안 지속될까? 직업적 성공이나 자녀 출산이 우리를 장기적으로 행복하게 만들어줄까? 남녀 사이에 자녀가 생기면 두 사람의 관계가 개선될까? 지극히 불행한 일을 겪은 사람이 다시 예전처럼 마음 편하게 기뻐할 수 있을까? 나는 이런 모든 흥미로운 질문에 대해 연구를 진행했고, 그 결과를 이 책 안에 담았다.

회복 탄력성을 근육처럼 훈련을 통해 강화할 수 있을까

사람들은 인생에서 중대한 사건을 겪으며 저마다 다른 모습과 다른 방식으로 성장해나간다. 그러면서 만족감 또한 각기 다른 정도로 변해간다. 사람들은 특정한 사건을 서로 다른 방식으로 체험하고, 평가하고, 소화해낸다. 이런 현상은 스트레스를 경험할 때 더욱 확실하게 나타난다. 어떤 사람들은 스트레스에 지극히 예민하게 반응하는 반면, 또 다른 사람들은 트라우마를 유발할 정도의 힘겨운 사건도 잘 넘긴다.

우리의 심리적 저항력은 어떤 요인에 의해 좌우되는가? 근육뿐만 아니라 멘탈의 힘도 의식적인 훈련을 통해 강화할 수 있는가? 최근 들어 전 세계인이 동시에 직면하고 있는 어려운 상황을 고려하면 이는 어느 때보다 시의적절한 논제다. 따라서 이 책에는 회복 탄력성과 집단적 위기 대처법에 관해서도 각기 별도의 장을 할애해놓았다.

앞서 언급한 문제들에 관한 경험적 연구는 사람들이 언제, 어떤 방식으로, 어떤 외적인 자극에 특히 예민하게 반응하는지 알려준다. 하지만 이러한 연구 결과는 학술적 발전에만 기여하는 것이 아니다. 우리는 연구 결과에 힘입어 이런 문제를 맞닥뜨리는 사람을 인생의 중대한 사건에 최적으로 대비시킴으로써 사회에 이바지할 수도 있다. 즉, 연구 결과를 활용해 예비 부모를 가정생활에 대비시키고, 대학 졸업자를 (적절한) 직업 수행에 대비시키거나, 퇴직을 앞둔 사람을 은퇴 후의 삶에 안착하도록 대비시킬 수도 있다. 또한 위기에 처한 사람에게 필요한 지원을 함으로써 중대한 심리적 문제가 발생하지 않도록 예방할 수도 있다. 예컨대 스트레스로 힘겨워하는 사람이나 갓 이혼한 사람을 위한 코칭 프로그램을 진행하고, 사별로 힘겨워하는 사람이나 전쟁과 폭력 피해자를 위한 치료 프로그램을 진행할 수도 있다.

이때 어떤 문제에 대해 당사자뿐만 아니라 그 주변 사람들의 이해도를 높이고 그들을 개입시키는 것도 매우 중요하다. 예컨대 미성년자의 경우 부모와 교사, 직업교육 기관에 필요한 정보를 제공함으로써 첫사랑과 진학 또는 취업이 아이들의 개인적 발전에 어떤 역할을 하는지 알려주고, 이런 과정에 있는 아이들을 어떻게 지원할 수 있는지 알려주는 게 바람직할 것이다.

또한 연구 결과는 '자기 능력 강화' 차원에서도 다음과 같이 활용할 수 있다. 학교 수업 시간에 청소년들에게 자신의 삶을 준비하도록 도와주고, 불안과 두려움, 성적에 대한 압박, 시험 스트레스, 실연이나 사별로 인한 슬픔 등의 어려움에 대처할 심리적 노하우와 전략을 전해주는 것이다.

또한 현재 당신이 심각한 인생의 위기에 처하지 않았더라도 성격 발달에 관한 최신 연구 결과는 누구에게나 유용할 것이다.

당신이 지금 이 책을 읽고 있는 것은 바로 다음과 같은 의문 때문일 수도 있다. 어떻게 하면 자신을 변화시키고, 이런 변화의 과정을 의식적으로 특정한 방향으로 이끌 수 있나? 이런 변화를 의식적으로 추구하는 것이 바람직한가? 어떻게 하면 어려운 과제를 성공적으로 완수하고 위기에 더욱 강해질 수 있나? 어떻게 하면 회복 탄력성 근육을 효과적으로 강화할 수 있나?

이 책에는 이런 모든 질문에 대한 답이 담겨 있을 뿐만 아니라, 설문지와 개인적으로 실천해볼 수 있는 다양한 훈련법과 팁이 수록되어 있다. 이러한 자료들을 통해 당신은 자신의 성격 중 각 특성이 얼마나 강한지, 당신이 지닌 자아상과 타인이 당신에 대해 생각하는 모습이 일치하는지 확인할 수 있다. 그리고 자신의 강점이 무엇인지, 자신의 어떤 자질이 활용 가능한지, 자신이 어떤 욕구와 가치를 중요하게 여기는지도 확인할 수 있다.

또한 최종적으로는 이 책을 통해 이미 효과를 검증받은 여러 가지 방법을 접함으로써 직장에서의 스트레스를 줄이고, 가정에서의 갈등을 현명하게 해결하고, 신중하면서도 평안한 마음으로 지내고, 지금 이 순간에 집중하면서 당신을 진정으로 성장시킬 목표를 설정할 수 있을 것이다.

이러한 의미에서 나는 당신이 이 책을 즐겁게 읽고 당신의 삶이 더욱 충만해지길 바라며, 더없는 기쁨과 기대감을 품고 성장을 향한 자신만의 길을 걸어가길 기원한다!

1장

무엇이 나를 남과 구별되게 하는가?

: 성격과 성격심리학

사실 개인적으로

여기에 출연하고 싶었는데,

그냥 직접 와버렸다.

하인츠 에르하르트

인생이라는 파티엔 없어서는 안 될 존재가 있다. 바로 파티에서 가장 빛나는 사람, 파티의 여왕이다. 그녀가 파티 석상에 등장하면 모든 시선이 집중된다. 한쪽 구석에는 입을 꾹 다문 채 앞만 응시하는 '꿔다놓은 보릿자루' 같은 남자가 있다. 그리고 이 양쪽 극단 사이에는 자신만의 다채로운 매력을 지닌 다양한 사람이 곳곳에 포진해 있다. 즉, 우리는 누구나 타고난 천성을 지니고 있으며, 자신의 '그늘진 단면'을 뛰어넘어 자신의 본성과 달리 행동하기 위해서는 그러한 천성을 탈피해야만 한다.

사람들은 어떤 일을 자신에 대한 '인신공격persönlich werden'이라 여기고, 때로는 '주관적인persönlich' 시각을 취하고, 저마다 '개인적인persönlich' 취향을 지니며, 각자 지극히 '개별적인persönlich' 평가를 받는다. 또한 사람들은 제삼자의 성격Persönlichkeit에 대해 섣부른 개인적인persönlich 의견을 내기도 한다('성격' '개인적인' 등 다양한 의미가 있는 독일어 'persönlich'를 활용한 언어유희-옮긴이). 이러한 행동은 흔히 청자로 하여금 화자의 인격을 의심하게끔 만든다.

사람들은 자신을 속속들이 잘 알고 있다고 여긴다. 하지만 자신에게 초점이 맞춰지고 자신의 강점과 약점에 관한 이야기가 나오면, 말을 더듬는다(단, 최소한의 준비를 마친 상태로 진행되는 입사 면접의 경우는 예외다). 잡지에 수록된 심리 테스트 문항에 답해봄으로써 자기의 자의식과 사회적 능력이 얼마나 높은지, 자신이 디즈니 애니메이션에 나오는 공주 중 누구와 가장 유사한지 알고 싶어 한다. 이 밖에도 티베트 지역에서 유래한 성격 테스트를 해보고 자신의 필체를 분석해보기도 한다. 카드 점을 치는 영매를 찾아가 부와 명예를 얻게 되는 시기를 물어보거나, 장래 직업으로 화가 혹은 회계사가 적합할지 조언을 구하고, 왜 자신에게 딱 맞는 이성이 아직 나타나지 않는지 물어보기도 한다.

이제 이런 심심풀이는 그만두고 성격 심리에 관해 살펴보자. 이것이 얼마나 흥미진진한 프로세스인지는 당신도 곧 알게 될 것이다! 매우 평범해 보이는 질문과 함께 시작해보자. 무엇이 우리 개개인을 남들과 구별되는 존재로 만들어주는가? 무엇이 우리를 지금의 성격을 지닌 사람이 되도록 특징짓는가?

성격이란 무엇인가

학문적으로는 한 사람의 생각·감정·행동에 나타나는 고유한 특성을 성격이라고 한다. 단, 겉으로만 보아서는 이런 특성을 정확히 파악하기 힘들다.

예컨대 인생이라는 파티의 한쪽 구석에 서 있는 '꿔다놓은 보릿자루' 같은 사람을 두고 우리는 사교성이 없고, 불평이 가득하고, 지루하기 짝이 없는 사람이라고 여긴다. 그런데 우리는 그 사람이 조금 전 치과를 다녀왔는지, 여자 친구와 다툰 직후인지, 혹은 전날 밤 불이 난 집에서 어린 강아지를 열 마리쯤 구해내느라 기진맥진한 상태인지 알 수가 없다. 그리고 그 사람이 (양치류 재배, 우표 수집, 아마존 원주민 방식으로 살아보기 등) 자신의 취미에 관해 이야기할 때면 얼굴이 환해진다는 것도 알지 못한다.

파티 여왕의 경우에도 우리는 그녀가 화려하게 등장하기 위해 몇 시간을 어떤 모습으로 보냈는지 알지 못한다. 어쩌면 그녀는 멋진 헤어스타일을 연출하기 위해 머리카락을 엄청나게 부풀리고, 사람들 앞에 나서기 직전 코카인을 코로 흡입했을지도 모른다. 그 여자를 처음 대하는 우리로서는 그녀가 과도하게 밝은 모습을 보임으로써 자신의 불안감을 감추려 하며, 사실은 극심한 자기 회의감에 빠져 있다는 걸 도무지 알 수가 없다.

오래된 속담처럼 타인에 대한 우리의 첫인상은 매우 중요하다. "첫인상에 관해서는 두 번째 기회란 없다." 하지만 우리가 한 사람의 '한쪽 면만을 기준으로 판단하는' 첫인상은 그다지 믿을 게 못 된다. 자신을 잘 드러내지 않는 사람은 첫인상에서 흔히 과소평가되는 반면, 자신을 과시하는 경향이 있는 사람은 첫인상에서 득을 볼 때가 많다.

터놓고 이야기해보자. 특별한 이유가 있든 없든 가끔 컨디션이 별로인 날이 있다. 운이 없으면 일주일 내내 기분이 별로일 때도 있다. 반면 모든 일이 술술 풀리고 컨디션이 최고일 때도 있다. 이처럼 우리의 생각·감정·행동은 변동이 매우 크다. 따라서 한 사람의 성격을 정확하게 파악하기 위해서는 다양한 시점에 다양한 상황에서 그 사람을 겪어보는 것이 중요하다. 우리가 관찰한 몇몇 모습을 근거로 그 사람을 판단해서는 안 된다.

예컨대 이웃집 여성이 장례식장에서, 혹은 월요일 아침 출근길 지하철 안에서 아무하고도 이야기하고 싶어 하지 않는다고 해서, 그녀를 사교성이 없는 사람이라고 결론지어서는 안 된다. 마찬가지로 당신의 새로운 파트너가 일요일 오후 장모님 · 장인어른과 함께 커피를 마시는 자리에서 묵묵히 자기 앞에 놓인 케이크만 먹더라도, 그를 사교성이 없는 사람이라고 섣불리 판단해서는 안 된다. 어쩌면 그는 (장모님·장인어른과 함께 있을 때는 그렇지 않지만) '일상적인' 상황에서 다른 사람들과 함께 있을 때는 실제로 말수가 많은 쾌활한 사람일 수도 있다. 만일 그가 구내식당에서도, 퇴근 후 맥주 한잔하는 자리에서도, 친구들과 생일 파티를 하는 자리에서도 (참석만 하고) 한쪽 구석에 말없이 앉아 있다면, 사교성과는 거리가 먼 사람일 확률이 높다. 심리학에서는 다양한 시점과 다양한 상황에서 유사한 모습과 방식으로 행동하는 경우에만 그 사람의 성격적 특성을 판단한다.

그런데 인생은 한곳에 머물지 않고 계속해서 흘러간다. 즉, 인간의 성격은 중·단기적으로는 변함이 없지만, 오랜 시간을 거치면서 충분히 달라질 수 있다. 우리는 3년 전보다 오늘 더 사교적인 사람일 수 있으며, 심지어 현재 가장 사교적인 사람일 수도 있다. 이와 반대로 한때 전설적인 파티 마니아였던 사람이 지금은 파티장 한쪽에 외롭게 서 있는 수줍은 사람처럼 보일 수도 있다.

생각해볼 거리 **어떤 상황에서 당신은 어떻게 행동하는가? 당신은 언제 어디에서 가장 '본연의' 모습으로 존재하는가? 요즘 당신은 어떤 자리에서 과거와 다른 모습으로 존재하는가?**

성격심리학이란 무엇인가

사람들의 생각·감정·행동에는 어떤 차이가 있을까? 이러한 차이를 어떻게 체계적으로 묘사하고, 설명하고, 예측하고, 바꿀 수 있을까? '보통 사람들'은 모두 이러한 개개인의 차이에 '영향을 미쳐 바꾸는 것'에 특별한 관심을 보인다. 성격심리학은 이런 핵심적인 문제를 다룬다.

성격심리학의 첫 번째 관심사는 개개인의 복잡한 특성을 이해하고, 개개인의 모든 성격적 특성을 기술하는 것이다. 성격심리학의 두 번째 관심사는 이런 개인적인 성격 특성과 관련해 많은 사람을 비교하는 것이다. 예컨대 성격적 외향성이라는 측면에서 수천 명의 사람이 어떻게 다른지 비교하기 위해 질문을 던진다. 이들은 얼마나 사교적이며, 얼마나 스스럼없이 타인에게 다가가는가? 동년배보다 얼마나 창의적인가?

이처럼 사람들의 성격을 파악할 때는 두 가지 시각으로 바라보는 것이 중요하다. 내부의 시각과 외부의 시각이 그것이다.

스스로를 어떤 사람으로 여기는가? 조심스럽고 신중한 사람인가, 아니면 즉흥적이고 리스크를 꺼리지 않는 사람인가? 신뢰할 만하고 낙관적인 사람인가, 아니면 머릿속으로 늘 최악의 시나리오를 생각하는 사람인가?

외부의 시각은 우리가 다른 사람에게 어떤 모습으로 보이는지와 관련이 있다. 남들은 일상에서 우리를 어떤 사람으로 여기며, 우리의 행동은 우리의 성격 중 어떤 부분을 드러내는가? 한마디 덧붙이자면, 내부의 시각과 외부의 시각이 반드시 일치할 필요는 없다. 스스로를 매우 예민하고 불안한 사람이라고 느끼는 사람이 남들에게는 자의식이 탄탄한 강한 사람이라는 인상을 줄 수도 있다.

궁극적으로 성격심리학은 개개인의 행동이 각자의 성격에 따라 결정되는지, 혹은 각자의 상황에 따라 결정되는지, 혹은 이 두 가지 요인이 서로 맞물려 작용하는지 철저하게 파헤친다. 평소에 지극히 외향적인 사람이 치과에서는 입도 벌리지 못하는 소심한 겁쟁이로 변신할 수도 있다. 그리고 평소에는 극단적으로 내향적인 여성이 자신의 자녀를 위협하는 사람에게는 '사나운

암사자'로 변신할 수도 있다. 만일 특정 상황을 고려하지 않은 채 행동만을 바탕으로 그 사람의 성격을 유추한다면 그릇된 해석을 할 수밖에 없다.

개개인의 성격을 측정할 수 있는가

학계에서는 한 사람의 성격에 관한 내부적 관점을 설문지나 인터뷰를 통해 조명한다. 당사자가 제공하는 정보는 외부에서는 전혀 파악할 수 없거나 간접적으로만 접근할 수 있는 문제, 한 사람의 생각과 감정에 관한 문제를 다룰 때 특히 중요하다(물론 성적인 것이나 배설 같은 지극히 사적인 문제도 마찬가지다).

누군가가 울면 사람들은 그가 슬프다는 걸 인식하며, 신호등 앞에서 뒤차에 들이받힌 앞차 운전사가 고함을 치면 사람들은 그가 화가 났다는 걸 쉽게 알 수 있다. 누군가가 자신이 우리를 어떻게 생각하는지 (경우에 따라서는 예기치 않게) 우리 면전에서 대놓고 이야기한다면, 우리는 그 사람이 우리를 어떻게 생각하는지 알 수 있다. 하지만 흔히 몸짓이나 표정, 행동만으로는 상대방이 지금 어떤 생각을 하고 있는지 유추하기 힘들 때가 있다.

그러므로 한 사람의 성격에 관한 자료를 수집하고 평가하기 위해서는 (비밀이 보장되는!) 당사자의 설문 조사가 반드시 필요하다. 하지만 이러한 설문 자료는 오류의 씨앗이 되기도 한다. 사람들이 자신에 관해 전달하는 정보는 의도했든 아니든 항상 정확하지는 않다. 스스로가 이미 많은 걸 잊어버린 상태일 수도 있고, 잘못 기억하거나 왜곡해 인식할 수도 있고, 자신을 의식적으로 실제보다 더 멋있는 사람으로 나타내고 싶을 수도 있기 때문이다.

외부적 관점은 당사자와 가장 가깝고 그를 특별히 잘 아는 사람들이 가장 잘 제공할 수 있다. 그렇기 때문에 성격심리학 연구에서는 어떤 사람에 관해 본인이 제공하는 정보뿐만 아니라 부모, 교사, 파트너, 친구, 직장 동료의 평가도 수집한다.

멜버른대학교의 심리 · 윤리 · 웰빙학과 교수 시민 바지르Simine Vazire는 누군가의 성격적 특성에 관해 가장 정확한 정보를 제공해주는 이가 누구인지 연구했다.[1]

연구 결과에 따르면, 자기 묘사와 감정적 상태, 가령 자존감이나 두려움에 관해서는 당사자들이 제공하는 정보가 가장 정확하다. 반면 객관적으로 평가할 수 있는 수행 능력과 관련한 특성, 가령 지능과 창의성에 관해서는 친구들의 평가가 가장 정확하다. 행동에 곧바로 드러나는 특성, 가령 친화력과 리더십에 관해서는 자신과 다른 사람들의 정보 정확도가 거의 동일한 것으로 입증되었다. 연구 결과에 따르면, 이 경우 심지어 제삼자의 판단이 친구들의 판단보다 더 정확한데, 이는 친구들이 그 사람에 대해 선입견이나 왜곡된 시각을 갖고 있을 수 있기 때문이다.

반면 경험적 관찰은 한 사람의 행동 방식을 '외부적 관점에서' 체계적으로 파악하기에 특히 적절하다. 단, 경험적 관찰의 경우 상대적으로 실행하기가 번거롭고, 한 사람의 '대표적인 행동 일부분'을 포착하지 못할 때가 많다는 단점이 있다. 이는 남의 주목을 받을 때에는 사람들이 평소와 다른 행동을 하는 경향이 있기 때문이다. 어느 누가 타인의 시선을 집중적으로 받는 가운데 의식적으로 바람직하지 않은 행동을 하겠는가? 그리고 (카다시안 패밀리 외에) 어느 누가 자신의 일거수일투족을 관찰당하는 연구에 기꺼이 참여하겠는가?(심지어 이 악명 높은 관종 인플루언서 일가조차도 리얼리티 쇼에 비치는 자신들의 모습을 거짓으로 꾸민다는 사실은 완전히 충격적이다).

최근 들어 기술의 발전에 힘입어 인간의 성격적 특성을 일상에서 곧바로 파악할 수 있는 다양한 방법이 개발되었다. 스마트폰을 이용해 하루에도 수시로 자신이 지금 어디에서 무얼 하고 있으며, 기분이 어떤지에 관한 질문에 손쉽게 응답할 수 있다. 이런 실시간 설문은 기억이 유의미하게 비거나 왜곡되는 것을 막아준다. 또한 이런 실시간 설문을 진행하면 개인의 상태가 시간과 상황에 따라 일률적으로 변하는지도 알아낼 수 있다.

평일에는 아침마다 기분이 좋지 않다가 저녁이면 최상의 컨디션이 되고, 주말에는 신기할 만큼 완전히 정반대로 바뀌는가? 혼자 집 안 소파에서 편안하게 뒹굴뒹굴할 때가 더 행복한가, 아니면 콘서트 무대에서 공연하다가 멋지게 관중을 향해 다이빙하듯 몸을 던져 말 그대로 '사람들 속에서 헤엄칠' 때가 더 행복한가? 외향적인 사람이 내향적인 사람보다 더 자주 행복감을 느낄까?

적절한 도구를 사용하면 언제든지 사진이나 동영상, 녹음 자료를 만들 수 있다. 개인의 '행동 일부분'을 담은 시청각 자료를 활용해 개인의 성격을 파악할 수도 있다. 부엌에 설거짓거리가 산더미처럼 쌓여 있는가? 양말이 서랍 속에 색깔별로 분류되어 있고, 필기도구가 책상 모서리와 수평으로 나란히 놓여 있는가? 말하는 빈도와 목소리의 세기, 높낮이, 억양에는 타인과의 교제와 관련해 개인의 어떤 정보가 담겨 있는가? 조용한 시간을 즐기는가, 아니면 멀티미디어 도구를 이용해 늘 무언가를 틀어놓는가? 개인의 음악 취향으로도 그가 도전적인지 보수적인지 알 수 있다.

이 밖에도 스마트 워치와 운동 추적기를 사용해 일상생활을 하는 가운데 연속적인 '측정'을 할 수 있다. 이러한 방법이 개별적으로 항상 유용하고 필요한지, 개인 정보 보호 측면에서 문제가 없는지에 관해서는 의견이 분분할 수 있다. 하지만 GPS 데이터, 이동 거리, 걸음 수를 비롯해 심장박동 수, 맥박, 혈압 등의 생리학적 측정 지표는 (특히 설문 자료와 연계할 경우) 성격심리학적 문제를 규명하는 데 소중한 정보를 제공한다. 지적으로 개방적인지 폐쇄적인지, 외향적인지 내향적인지에 따라 개개인의 운동에 차이가 있는가? 몸을 많이 움직이는지 적게 움직이는지에 따라 삶에 대한 만족도에 차이가 있는가? 지금 스트레스 상태인지 편안한 상태인지에 따라 생리학적 지표에 차이가 있는가?

마지막으로 지능과 집중력, 창의력 등의 능력에 관해 이야기해보자. 이런 능력은 (성격 테스트와 달리) 수행 테스트를 통해 가장 객관적으로 정확하게 측정할 수 있다. 이런 수행 테스트에서는 누가 얼마나 테스트 과제를 명백히 '올바르게' 혹은 '잘못' 풀었는지에 따라 결과가 '더 좋게' 혹은 '더 나쁘게' 나온다.

연구 결과에 따르면, 당사자가 제공하는 주관적 정보와 타인이 제공하는 정보, 그리고 객관적인 결과 사이의 일치도가 떨어지는 항목이 많다. 한 사람의 매력에 관해 당사자가 매긴 순위와 타인이 매긴 순위의 일치도도 그다지 높지 않다(아름다움은 관찰자의 눈에, 극단적인 경우 성형외과 의사의 손에 달려 있을 때도 있다). 스스로가 평가하는 수행 능력 또한 가차 없는 테스트 결과와 분명한 오차를 보인다.

이러한 오차 범위에도 체계적인 차이가 있다. 미국 심리학자 데이비드 더닝David Dunning과 저스틴 크루거Justin Kruger의 연구 결과에 따르면, 수행 능력이 뛰어난 사람은 자신의 그런 능력을 과소평가하는 경향이 있는 반면, 수행 능력이 떨어지는 사람은 이를 과대평가하는 경향이 있다.[2] 수행 능력이 떨어지는 사람에게는 자신의 미흡한 점을 정확하게 평가하는 통찰력이 부족할 수도 있다. 이들은 자신의 성과와 더 우수한 성과 간 질적 차이를 인식하고 수치화하는 능력이 부족하다.

영리한 사람이든 아니든, 이른바 '더닝-크루거 효과'는 사람들이 각자 자신의 능력을 판단할 때, 스스로가 보지 못하는 저마다의 맹점이 얼마나 큰지를 잘 보여준다. 그러니 주변 사람들의 잘

못에 대해 격앙하고("당신 아이큐가 실내 온도보다 낮군!") 격분하기에 앞서, 잠시 (혹은 상당한 시간 동안) 멈추고 다음과 같은 사실을 상기하자. 우리에게도 스스로가 보지 못하는 (하지만 남들 눈에는 잘 띄는) 단점이 있다. 분명하다! 그런데 다른 한편 우리에게는 자신의 눈에는 대수롭지 않지만 남들의 눈에는 확실히 뛰어나 보이는 재능도 있다. 다시 말해, 자기 스스로와 외부에 비친 자신의 모습을 정확히 파악하는 것은 분명히 유용한 일이다.

> 설문지에 관한 간단한 소개

연구 결과 더 알아보기

설문지는 대다수 연구에서 하나의 특정한 성격적 특성을 파악하고자 할 때 선택할 수 있는 도구다. 설문지의 장점은 매우 명확하다. 설문지를 사용하면, 한 사람이 자신이나 타인을 어떻게 바라보는지 간단하게 알아챌 수 있다는 장점이 있다. 잡지에 실린 허접한 심심풀이 심리 테스트로는 사람의 심리를 제대로 파악할 수 없다. 설문지에 관해 더 많은 것을 알고 싶다면, 이 책의 '심리에 관한 설문지 작성'을 살펴보라. 설문지 테스트 점수를 제대로 해석하는 방법도 알 수 있다. ➡ **12장**

성격은 어떻게 삶을 풍부하게 만드는가

성격심리학이 다루는 주제는 일상에서만 중요한 것이 아니라, ('당신은 새로운 종교의 교주가 될 잠재력이 있는 사람인가?' 혹은 '당신의 시부모 혹은 장인장모가 당신을 죽이고 싶어 하는지 알아볼 수 있는 방법은 무엇일까?' 등의 제목이 달린) 심리 테스트, 공동주택 주민들 간의 대화, 학부모와 담임교사의 면담 자리에서도 중요한 역할을 한다. 가령 담임 교사와의 면담에서 학부모는 자녀에 대해 담임교사하고 완전히 다른 의견을 지니는 경우(학부모는 자녀를 '영재'라고 여기는 반면, 담임교사는 '산만한 아이'라고 여기는 경우)가 많다.

성격심리학적 연구 결과는 놀라울 정도로 다양한 분야, 이를테면 정서적으로 문제가 있는 사람, 위기를 겪는 부부, 진로 선택을 앞둔 청년, 노년기에 접어든 중년층을 위한 심리 치료와 상담에도 활용된다. 아울러 학교 수업이나 가정교육을 할 때 영재성이나 학습 장애 여부를 판단하고, 특별한 관심 분야를 확인하고, 개별적인 발달을 지원할 경우에도 중요한 역할을 한다.

연구 결과는 기업의 직원 채용 및 교육, 예컨대 업무 역량 평가 혹은 임원을 대상으로 한 코칭에도 활용된다. 마케팅 분야에서도 성격심리학은 중요한 역할을 한다. 광고를 통해 개개인의 관심과 욕구를 정확하게 건드리는 것이다(똑같은 케이크 틀을 세 번 이상 구매했거나, 동일한 발코니용품을 여러 번 구매한 사람이 이번에는 다른 제품을 사겠다고 마음먹었더라도, 성격심리학을 활용한 마케팅은 이번에도 그 사람이 같은 제품을 사도록 만들고야 만다). 결혼 정보 회사에서는 최상의 파트너를 찾아주기 위해 의뢰인들의 성격 프로필을 활용한다. 법정에서는 성격심리학이 운전 능력이나 의무 이행 능력에 관한 전문가 소견의 형태로 쓰인다.

마지막으로 성격심리학의 최신 연구 결과는 본인이 원하는 대로 자신의 성격을 바꾸고자 하는 사람들, 혹은 어떻게 하면 본인이 원하는 성격을 지닐 수 있는지 알고자 하는 사람들에게도 매우 흥미로운 분야다. ➡ 11장

성격심리학은 이럴 때 쓸모가 있다

성격심리학은 우리의 일상적인 상호작용을 이해하는 데에도 많은 역할을 한다. 우리는 키, 피부색 같은 겉모습만 서로 다른 것이 아니다. 이를 두고 쾰른 사람들은 "이름이 '예크Jeck'인 사람이 여럿이라 하더라도, 모두가 서로 다르다"라고 말한다. 단, 서로 다르긴 하지만 어느 한쪽이 더 우월하지도 더 열등하지도 않다. 독일 남부 지방에는 "어떤 이에겐 올빼미인 게 다른 이에겐 나이팅게일"(어떤 이에게는 올빼미처럼 추하게 보이는 것이 다른 이에게는 매우 귀엽게 보인다는 의미)이라는 속담도 있다.

우리는 남들이 나와 같지 않다는 걸 겪으면서 힘들 때가 많은데, 그 이유는 타인의 다름을 이해하기가 쉽지 않기 때문이다. 성격심리학은 우리 인간이 서로 얼마나 다양한지, 왜 이처럼 다양한지를 이해하기 쉽게 알려준다.

예컨대 내향적인 사람은 금세 에너지가 소진되고, 외향적인 주변 사람들의 과도한 열정에 진이 빠진다. 내향적인 사람은 어떻게 인간이 저토록 시끄럽고 요란하고 활기찰 수 있는지 혀를 내두르며, 제발 좀 진정하고 입을 다물어주기만을 학수고대한다. 반면 외향적인 사람은 조용한 성정의 내향적인 사람들과는 '물과 기름' 격이며, 이들을 무관심하고 차갑고 무기력하다고 느낀다. 외향적인 사람은 매번 분위기를 망치는 상대방이 도대체 왜 속 시원하게 말을 하지 않는지 이해할 수 없다.

이런 차이를 이해하지도 설명하지도 못한다면, 우리는 자신의 행동을 기준으로 남을 성급하게 판단하고, 그를 '이상한 사람'이라 여기게 된다. 반면 이것이 '외향성'이라는 성격적 특성에 관한 문제라는 것을 알면, 이런 현상에 적합한 명칭을 부여할 수 있다. 그렇게 되면 우리는 내향적인 사람의 뇌는 외향적인 사람의 뇌에 비해 외부 자극에 더 민감하고, 많은 자극을 소화해내는 외향적인 사람의 뇌에 비해 자극으로 인한 과부화 현상이 더 빨리 일어난다는 걸 이해할 수 있다.

이런 점에서 볼 때 성격심리학은 서로를 더 너그럽고 더 소중하게 대하도록 이끌어주고, 타인의 행동이 완전히 이상하게 느껴질 때도 평정심을 유지하도록 도와준다. 가슴에 손을 얹고 생각해보자. 이는 우리가 일상에서 아주 흔하게 접하는 일이다. 그렇지 않은가? 우리의 눈에 타인들은 우리 자신처럼 재빠르지도 신중하지도 않고, 우리 자신처럼 자발적이고 시원시원하지도 않고, 신중하고 외교적이지도 않고, 그저 시끄럽거나 그저 조용할 뿐이다. 성격심리학적 연구를 통해 우리는 이런 모습이 자연스러운 현상이라는 것을 잘 알고 있다.

각각의 성격적 특징에는 저마다 장단점이 있다. 내향적인 성격의 여성이 조용한 방에서 이런저런 궁리를 하다가 좋은 아이디어를 생각해내고, 외향적인 성격의 남성은 스포트라이트를 받으며 무대에 올라 사람들을 즐겁게 해준다. 자신감 넘치는 여성이 자동차 거래를 멋지게 해내며, 성실한 남성은 판매 계약서에 작은 글씨로 기재된 조항을 꼼꼼히 확인한다. 새로운 경험에 개방적인 여성이 이국적인 나라에서 기념품을 잔뜩 사오고, 의식과 전통을 중시하는 보수적인 성격의 남성은 붙박이장에 이 기념품을 보관할 자리를 마련한다.

모든 사람이 찍어낸 것처럼 똑같다면 아무런 재미도 없을 뿐만 아니라 대참사가 일어날 것이다! 우리의 약점을 메워줄 사람도 없고, 우리에게 가르침을 줄 사람도 없고, 세상을 자신과 다른 관점으로 바라볼 기회조차 사라질 것이다(외국에서 기념품을 사올 필요도 없고, 자신의 집에 그걸 보관할 자리를 마련할 필요도 없을 것이다).

한마디로 말하면, 다양성을 맛보며 사는 것은 소중한 일이다. 다양성이 있기에 우리는 서로의 부족한 부분을 메워줄 수 있고, 다양성이 있기에 인류 전체가 더 충만해진다.

생각해볼 거리 당신과 '작동' 방식이 달라서 당신의 삶을 풍성하게 만들어주는 사람들이 있다면, 당신이 이들을 만나고, 이들과 함께 일하고, 심지어 함께 살 수 있는 상황과 여건에는 어떤 것이 있는가?

> 내가 보는 나와 네가 보는 나

앞서 언급했듯 사람들은 대부분 자신이 스스로를 바라보는 것처럼 타인도 자신을 바라본다는 것을 전제로 일상을 살아간다. 그런데 '안쪽에서' 우리를 바라보는 시각과 '바깥에서' 우리를 바라보는 시각 사이에는 커다란 간극이 있다.

자신이 낚아 올린 엄청난 월척에 관해 이야기하는 낚시꾼을 떠올려보라. 그러고 나서 낚시꾼이 집으로 가져온 아담한 크기의 물고기와 비교해보라. 혹은 자신의 아들이 얼마나 칠칠치 못하고 엉망인지 넋두리하는 어머니를 떠올려보라. 그러고 나서 그 아들이 제출한, 깔끔하게 정리된 숙제를 들여다보라. 이것이 우리가 지금 논하는 간극의 유형이다.

지금 소개하려는 연습법은 이러한 유형의 간극에 관한 것이다.

당신과 함께 간단한 성격심리학적 게임에 참여할 의향이 있는 한 사람(혹은 여러 사람)을 데려오라. 부모님이나 형제자매, 파트너, 친구, 지인 혹은 직장 동료도 괜찮다. 각 사람은 저마다 자신의 눈에 자신이 어떻게 보이는지, 그리고 상대방(들)이 어떻게 보이는지 기록한다.

당신은 자신의 성격을 어떻게 묘사하겠는가? 어떤 성격적 특성이 특별히 당신의 특색을 나타내는가? 어떤 점 때문에 당신은 다른 사람들과 달라 보이는가? 상대방은 어떤 점으로 인해 두드러지는가? (당신의 관점에서 볼 때) 특별히 중요한 성격적 특성을 각각 기록해보라.

그러고 나서 기록한 것을 서로 비교해보라. 자신이 바라보는 당신의 모습과 타인이 바라보는 당신의 모습이 얼마나 일치하는가? 어떤 부분에서 차이가 나는가? 당신의 (상호 간) 인식은 어떤 경험, 어떤 만남, 어떤 사건에 근거하는가? 이에 관해 서로 이야기를 나누어보라!

2장

어떤 특성을 고려할 것인가

: 다섯 가지 주요 성격

개인주의자들은 속속들이

서로 유사한 데가 있다.

알렉산더 에일레르스

어떤 요인들이 우리의 성격을 규정하는가? 실제로 한 사람의 성격을 규정하려면 다수의 특성을 고려해야 한다. 여기엔 (지능과 사회적 능력 등의) 특정한 능력 외에 개개인의 욕구와 동기, 가치관, 사고방식, 이른바 '자기 효능감'(자신의 행동을 통해 타인과 함께 세상에 '영향을 미치며' 살아간다는 개인적 확신)과 '통제 위치'(자신의 인생을 스스로 통제할 수 있다는 믿음) 등의 정서와 연관된 특성도 포함된다. 이 밖에 자존감과 주관적 안녕감도 한 사람의 성격을 정의할 때 고려해야 할 요소다.

하지만 한 사람의 성격을 결정짓는 가장 중요한 특성은 개개인 간 심리적 차이의 많은 부분을 설명해주는 이른바 '빅 파이브 성격 특성'이다. 이 '빅 파이브 성격 특성'에는 경험에 대한 개방성, 성실성, 외향성, 친화성 그리고 정서적 안정성(신경성)이 꼽힌다.

성격심리학의 간단한 역사

성격심리학 초기에는 수많은 성격적 특성이 명칭상으로 통일되지 않고 체계적으로 분류되지도 않아 매우 혼란스러웠다. 이로 인해 서로의 연구 결과를 비교하기가 힘들었다. 따라서 관련 연구 종사자들은 체계를 마련하기 위해 다음과 같은 문제를 제기했다. 개개인을 서로 구분 짓는 핵심적 특성은 무엇인가?

연구자들은 이러한 특성을 정의하고 중요한 것을 간과하지 않기 위해 이른바 명칭 통일을 위한 단초를 마련하는 작업에 착수했다. 이 작업의 전제는 인간의 주요 성격적 특성이 모두 우리의 언어에 대표적으로 나타나 있다는 것이다. 다시 말해, 한 가지 언어에서 인간의 성격을 표현하는 단어를 토대로 활용함으로써, 그 언어 사용자들의 성격적 특징을 확인한다는 것이다.

미국 심리학자 고든 올포트Gordon Allport와 헨리 서배스천 오드버트Henry Sebastian Odbert는 이 분야에서 진정한 선구자적 업적을 남겼다. 두 사람은 1936년 인간의 성격적 특성과 관련해 영어 사전에 수록된 모든 형용사, 부사, 명사를 철저하게 살펴보았다.[3] 이들은 정확한 작업을 위해 55만 개의 단어가 수록된 1925년판 《웹스터 뉴 인터내셔널 딕셔너리Webster's New International Dictionary》를 사용했다. 그리고 해당 사전에서 1만 8천 개에 달하는 단어를 찾아냈다(이는 컴퓨터를 활용하지 않고 이뤄낸 굉장히 고된 작업으로, 올포트는 이를 '의미론적 악몽'이라고 불렀다).

연구자들은 이렇게 찾은 단어를 토대로 다음과 같이 네 개의 범주를 마련했다. 첫 번째 범주는 ('환호하는' '웅얼거리는' '부끄러워하는' '분주한' 등) 일시적인 상태와 기분·행동을 나타내는 단어, 두 번째 범주는 ('중요하지 않은' '수용할 만한' '소중한' 등) 가치판단이 강력하게 내포된 단어, 세 번째 범주는 ('볼품없는' '비쩍 마른' '빨간 머리의' '유능한' '재능 있는' '형편없는' 등) 신체적 특징과 능력에 관한 특성 및 재능을 나타내는 단어, 네 번째 범주는 ('공격적인' '내향적인' '사교적인' 등) 성격적 특성을 나타내는 단어다. 이 마지막 범주에 속하는 단어 4,500여 개의 경우, 유사성 구조에 관한 통계적 방법을 이용해 상위 개념을 도출해냈다.

이러한 명칭 통일을 위한 단초 마련 작업을 토대로 그들은 마침내 다섯 가지 주요 성격적 특성을 규명할 수 있었다. 이른바 '빅 파이브'에 해당하는 성격 특성은 이 책에서 계속 언급할 것이며, 이는 '다섯 가지 모델' 혹은 '오션OCEAN 모델'이라는 명칭으로도 알려져 있다. OCEAN은 다섯 가지 성격 특성을 나타내는 영어 단어의 머리글자를 조합한 것이다.

- 경험에 대한 개방성 Openness for experience
- 성실성 Conscientiousness
- 외향성 Extraversion
- 친화성 Agreeableness
- 신경성 Neuroticism

매우 놀라운 사실은 근본적으로 수십억 명의 성격 구조를 이 다섯 가지 특성을 기준으로 설명할 수 있다는 것인데, 이로써 이번 장 서두에 인용한 철학자이자 작가 알렉산더 에일레르스의 말이 다시금 증명되었다고 볼 수 있다.

오션스 파이브 특성

'빅 파이브'를 주목하라! 다섯 가지 주요 성격 특성은 지극히 다양한 연구와 다양한 언어권, 국가 및 문화에서 나타나기 때문에 매우 '견고한' 것으로 여겨진다. 학계에서 '견고하다'라는 용어는 '신뢰할 만하고' 재차 입증할 수 있는 탄탄한 인식, 즉 엄밀히 볼 때 이미 하나의 사실로 취급되는 인식을 가리킬 때 쓰인다. (〈오션스 일레븐〉 〈오션스 트웰브〉 〈오션스 8〉이라는 제목의 영화가 흥행에 대성공을 거두었으니, 할리우드에서 '오션스 파이브'라는 흥미로운 소재를 영화화하는 것은 분명 시간문제일 것이다. 재치 있고 영리하고 유능하고 투박한 유머 감각과 유쾌한 개성을 지닌 다섯 명의 전문가가 힘을 합쳐 '성격 암호Personality Code'를 풀어가는 영화다. 조지 클루니에게 '개방적인 올리버Oliver Open' 역할을 맡기고 브래드 피트에게 '외향적인 얼리Early Extrovert' 역할을 맡긴다면, 이 영화는 분명 블록버스터가 될 것이다!).

'빅 파이브'는 이른바 '다각적인 특성'인데, 이는 다섯 가지 주요 성격적 특성이 개개인에게 발현되는 강도가 각기 다르다는 의미다. 즉, 사람은 누구나 이 다섯 가지 성격적 특성을 보이지만, 그 정도는 모두가 다르다는 얘기다. 다시 말해서 일방적으로 외향적이기만 한 사람도 없고, 일방적으로 내향적이기만 한 사람도 없다(단, 이 책에서는 편의상 '내향적인 사람, 외향적인 사람'으로 단순하게 표현했다). 예컨대 외향성을 측정하는 등급에는 강한 내향성부터 강한 외향성까지 수많은 단계가 있으며, 이는 개개인에 따라 다르게 나타난다.

경험에 대한 개방성은 개개인의 정신적 다양성을 나타내는 지표다. 개방적인 사람은 아이디어가 풍부하고, 개성 있고, 창의적이며, 상상력이 풍부하다. 개방적인 사람의 지적 관심은 스펙트럼이 매우 넓다. 이들은 철학이든, 세계관이든, 정치든 각종 아이디어와 콘셉트에 호기심을 갖고 열린 마음으로 대한다. 그리고 미술, 음악, 문화 등 다양한 형태의 미학에 열광한다.

반면 반복적인 루틴은 이들의 마음을 얻지 못한다. 이들은 변화를 선호하며 취미 활동부터 음식, 인테리어에 이르기까지 새로운 시도를 한다. 이들이 신나게 여행하며 낯선 나라와 문화에 대해 알아가는 걸 즐기는 것은 너무나도 당연한 일이다.

새로운 경험에 덜 개방적인 사람은 상대적으로 사고방식이 관습적이고, 보수적이며, 옛것을 보존하려는 성향이 있다. 이들은 반복적인 루틴을 편안하게 느끼고, 익숙한 것을 선호하며, 전통을 지키는 걸 명예롭게 여긴다. 아울러 생소한 것에 쉽게 마음을 열지 않는다. 덜 개방적인 사람은 새로운 정신적 자극보다는 친숙한 것을 선호하는 경향이 있다.

단, 여기서 개방성이라는 성격 특성은 사회적 개방성이 아니라 정신적 개방성을 가리킨다. 다시 말해, 여럿이 모인 자리에서 새로운 사람들에게 쉽게 다가가는 것을 가리키는 게 아니라 틀에 박히지 않은 미지의 것에 관심을 기울이는 성향을 뜻한다. 이러한 맥락에서 개방적인 행동은 대부분 지능 및 창의력 등과 밀접하게 연관되어 있다. 물론 지적 관심이 많으면서도 사고방식이 보수적이고 이국적인 것에 마음을 쉽게 열지 않는 사람도 있다(예를 들어, 파울 아저씨가 그렇다. 그분은 삶에 대해 아는 것이 많고 인생의 모든 주제에 관해 해박한 지식을 갖고 있으면서도, 평생 고향을 벗어나지 않으려 하고 휴가도 인근 슈바르츠발트에서만 보낸다).

성실성은 행동함에 있어 목적 지향적으로 충동을 통제하는 걸 가리킨다. 날씨가 더워서 아이스크림을 사 먹으러 나가고 싶지만, 해야 할 일이 아직 남아 있다고 가정해보자. 성실한 사람이라면 달콤한 욕구에 굴하지 않고, 자신의 즉흥적 충동을 장기적 목표보다 후순위로 둔다. 안타깝지만 아이스크림을 먹는 건 그다지 비중 있는 일이 아닌 것이다.

깔끔하고, 체계적이고, 맡은 일에 충실하고, 조직적인 사람, 즉 성실한 사람은 자신의 목표를 달성해낸다. 성실한 사람은 성취욕이 강하고, 단호하고, 정확하고, 단정하다. 이들은 깨끗하게 잘 정돈된 집에서 원하는 모습의 삶을 산다. (이들이 면접장에서 얼굴을 붉히지 않고 당당하게 말할 수 있는) 강점으로는 신뢰성, 부지런함, 강한 의무감 그리고 책임 의식을 꼽을 수 있다.

그에 비해 덜 성실한 사람은 조심성이 부족하고, 주도면밀하지 못하고, 업무 처리가 정확하지 않으며, 대충대충 넘어가는 일이 많고, 실수를 대수롭지 않게 여긴다. 철저함, 완벽주의, 강박 등과는 거리가 먼 사람이다. 이들의 삶은 혼란 그 자체이기 때문에 주변 사람들에게 신선한 느낌과 편안함 그리고 호감을 줄 수도 있다. 단, 성실성이 부족한 이들에게 정해진 시간 내에 끝내야 하는 일을 의뢰할 때는 난처한 상황이 발생할 수 있다.

외향성은 개개인이 타인과의 상호작용을 얼마나 적극적으로 시도하는지, 이러한 맥락에서 얼마나 '사회적'으로 행동하는지를 나타낸다. 외향적인 사람은 즐거운 마음으로 타인들에게 다가가고, (때로는 옆 사람이 힘들어할 만큼) 많은 이야기를 즐겁게 하고, 모임의 중심에 서는 것을 부담스러워하지 않는다. 사회적으로 주도적이고, 적극적이고, 활기차고, 쾌활하다. 이들의 자연스러운 활동 무대는 각종 파티와 대규모 모임이다.

외향적인 사람이 자신 주위에서 시끌벅적한 일이 벌어지길 바라는 반면, 내향적인 사람은 이를 버거워한다. 내향적인 사람은 상대적으로 훨씬 조용하고, 자기 안에 틀어박혀 있는 걸 편안해하고, 앞에 나서는 걸 꺼린다. 그 대신 이들은 오랫동안 집중하며 하나의 주제에 몰두할 수 있다. 사람들과 어울리고 싶은 마음이 없고, 혼자서도 즐겁게 시간을 보내며, 소수의 가까운 사람들과 어울리는 걸 선호한다. 그리고 많은 인파 속에서 시간을 보내고 나면, 자기 '내면의 중심'을 되찾기 위해 자신만의 시간과 공간이 필요하다. 내향적인 사람은 자극에 상대적으로 민감하게 반응하기 때문에, 다수의 외부 자극이 한꺼번에 덮쳐오면 금세 한계에 달해 감당하기 힘겨워한다.

한 가지 덧붙이자면, 우리는 일상에서 '외향적인'이라고 표현할 때 흔히 'extrovert'라는 단어를 사용하며, 현재 이는 사전에도 수록되어 있다. 하지만 원래는 ('안쪽으로 향한'이라는 의미의 그리스어 'intro'에서 유래한) 'introvert'와 ('바깥쪽으로 향한'이라는 의미의 그리스어 'extra'에서 유래한) 'extravert'로 각기 표현해왔다.

또 한 가지 매우 중요한 점이 있는데, '내향성'을 '소심함'과 혼동해서는 안 된다. 소심한 사람은 사회적인 접촉을 두려워하고, 불안해하고, 주저하는데 이 모든 것이 내향적인 사람에게 반드시 해당되는 것은 아니다. 내향적인 사람은 한꺼번에 많은 자극이 닥치면 부담감을 느껴 혼자 조용히 보내는 시간을 절실히 필요로 하지만, 그렇다고 해서 이들이 소심한 것은 아니다.

친화성은 공동체 내에서 개개인의 성향을 표현하는 단어다. 타인들과 함께 있을 때 우리는 어떻게 행동하는가? 평화와 조화를 중시하는가, 혹은 다툼과 분쟁에도 물러나지 않는가? 남들이 우리에게 기꺼이 다가오는가, 아니면 우리의 불같은 성미 때문에 우리를 피해 다니는가? 친화적인 사람은 친절하고, 싹싹하고, 다정하고, 착하고, 믿음직스럽다. 이들은 선의를 지니고 있고, 공감을 잘하고, 배려심이 강하고(여기에다가 겸손하기까지 하다), 원만한 관계를 중시하며, 남들과 잘 지내려 애쓴다.

반면 상대적으로 덜 친화적인 사람은 남을 경계하고 냉담하다. 이들은 남을 배려하지 않고, 경쟁자로 여기며, 협력적으로 행동하지 않는다. 이런 점은 이들이 협상이나 논쟁에서 자신의 뜻을 상대적으로 더 잘 관철한다는 걸 의미하기도 한다. 이들은 남과의 대립을 꺼리지 않기 때문에, 외부 저항에 맞서 자기 의견을 피력하는 것을 개의치 않는다. 이는 다음과 같이 강점으로 작용할 수도 있다. 즉, 의견 차이를 제때 솔직하게 이야기함으로써 서로 대립해 양측이 극단적으로 강경해지고 갈등이 악화하는 사태를 막을 수 있다.

신경성은 부정적이거나 불안정한 정서를 의미한다. 정서적으로 불안정한 사람은 스트레스에 예민하게 반응하고, 자신이 그런 상황을 감당하기 힘들다고 느낀다. 예기치 않게 불편한 일이 발생하면 그것이 트리거로 작용해 평정심을 잃게 할 수 있다. 정서적으로 불안정한 사람은 불만이 많고, 변덕스럽고, 긴장하고, 자극에 민감하고, 불안해하거나 당황한 모습을 자주 보이고, 쉽게 겁을 집어먹거나 슬퍼한다. 예민한 이들에게도 유용한 면은 있다. 요컨대 위험을 제때 인식하고 대처할 수 있다.

반면 정서적으로 안정된 사람은 마음이 편안하고 침착하다. 이들은 내면의 평안함을 누리고, 자신감으로 충만하며, 살다가 예기치 않은 일이 닥쳐도 여유 있게 잘 대처한다. 내면이 견고하기 때문에 웬만한 일에는 동요하지 않는다. 간단히 말하면, 정서적으로 안정된 사람은 극심한 역경이 닥쳐도 자제력을 유지한다.

신경성은 '노이로제'와 혼동을 피하기 위해 흔히 정서적 불안정이라고 부르기도 한다. 이와 반대되는 개념은 정서적 안정이다. 노이로제는 역사적으로 프로이트 등을 중심으로 한 심층심리학의 일각에서 나온 것이다. 이에 대한 정의는 불분명하며 부정적 뉘앙스가 내포되어 있으므로 가치중립적이지 않다.

빅 파이브 이외의 성격 특성

물론 빅 파이브 외에도 일련의 성격 특성이 있다. 빅 파이브 성격 특성은 개인 간 성격적 차이의 폭넓은 스펙트럼을 설명해줄 수는 있지만, 그 스펙트럼의 폭이 매우 넓기 때문에 피상적일 수밖에 없다. 빅 파이브 성격 특성만으로는 인간의 복잡하면서도 다면적인 성격을 규정하기에 충분치 않다. 이는 어쩔 수 없는 일이다. 따라서 우리는 특히 역경 대처와 개인적 만족감에 중요한 영향을 미치는 일련의 특성에 관해서 살펴보고자 한다.

자기 효능감은 중요한 목표 달성에 필요한 특정 과제를 자신이 성공적으로 해낼 수 있다고 확신하는지 여부를 나타낸다. 예컨대 당신은 (프레젠테이션, 입사 면접, 시험 등) 스스로 '넘어야 할 산', 즉 자신이 해내야 할 중요한 일을 두 달 안에 준비할 수 있다고 여기는가?

자기 효능감은 실제적인 능력에 관한 것이 아니라, 자신이 충분히 어떤 일을 '감당할' 수 있다는 믿음에 관한 것이다. 이런 과정에서 한 사람의 확신과 능력은 서로 상호작용한다. 현재 자신이 앞둔 중요한 일을 과거에도 쉽게 이루어낸 경험이 있는 사람은 이번에도 잘 해낼 수 있다고 믿는다. 그리고 바로 이러한 믿음이 성과를 끌어올린다. 따라서 중요한 일을 시작하면서 자신 있고 확신에 찬 자세를 취하는 게 아니라, 그 일을 앞둔 시점부터 준비에 의욕적으로 시간과 노력을 기울인다. 이는 우리가 이러한 행동을 통해 자신의 성과에 실제로 그리고 효과적으로 영향을 미칠 수 있다고 확신하기 때문이다. 높은 자기 효능감은 자기 예언과 같은 효과를 낸다. 즉, 자기 효능감이 높은 상태로 중요한 일에 임하면 마치 날개가 달린 듯 힘차게 날아오를 수 있다.

그런데 자기 효능감은 개인의 삶의 영역마다 각기 다르기 때문에, 그때그때 상이하게 발현될 수 있다. 가령 자신 앞에 놓인 중요한 일은 잘 넘길 수 있다고 확신하면서도, 가족 간 갈등을 잘 해결할지는 확신하지 못할 수도 있다.

통제 위치는 각자의 삶에서 누가 혹은 무엇이 삶을 통제하느냐에 관한 것이다. '내적 통제 위치'가 강한 사람은 스스로 자신의 삶을 잘 이끌어갈 수 있다고 강하게 확신한다. 반면 '외적 통제 위치'가 강한 사람은 자신의 운명이 우연, 신 혹은 자기 삶을 쥐락펴락하는 강력한 누군가에게 달려 있다고 믿는다. 통제 위치는 자기 효능감과 비슷하지만 좀 더 일반적이며, 특정한 과제에 한정되지 않고 삶 전체에 해당한다.

내적 통제 위치와 외적 통제 위치는 별개의 두 가지 성격 특성인가, 아니면 한 가지 성격 특성의 양극단인가? 이 문제에 관해서는 전문가들도 의견이 분분하다. (모든 연구는 아니지만) 적어도 일부 연구 결과에 따르면, 내적 통제 위치가 강하면서 동시에 외적 통제 위치도 강한 사람이 있다.[4] 예컨대 자신의 인생을 스스로 통제하며 살아가지만, 이와 동시에 신앙심이 매우 깊고 운명을 믿는 사람이다. 이는 내적 통제 위치와 외적 통제 위치가 서로 독립적인 두 가지 성격 특성이라는 것을 말해준다.

자존감은 자기 자신에 대한 감정적 평가, 즉 스스로에 대해 만족하는지, 스스로를 얼마나 좋아하는지에 관한 것이다. 자존감은 우리의 정신 상태와 긴밀하게 연관되어 있다. 우울증이나 그 밖의 다른 심리적 질환을 앓고 있는 사람의 경우, 보통 자존감이 매우 낮다. (머리 꼭대기까지 치솟은) 높은 자존감은 (바닥에 닿을 정도로) 낮은 자존감보다 우리를 더 고무시킨다.

자존감은 높이뿐만 아니라 안정성 또한 중요하다. 자존감의 변동 폭이 어제와 오늘이 다르게 요동치는가? 자존감의 이러한 잦은 변동이 외부 요인의 영향을 얼마나 심하게 받는가? 성공하거나 아부하는 말을 들으면 자존감이 하늘을 찌르다가, 실패하거나 비판받으면 자존감이 하루아침에 곤두박질치는가?

일부 운이 좋은 사람은 남들에게 거절당하거나 적대적인 취급을 받더라도 전혀 흔들리지 않을 만큼 탄탄한 자존감을 갖고 있다. 이런 이상적인 경우에는 남에게 비판받더라도 자존감이 손상되지 않고, 오히려 그 비판을 건설적으로 수용한다. 이처럼 천성적으로 높은 자존감은 황금보다도 더 값진 것이다. 왜냐하면 살다가 힘든 일이 닥칠 때 자존감은 더욱 중요한 역할을 하는데, 자존감이 높은 사람은 스스로를 사랑하고 격려하기 때문에 힘든 일이 있더라도 또다시 '벌떡 일어날' 수 있기 때문이다.

> 거울아, 거울아: 나르시시즘

연구 결과 더 알아보기

한 가지 덧붙이자면, 강한 자존감은 나르시시즘과 전혀 관련이 없다. 나르시시즘이 강한 사람은 '대단한' 자아상을 유지하기 위해 안간힘을 쓴다. 이들이 거울을 통해 보고 싶어 하는 것은 단 한 가지, 즉 완벽한 자신의 모습이다. 이들은 어떤 상황에서도 타인에게 자신의 완벽한 모습을 보여주고 싶어 한다.

나르시시즘이라는 성격 특성에 이름을 부여한 전설 속 미소년 나르시스는 물에 비친 자신의 모습을 사랑하는 데 그쳤지만, 오늘날 나르시시즘이 강한 사람은 소셜 미디어 덕분에 자기 욕구를 수월하게 충족시킬 수 있다. 이들은 극단적인 자세로 수많은 셀카를 찍으며 스스로를 만끽한다. 완벽한 모습으로 공들여 연출한 자신의 이미지를 단 한 번의 클릭으로 (업로드를 애타게 기다리는) 전 세계와 공유할 수 있다.

다수의 연구 결과에 따르면, 나르시시즘이 강한 사람은 대부분 소셜 미디어에 셀카를 올리고, 상태를 업데이트하고, 트위터에 포스팅하는 빈도가 잦다. 또한 이들은 소셜 플랫폼에서 보내는 시간이 길고, SNS상의 친구와 팔로워 수도 비교적 많다.[5]

하지만 나르시시즘이 강한 사람은 자신이 개성 넘치고, 멋지고, 남보다 우월하다는 개인적 확신만으로는 성에 차지 않는다. 이들은 타인의 인정과 찬사 그리고 그에 따른 힘을 갈망한다. 나르시시즘이 강한 사람은 자존감이 강한 사람과 달리 타인을 평가절하함으로써 자신을 평가절상하려는 욕구가 있다.

겉으로는 그렇지 않아 보이지만, 나르시시즘이 강한 사람의 자존감은 본질적으로 무너지기 쉽고 견고하지 않다. 그렇기 때문에 이들은 경쟁자를 제침으로써 자신의 자존감을 지켜내려 한다. 이를 명백하게 보여주는 일례로 트위터 등 (다수의) 소셜 미디어에서 스스로를 '탁월한 존재'로 부각시키는 도널드 트럼프 전 미국 대통령을 들 수 있다.

나르시시즘이 강한 사람은 자신의 매력으로 남들을 매료시키는 일에 관한 한 진정한 전문가다. 단, 이들의 매력은 초반에만 유효한데, 이는 시간이 갈수록 애초의 매력과는 완전히 다른 이면이 드러나기 때문이다. 이런 경향은 특히 남녀 관계에서는 치명적 결과를 초래할 수 있다. 이들이 욕망의 타깃으로 점찍은 사람은 연애 초반에는 엄청난 사랑 폭탄Love Bombing(관심과 애정을 과도하게 표현하는 일종의 가스라이팅)의 대상이지만, 시간이 지나면서 점점 무시, 굴욕, 치명적 질투, 공격 그리고 심지어 폭력의 대상으로 변질되어버린다.

주관적 안녕감은 자신의 삶에 대한 개인적 평가에 관한 것이다. 주관적 안녕감은 두 가지 요소, 즉 인지적 만족감과 정서적 만족감으로 나뉜다.

인지적 만족감은 삶에 대한 만족도를 가리킨다. 자신의 삶에 대해 '전혀 만족하지 않는다'를 0점, '매우 만족한다'를 10점으로 볼 때, 현재 자신의 삶에 어느 정도 만족하는가? 《세계 행복 보고서World Happiness Report》가 여러 번에 걸쳐 확인한 바에 따르면, 대부분 사람들의 인지적 만족도는 3점과 8점 사이를 오가며, 평균적으로는 약 7점이다.[6] 사람들은 근본적으로 현재 자신이 처한 상황이 웬만큼 만족할 만하다고 여기면서도, 이와 동시에 지금보다는 조금 더 나은 상황에서 살 수 있을 거라는 생각도 한다.

정서적 만족감은 자신의 삶을 이성적으로 평가하는 게 아니라, 일상에서 어떤 기분을 느끼는지에 관한 것이다. 하루를 보내면서 (기쁨과 행복감 등) 긍정적 감정을 얼마나 자주 느끼고, (슬픔과 두려움, 분노 등) 부정적 감정을 얼마나 자주 느끼는가? 또는 이런 감정을 각기 어느 정도로 강력하게 느끼는가?

전반적인 삶에 대한 개개인의 인지적 만족감과 정서적 만족감은 부분적으로만 연관되어 있다. 사람들은 일상에서 때때로 기분이 나빠지더라도 자신의 삶에 대해 이성적·종합적으로 상당히 흡족하게 여길 수 있다(이 경우 만족도에 관한 질문에 확실하게 '이 정도면 괜찮지!' 혹은 '이 정도면 만족해야지'라고 대답한다). 반대로 하루하루 살아가며 상당한 행복감을 느끼면서도, 자신의 삶이 지금보다 더 나을 수 있을 거라며 아쉬워하는 사람도 있다.

순수한 감정 차원에서도 이처럼 엇갈리는 상황이 있다. 즉, 긍정적 감정과 부정적 감정은 서로 연관이 있으면서도 각각 독립적인 두 개의 요소다. 이는 긍정적 감정이 있어도 부정적 감정이 함께하고, 부정적 감정이 있어도 긍정적 감정이 함께할 수 있다는 의미다. 예를 들어 (오랫동안 꿈꿔온 직장에서 일하게 되었지만, 이를 위해 친구들을 떠나 낯선 도시로 이사해야 하는 경우처럼) 더없는 행복감과 깊은 슬픔을 동시에 느끼는 상황이 있을 수 있다. 그리고 별다른 긍정적 감정도 별다른 부정적 감정도 없이, 그저 무덤덤하게 일상을 살아갈 때도 있다. 이 외에도 우리에게는 매우 다양한 부정적 감정이 있다. 예컨대 슬픔은 두려움 혹은 분노와는 완전히 다르게 느껴진다.

명칭만으로도 알 수 있듯이, 주관적 안녕감은 객관적 상태가 아니라 개인적으로 느끼는 자신의 상태다(흥미롭게도 주관적 안녕감은 신체적 건강의 '객관적' 상태와 단지 근소한 정도로만 연관이 있다).

주관적 안녕감은 심리적 건강을 나타내는 지표로도, 성격 특성으로도 해석할 수 있다. 그 이유는 서로 견줄 만한 비슷한 상황에서조차 각기 주관적 안녕감의 편차가 매우 크기 때문이다. 자신에게 어울리는 자신만의 삶을 살고 있다는 편안한 느낌은 피상적인 외적 상황에 좌우되지 않는다. 이에 관해서는 이 책 후반부에서 좀 더 자세히 살펴보려 한다.

생각해볼 거리 몇 분 동안 조용히 스스로에 대해 생각해보라. 당신은 자신의 삶을 어떻게 평가하는가? 당신의 삶 전반에 대한 인지적 만족도에 몇 점을 주겠는가? 이와 비교할 때 하루하루 느끼는 기분은 어떠한가? 어떤 기분이 당신의 일상에서 주를 이루는가?

> 난 이렇게 타고났어! 넌 어떤 핑계를 댈래?: 유전자와 환경

연구 결과 더 알아보기

앞서 언급한 성격적 특성은 전적으로 타고난 것도, 전적으로 습득된 것도 아니며, 각자의 유전자와 환경의 영향을 받는다. 아울러 이 두 가지 요인이 상호작용을 하기도 한다. 특정한 유전적 형질을 지닌 사람의 경우, 다른 유전적 형질을 지닌 사람과 비교할 때 동일한 상황에도 다르게 반응하고, 동일한 경험에도 달리 대처한다.

유전적으로 매우 민감한 사람의 경우, 유전적으로 둔감한 사람에 비해 유년기에 경험한 스트레스 상황이 향후 발달에 부정적 영향을 끼칠 확률이 훨씬 더 높다.

우리의 성격 형성에 유전이 차지하는 비율은 대략 3분의 1 정도라고 말할 수 있다. 단, 이 비율을 수치로 정확하게 나타내기는 힘든데, 유전자와 환경이 서로 복잡한 상호작용을 하기 때문이다(더욱이 유전적 요소가 성격 형성에 차지하는 비율은 각 성격 특성마다 다르다). 개개인의 인생에서 중대한 사건들 전후에 성격이 변하는 현상은 유전자뿐만 아니라 경험이 (유년기부터 평생!) 성격에 중요한 영향을 미친다는 사실을 입증해준다.

> 당신의 삶 속에서 작용하는 빅 파이브 성격 특성

다섯 가지 주요 성격 특성이 당신에게 어떤 모습으로 발현되어 있는지 알고 싶은가? 그렇다면 설문지에 응답하고 자신의 성격을 파악해보라! ➡ **12장**

3장

성격은 경험을 창조하는가

: 성격이 삶에 미치는 영향

인생은 가지각색의 초콜릿이

담겨 있는 상자와도 같아요.

어떤 맛의 초콜릿이 나올지

아무도 알 수 없거든요.

〈포레스트 검프〉

영화 속 주인공 포레스트의 이 명대사는 자주 인용되는 말이지만, 사실이 아니다. 인생은 우리에게 기쁨을 가져다줄지 슬픔을 가져다줄지 모르는, 우리가 손쓸 수 없는 운명의 장난이라는 말이 사람들에게 위안을 줄 수는 있다.

하지만 인생에서 대다수 사건은 이 유명한 대사가 우리에게 전달하려는 거짓 메시지처럼 우연히, 원칙 없이, 무작위로 일어나지 않는다. 우리의 경험은 개인의 성격과 밀접하게 연관되어 있다. 성격은 개인의 생각·감정·행동에 직접적인 영향을 미치며, 이로써 우리 일상의 모든 면에 작용한다. 개인의 존재 방식, 즉 성격이 저마다의 삶에서 어떤 특정 경험을 더 많이 하게 될지 영향을 준다는 뜻이다.

건강을 도모할 때

다섯 가지 주요 성격적 특성은 개개인의 심리적 건강과 신체적 건강에 영향을 미친다. 그중에서도 특히 외향성, 정서적 안정성, 성실성의 영향력이 크다.[7·8] 이제 이에 관해 차례대로 살펴보자.

정서적으로 안정된 사람은 부정적 감정을 체험하는 일이 드물다. 이들은 불안감이나 두려움, 슬픔을 자주 느끼지 않기 때문에 불안 장애나 우울증을 앓을 위험도 낮다. 반면 정서적으로 덜 안정된 사람은 스트레스를 건강하지 않은 행동으로 보상하려는 경향이 있다. 이들은 음식이나 TV, 술이나 약물로 부정적 감정을 잠재우려 한다. 이는 단기간에는 별문제 없이 효과가 있을 수 있지만 장기적으로는 대가가 따른다. 다시 말해, 건강하지 않은 행동으로 스트레스를 잠재우면, 스트레스는 오히려 더 커지고 어느 순간부터는 마음뿐만 아니라 몸까지 병들어간다. 정서적으로 불안정한 사람이 질병에 걸리는 빈도가 평균보다 높고, 수명이 짧은 것도 이 때문이다.

외향적인 사람은 흡연과 음주 비율이 높은 경향이 있는데, 이는 스트레스를 보상하기 위해서라기보다 남들과 어울리기 위해서다. 이들은 흡연이나 음주를 강요하진 않더라도 부추기는 사회적인 상황을 자주 찾아다닌다. 담배 연기 자욱한 바에서 무알코올성 음료를 마시는 사람은 좀처럼 찾아보기 힘들다. 파티에서도 술을 사양하는 사람을 가만히 놔두지 않는다(선의를 지닌 주최자도 이 문제에 대해서는 가차 없다. 예컨대 장거리 운전을 해야 하거나 임신 또는 뇌수술 등 극도로 불가피한 경우에만 금주를 양해해준다. 단지 술을 마시고 싶지 않다는 것만으로는 양해를 구하기 힘들며, 이는 주변 사람들로 하여금 오히려 '꼭 술을 마시도록 만들어야겠어'라는 생각을 부추길 뿐이다). 음주 문제와는 별개로, 외향적인 사람이 남들과 어울리기를 좋아하는 데에는 당연히 장점도 있다. 외향적인 사람은 적극적이고 생동적인 기질로 인해 남들보다 긍정적인 감정을 더 많이 느낀다. 아울러 일상에서도 더 유쾌하고 더 행복해한다.

개방적인 사람은 호기심이 많고, 창의적이고, 유연하다. 이들은 새로운 것에 잘 적응하고 문제를 쉽게 해결하기 때문에 스트레스를 덜 받는다. 또한 지식욕이 있고 성장과 자기실현을 추구하며, 이를 통해 행복을 느낀다. 단, 이들은 새로운 것을 스릴 넘치는 특별한 자극으로 여기기 때문에 마약 등의 중독 물질에 대해서도 개방적이다.

친화적인 사람은 좀처럼 싸움에 말려들지 않으며 쉽게 흥분하지 않는다. 이들이 심장 질환에 잘 걸리지 않는 이유는 아드레날린 수치와 혈압이 잘 올라가지 않기 때문이다.

성실한 사람은 최고의 카드를 손에 쥐고 있는 것이나 다름없다.[9] 이들은 남들보다 더 건강하게 살고, 더 건강한 음식을 먹고, 운동도 더 많이 한다. 중독성이 강한 물질을 멀리하고, 건강검진도 착실하게 받는다. 그리고 건강 문제가 눈에 띄면 발 빠르게 선제적으로 대처한다. 이러한 태도는 성실한 사람의 기대 수명을 높여 준다.

> 성실한 사람이 더 오래 산다

연구 결과 더 알아보기

미국에서 장기간에 걸쳐 진행된 한 연구 결과에서 특히 눈에 띄는 점은 성실성과 기대 수명의 상관관계다.[10·11] 이 연구는 1910년 캘리포니아에서 태어난 열한 살짜리 아동 1,200명의 성격을 부모와 교사들이 평가하도록 한 후 연금 수령 나이까지 장기 추적 관찰했다. 그 결과 성실한 피실험자들의 수명이 그렇지 않은 피실험자들의 수명보다 상대적으로 길었다. 전자의 경우 음주와 흡연율이 낮았고, 건강한 식생활을 유지했고, 교통사고에 휘말리는 비율도 낮았다. 교통사고 비율이 낮은 것은 이들이 교통질서 또한 성실하게 준수했기 때문이라고 짐작할 수 있다.

친구를 만들 때

정서적으로 불안정한 사람이 단기간이든 장기간이든 스트레스를 받으면 주변 사람들이 이를 감지하게 된다. 따라서 이 경우 가족 간 불화, 파트너와의 갈등, 직장에서의 반목 등이 발생할 확률이 높다(단, 주변 사람들이 온갖 종류의 도발을 참아내는 성자 혹은 명상 전문가라면 얘기가 약간 다를 수도 있다). 정서적으로 불안정한 사람은 자신의 삶 전반에 만족하지 못할뿐더러 개별적인 인간관계에도 불만이 있다. 이 때문에 인간관계가 안정적이지 않고 쉽게 깨진다.

외향적인 사람은 매력적인 외양과 밝은 모습으로 모든 이에게 사랑받는다. 이들은 친구가 많고, 강한 주도력과 시행력으로 명성과 명예를 쌓아 사회적 지위가 높은 편이다. 하지만 한 명의 파트너와 오래 사귀지 않고 파트너를 자주 바꾸는 경향이 있다. 이는 이들을 매력적인 왕자나 공주로 숭배하는 이성이 너무 많기 때문일 수도 있다.

개방적인 사람은 다방면에 관심이 많으며, 전문적이고 수준 높은 대화를 좋아한다. 그래서 지성인들과 더불어 예술과 문화를 주제로 토론하는 연극 동아리, 예술인 술집, 카페를 자주 찾는다(이런 현상은 문화사에서도 나타난다. 즉, 보통 사람 서너 명이 모이면 밥값만 쌓이지만, 미학 예찬가 서너 명이 정기적으로 식사 모임을 하면 눈 깜빡할 사이에 새로운 문화 조류가 생겨난다).

친화적인 사람은 주변 사람들과의 조화를 중요하게 여기며, 사회적 관계에서 좀처럼 갈등을 일으키지 않는다. "지는 것이 이기는 것이다"라는 격언처럼 항상 양보하기 때문에 손해를 볼 수도 있지만, 그 덕분에 파트너와의 관계를 안정적으로 유지한다. 이들은 사회성이 뛰어날 뿐만 아니라 적응력이 높고 정해진 체제에 대한 순응력이 좋아 법적인 문제에 얽히지 않는다.

직업을 구할 때

정서적으로 불안정한 사람은 스트레스 감당 능력이 비교적 적기 때문에 직장을 자주 바꾸며, 번아웃 증상도 자주 겪는다.

외향적인 사람은 자신 있는 태도가 중요하게 작용하는 관리직이나 판매직에 종사하는 경우가 많다.

개방적인 사람은 총명하고 다방면에 관심이 많다. 새로운 학습 내용에 마음이 열려 있기 때문에, 학교나 직업교육 기관에서 활동할 때 유리하다. 또한 아이디어가 풍부하고 독창적이라 예술 분야에서 두각을 나타낸다.

친화적인 사람은 타고난 '팀 플레이어'이기 때문에 보육, 돌봄, 상담 등의 직종에서 진가를 발휘한다. 하지만 직장에서 자신의 생각을 주장해야 하는 순간이 오면 이를 힘겨워한다. 임금 협상 자리에서 자기 이익을 관철하는 데 소질이 없어 평균적으로 남들보다 소득이 적고, 승진 대상에서도 쉽게 제외된다.

성실한 사람은 학교에서 남들보다 더 모범적으로 예습과 복습을 하는 등 더 많이 공부하고, 직장에서도 최선을 다한다(전형적인 '잘난 척하는 똑똑한 놈'이기 때문에, 덜 성실한 사람들 사이에서는 그다지 인기가 많지 않다).

중요한 건 성격보다 상황

수십 년 동안 이른 저녁 독일 TV에서 방영하고 있는 연속극 〈좋은 시절, 나쁜 시절Gute Zeiten, schlechte Zeiten〉의 제목처럼 '좋은 성격과 나쁜 성격' 또한 존재할까?

알다시피 영화와 드라마에서 선한 주인공의 경쟁자는 흔히 비열한 사람으로, 즉 진실하지 않고 간사하고 탐욕스럽고 잔인하고 호감이 가지 않는 사람으로 묘사된다. 반면 선한 주인공은 성격 면에서 높은 가산점을 받을 만한 수많은 요인을 지니고 있어 시청자들이 쉽게 자신과 동일시할 만하다. 이들은 부족한 점이라곤 찾아보기 힘들며, 온통 사랑받을 만한 특성만 지녔다. 도덕적 잣대가 분명하며, 동물들도 따뜻하게 대한다. 하지만 이러한 천편일률적 설정은 캐릭터 간의 섬세한 차이를 제대로 표현하지 못하며, 모든 인간이 천성적으로 갖고 있는 다면적인 성격적 특성을 온전히 드러내지 못한다.

이렇게 좋은 사람, 나쁜 사람, 이상한 사람을 일률적으로 묘사하는 데에는 어떤 근거가 있는 것일까? 각각의 성격을 '이렇게' 묘사하는 편이 '달리' 묘사하는 것보다 '더 나은' 것일까? 그렇다면 우리는 각각의 성격을 합리적인 방법으로 '평가'할 수는 있을까? 각 성격을 '이렇게' 묘사하는 편이 '달리' 묘사하는 것보다 '더 나은가'?

개방성, 성실성, 외향성, 친화성, 정서적 안정성이 높은 성격은 우리 사회에서 전적으로 바람직하고 긍정적인 성향으로 받아들여진다. 사람들은 자신이 이런 특징을 지니고 있으면 세상에서 더 잘살 수 있을 거라고 본능적으로 생각하며, 그 때문에 이 다섯 가지 성격적 특성이 자신에게 나타나기를 바라기도 한다. 다수의 학계 연구 결과에 따르면, 응답자 열 명 중 아홉 명이 이렇게 응답했다.[12] ➡11장

중요한 건 상황이다!

사람들은 자신이 '빅 파이브 스타'일 때, 즉 OCEAN 값이 높을 때 사회에서 한쪽 구석으로 밀려나지 않고 수월하게 자신의 자리를 확보할 거라고 믿는다. 앞서 분명하게 언급한 바와 같이 빅 파이브 성격 특성이 높은 경우 실제로 성공할 확률이 높지만, 언제 어디서나 그런 것은 아니다. 어떤 성격 특성이 성공에 도움이 되는지는 각 상황에 달려 있다.

성실한 사람은 남들보다 신용할 만하고, 더 조직적이다. 그리고 정돈을 잘하므로 집을 나서기 전에 항상 열쇠를 잘 찾는다. 하지만 다른 한편, 성실한 사람은 완벽을 추구하고 강박적 행동을 하는 경향이 있다. 열쇠를 찾느라 약속 시간에 늦는 일은 없지만, 집을 나서기 전 거실 바닥을 한 번 더 걸레질하거나 가스레인지 밸브를 정말로 잠갔는지 세 번 더 확인하느라 약속 시간에 늦을 때가 있다.

누군가가 즐겁게 반복하는 일이 다른 누군가에게는 지겹도록

단조로운 일일 수 있다. 어떤 이들에게 '사소한 것에 대한 집착'으로 느껴지는 일이 다른 이들에겐 가치 있는 '섬세한 작업'으로 보일 수도 있다.

수많은 사람을 사귀고 화려한 파티를 여는 외향적인 대학생의 학업 성적이 더 우수할까, 아니면 주변을 차단하고 시험공부를 하면서 며칠 혹은 몇 주일 동안 혼자 지내는 걸 힘들어하지 않는 내향적인 대학생의 학업 성적이 더 우수할까?

일반적으로 볼 때, 개인의 성격 특성이 특정한 상황의 요건과 잘 맞아떨어질수록 좋은 성과가 나타난다. 예컨대 내향적인 사람을 외향성이 필요한 업무에 억지로 밀어 넣으면 그는 그 일을 감당하기 어려워 매우 불행해질 것이다. 그 반대의 경우도 마찬가지다.

삶을 구성하는 재료!

'신이 창조한 동물원'은 그 이름만큼이나 아주 방대하다. 만일 TV 연속극 〈좋은 시절, 나쁜 시절〉에 OCEAN 값이 높은 인물만 등장한다면 어떨까? 그 연속극에는 인생의 크고 작은 위기를 모조리 극복해내는 슈퍼맨과 원더우먼 같은 사람들로 넘쳐날 것이다.

하지만 그렇다면 그곳에 어떤 오락적 가치가 있을까? 일일 연속극에 끊임없이 음모를 꾸미고 남들을 싸움으로 이끄는 음흉한 악역이 없다면 어떨까? 끊임없이 사건 사고를 일으키지만 결코

미워할 수 없는 '혼돈의 여왕Queen of Chaos' 같은 캐릭터가 없는 일일 연속극은 어떤 모습일까? 일일 연속극에 지적으로는 열려 있지만 사회적으로는 닫혀 있는 너드nerd, 특이한 분야에 관한 지식이 탄탄하고 어떤 컴퓨터든 해킹할 수 있지만 스탠딩 파티에서 한담을 나눌 줄 모르는 너드가 없다면, 우리 시청자들은 무엇을 보고 웃을 수 있겠는가? 사랑의 기쁨과 이별의 슬픔을 오가며 하루에도 열두 번씩 감정이 오르락내리락하는, 정서적으로 불안한 로맨티시스트가 없다면 일일 연속극이 어떻게 돌아가겠는가?

드라마에 앞서 말한 캐릭터들이 없다면 흥미진진한 이야기를 전개할 소재가 별로 없을 것이다. 이처럼 개성 넘치는 다채로운 성격들이 드라마를 볼 만하게 만들고, 우리의 삶도 살 만하게 만들어준다.

긍정적인 사람에게 긍정적인 일이 생긴다

빅 파이브 성격 특성에 비해 좀 더 넓은 의미의 특정한 성격 특성, 즉 자기 효능감, 자존감 그리고 주관적 안녕감은 (거의 예외 없이) 높을수록 좋다! 이러한 특성은 높을수록 남들보다 더 의욕 있고, 업무적으로나 사회적으로나 유능한 경향이 있다. 이런 특성이 높은 사람은 일반적으로 우수한 학업 성적, 직업적 성공, 신체적·정신적 건강, 원만하면서도 안정적인 대인 관계를 누린다.

또한 (성공적인 학업 이수, 직업 커리어의 원만한 출발, 어울리는 배우자와의 결혼을 '긍정적'이라고 평가할 경우) 이들에게는 인생에서 긍정적인 사건이 비교적 자주 일어난다.

이와 관련해 성격심리학자 마이케 루만Maike Luhmann은 독일·영국·호주에서 수천 명의 자료를 분석한 결과, 자신의 삶에 만족한다고 응답한 사람들이 그로부터 몇 년 안에 결혼하거나 자녀를 얻은 비율이 상대적으로 더 높았다는 사실을 확인할 수 있었다. 또한 이들이 응답 후 몇 년 안에 이혼이나 실직 또는 거주지를 옮긴 비율은 상대적으로 더 낮았다.[13]

종합적으로 말하자면, 이 모든 것은 일종의 상호작용이다. 한편으로는 살아가며 겪는 일련의 사건이 성격에 영향을 미치고 (이에 관해서는 다음 장에서 자세히 살펴보고자 한다), 다른 한편으로는 성격이 우리가 일상에서 어떤 행동과 경험을 하는지, 이런 행동과 경험을 주관적으로 어떻게 평가하고 소화하는지에 영향을 미친다.

> 자신의 강점 강화하기

'좋은' 성격과 '나쁜' 성격이 따로 있는 것은 아니며, 각 성격마다 나름의 강점과 약점이 있다. 그런데 사람들은 자신이 지닌 성격의 약점에 지나치게 집중하고, 마음속의 '내부 비판자'가 속삭이는 말에 동요한다(내부 비판자는 뭔가가 성공적으로 진행되지 않으면 우리에게 호통을 친다. 그뿐만 아니라 뭔가가 잘 진행되더라도 "이보다 더 잘할 수 있지 않느냐" 혹은 "이보다 더 일찍 잘할 수도 있었을 것이다" 혹은 "앞으로는 이렇게 잘 진행되지 않을 것이다" 등의 말을 늘어놓는다).
그래서 우리는 흔히 자신의 약점을 '지워내는' 데 지나치게 몰두하느라 강점을 간과해버린다. 이는 매우 안타까운 일이다. 왜냐하면 자신의 강점에 초점을 맞추고 이를 키워가는 것은 매우 간단할 뿐만 아니라, 아주 유용한 일이기 때문이다. 당신도 이를 실행해보라!

당신의 개인적 강점을 리스트로 작성해보라!

당신의 강점이라고 생각되는 것들을 마음 편히 적어보라. 주저할 필요 없다! "자화자찬은 역겹다"라는 말 따위는 던져버리고, 전부 적어보자(이 대목에서 겸손은 미덕이 아니라 당신에게 손해를 끼칠 뿐이다). 강점인지 아닌지 확신이 들지 않는 것도 리스트에 적어라. 강점은 분명히 존재한다! 이번 장 뒷부분 글상자의 '당신의 강점을 상기시키는 단어 리스트'를 읽다 보면 당신의 성격 중 간과하기 쉬운 장점이 (추가로) 보일 것이다. 그중에서 당신에게 해당하는 단어를 모두 표시하고, '강점 리스트'에 추가하라. '당신의 강점을 상기시키는 단어 리스트'를 읽으면서 떠오르는 비슷한 특성도 '강점 리스트'에 포함하라.

당신은 무엇을 잘하고 무엇을 즐겨 하는가?

자신이 (직업적으로든 개인적으로든) 어떤 일과 활동을 특별히 잘하거나 좋아하는지 숙고해보라. 그 일과 활동에는 어떤 능력과 소질이 요구되는가? 당신이 그 능력과 소질을 지니고 있을 확률은 매우 크다! (우리가 어떤 일을 매우 좋아하는데 그 일을 잘해낼 능력이 없다는 생각이 들 때, 대부분의 경우 우리는 생각보다 그 일을 잘해낼 수 있다!)

당신과 아주 친한 사람은 당신의 어떤 점을 높이 평가하는가?

당신은 스스로를 가차 없이 비판하는 경향이 있지만 남들은 당신을 훨씬 긍정적으로 평가한다. 그러므로 당신과 아주 친한 사람에게 당신의 강점 리스트를 보여주고, 그가 생각하는 당신의 전형적인 강점은 무엇인지 물어보라. 당신은 전혀 인식하지 못하고 있지만, 지인이 당신의 강점이라고 여기는 성격적 특성은 무엇인가? 분명 이는 당신이 보지 못했던 부분이며, 당신은 앞으로 일상에서 이에 대해 더 관심을 기울일 수 있을 것이다.

당신의 약점(이라고 여겼던 것)**을 강점으로 바꿔라!**

많은 경우 약점과 강점은 동전의 양면이다. 따라서 약점으로 여겨지는 것을 뒤집어 강점으로 바라보라. 당신의 성격 중 어떤 부분이 그다지 혹은 전혀 마음에 들지 않는지 곰곰이 생각해보고 이를 기록하라. 이러한 약점의 어떤 긍정적인 측면이 강점으로 작용할 수 있을까? 이것 또한 다음과 같이 작성해보라.

욕심이 많은 → 야심 찬

게으른 → 느긋한

쉽게 굴복하는 → 타협적인

순진한 → 편견이 없는

지나치게 밝은 → 활기찬

존재감이 없는 → 차분한

작은 것에 집착하는 → 체계적이고 조직적인

화합에 집착하는 → 붙임성 있는

충동적인/성미가 급한 → 열정적인

부주의한 → 여유 있는

고집스러운 → 관철 능력이 있는

예민한 → 섬세한

폐쇄적인 → 전통을 중시하는

당신의 약점(이라고 오인하는 것들)**을 외부적 관점에서 바라보라!**

사람들은 자신보다 남을 덜 가혹하게 판단한다. 그러므로 때로는 관점을 바꾸어 스스로를 '다른 누군가'로 여기고 바라보는 것도 의미가 있다. 당신이 온전히 사랑하는 한 사람을 떠올려보라. 그리고 당신이 싫어하는 자신의 특성을 그 사람이 지니고 있다고 상상해보라. 이 경우에도 당신은 그에게서 드러나는 그 특성을 '나쁜 것'이라 평가하고 비난하겠는가? 아니면 '전혀 나쁘지 않다'고 여기고, 심지어 거기서 긍정적이고 사랑스러운 요소를 찾아내겠는가?

당신의 강점 리스트를 눈에 잘 띄는 곳에 두라!

당신의 개인적인 강점들로 이뤄진 멋진 리스트를 작성했으면 성급하게 휴지통에 던져 넣지 말고, 눈에 잘 띄는 곳, 예컨대 찬장이나 거울 옆에 붙여두라. 그러면 그 강점들이 시시때때로 당신 눈에 들어와서 당신 마음속에 자리 잡은 '내부 비판자'의 끈질긴 독백을 중단시킬 것이다. 또한 '강점 리스트'는 넓은 의미의 (높을수록 좋은) 성격적 특성을 강화하는 데에도 도움을 주어 당신의 영혼을 어루만지고, 당신의 자존감과 주관적 안녕감을 북돋아준다.

> 당신의 강점을 상기시키는 단어 리스트

모험심이 강한

주의 깊은

야심 찬

분석적인

적응 능력이 좋은

열려 있는

사려 깊은

끈기 있는

한결같은

믿을 만한

신중한

감격할 줄 아는

참을성이 강한

감정을 잘 통제하는

겸손한

사교적인

감사할 줄 아는

절도 있는

관철 능력이 있는

적극적인

느긋한

실험 정신이 강한

정정당당한

상상력이 풍부한

섬세한

부지런한

융통성이 있는

집중력이 좋은

친절한

배려심이 깊은

교양 있는

인내심이 강한

침착한

꼼꼼한

정의로운

너그러운

명랑한

성실한

정직한

감정이입 능력이 있는

언변이 좋은

공감 능력이 있는

열정적인

지적인

소통을 잘하는

유능한

협동적인

창의적인

냉철한

예술적 감각이 있는

활기찬

학습 의욕이 강한

상냥한

여유 있는

의리가 있는

동정심이 강한

동기를 불러일으키는

용기 있는

남을 잘 돕는

희망에 찬

공손한

유머러스한

영감을 주는

총명한

자발적인

체계적인

용감한

협업을 잘하는

집중적인

아량 있는

전통을 중시하는

품행이 바른

생각이 깊은

조심스러운

단순한

독창적인

유쾌한

편견이 없는

관대한

호기심이 많은

솔직한

낙관적인

질서를 잘 지키는

조직적인

독특한

계획적인

합리적인

생각이 깊은

예의 바른

온유한

재치 있는

자신감이 있는

능력 있는

책임 의식이 있는

이해력이 좋은

선견지명이 있는

마음이 따뜻한

안목이 있는

가치를 소중히 여기는

지식욕이 있는

재미있는

호의적인

목표 지향적인

만족할 줄 아는

감수성이 있는

신뢰할 만한

확신에 찬

4장

성격은 언제까지 변하는가

: 유년기에서 노년기까지 성격의 성장

스무 살의 얼굴은 신에게 받은 것이고,

마흔 살의 얼굴은 인생에서 받은 것이고,

예순 살의 얼굴은 스스로 얻어낸 것이다.

알베르트 슈바이처

우리는 다행히도 태어난 상태 그대로 머물러 있지 않다! 우리의 몸은 살아 있는 모든 것은 끊임없이 변한다는 사실을 확실하게 보여준다. 더 나은 쪽으로 변하는지, 아니면 더 나쁜 쪽으로 변하는지에 관한 판단은 관찰자의 눈에 달려 있다. 눈에 관한 이야기가 나온 김에 말하자면, 우리의 눈은 인체에서 크기가 거의 변하지 않는 유일한 기관이다. 눈을 제외한 인체의 다른 모든 부분은 자란다. 처음에는 길이가, 나중에는 폭이 자란다.

우리는 사춘기 여드름에 불평하고, 이후 중년의 주름에 슬퍼한다. 파티와 술자리, 술집 방문을 2천 번 정도 하고 나면, 우리의 간은 충분히 훈련되었음에도 '어느 날 갑자기' 더는 예전처럼 자기 임무를 감당해내지 못한다. 요가를 2천 시간 정도 하고 나면, 우리의 몸은 많은 나이에도 불구하고 과거 어느 때보다 더 유연하고 부드럽게 움직인다.

인생은 정체된 상태가 아니라 하나의 과정이다. 우리의 성격 또한 몸처럼 변할 수 있다. 그러므로 삶을 사는 동안 우리의 성격이 어떻게 바뀌는지 한번 살펴보자!

유년 시절의 뿌리

우리는 유모차 안에서 주위가 떠내려갈 정도로 울어대는 갓난아이의 눈을 들여다보고는 "완전히 아빠 판박이네"라고 나지막한 목소리로 말한다. 그리고 잠시 후 아기가 울음을 그치고 얼굴에 미소를 띠면, 다음과 같은 깨달음을 얻는다. 이 '기저귀를 차고 있는 아기'는 '피부와 뼈, 뇌로 구성된 존재' 그 이상이며 부모가 무엇이든 그릴 수 있는 도화지 너머의 존재라는 것을 말이다.

이러한 점에서 우리는 아기가 얼마든지 변화 가능한 존재라고 생각해볼 수 있다 즉, 아이들의 성격은 아직 완전히 형성된 상태가 아니라, 몇 가지 타고난 성격 기질만 보일 뿐이다. 호기심이 많고 깨어 있는 아기는 (만사에 무관심한 얼굴로 소파에 앉아 감자 칩만 먹는 사춘기 시절을 잠깐 거치고 난 다음) 지적으로 개방적인 성인으로 자라날 확률이 높다. 수줍음이 많고 낯을 가리는 아기가 누구에게나 거리낌 없이 말을 건네는 '인싸' 초등학생이 될 확률은 그다지 높지 않다. 타고난 성격 기질은 성장하면서 점점 더 세분화된다.

기질은 기어 다닐 때부터 분명하게 드러난다

이러한 기본적인 성격 기질을 '기질 특성'이라고도 부르는데, 심리학에서는 이를 인간의 성격 중 어렸을 때부터 관찰되는 '본질적 측면'으로 여긴다. 신생아들은 (자신의 자녀가 자랑스러워 어쩔 줄 모르는 부모가 봤을 때를 제외하고는) 모두 비슷하게 생겼다. 하지만 반응과 행동은 이미 신생아 때부터 매우 다르다.

당신의 자녀들이 항상 밝고 부모를 편안하게 해주는 아주 착한 아이들인 (혹은 아이들이었던) 반면, 이웃집 자녀들은 밤낮 시끄럽게 보채고 울어대며 부모를 힘들게 만드는 말괄량이다(아마도 당신의 이웃은 이와 반대로 생각할 테지만).

개개인의 기질은 무엇보다도 유전적 요인과 환경적 요인에 좌우된다. 기질은 성격의 전조로서 매우 일관적이라고 여겨진다. 항상 밝은 아기는 유쾌한 어른으로 자라는 경향이 있고, 항상 보채는 아기는 예민한 어른으로 자라는 경향이 있다. 과도하게 울어대고 잘 먹지도 잘 자지도 않아서 유아기 조절 장애 증상을 보이는 아기는 성인이 되어서도 심리적 문제로 힘겨워할 확률이 높다.

단, 이러한 기질 특성이 일반적 통념보다는 덜 일관적이라는 연구 결과도 있다.[14] 극도로 예민했던 아기가 '강인한 투사' 같은 성격으로 자라기도 하고, 부끄러움을 많이 타던 아기가 소심함과는 거리가 먼 '도로 위의 무법자'가 된 몇몇 케이스도 있기는 하다. 하지만 물론 이는 극소수에 해당한다.

기질에는 다양한 측면이 있다

기질에는 긍정적 감정과 부정적 감정, 기분의 변화, 자극 역치, 자기 조절 능력, 반응의 강도, 끈기, 주의 산만 등이 포함된다.

우리는 기쁨 등의 긍정적 감정과 슬픔·두려움·분노 등의 부정적 감정을 얼마나 자주, 얼마나 강하게 느끼는가? 외부의 자극을 얼마나 민감하게 인식하는가? 예컨대 겁이 매우 많고 쉽게 염려하는가, 아니면 웬만한 일에는 쉽사리 당황하지 않는가? 두려움이나 분노 등의 내적 상태를 얼마나 잘 조절하는가, 그리고 이성을 잃었을 때 얼마나 잘 평정심을 회복할 수 있는가? 감정이 북받쳐 심하게 울거나 화를 내는 경우가 자주 있는가? 주변 요인에 의해 주의가 산만해지지 않고 한 가지 일에 쉽게 집중할 수 있는가? 장기적인 목표를 위해 즉흥적인 충동과 욕구를 얼마나 잘 억제할 수 있는가?

집중해서 과제를 수행하는 능력은 어느 정도 나이가 들고 (학교생활을 할 때) 비로소 중요해지지만, 집중력과 끈기의 개인별 편차는 아주 어릴 때부터 관찰할 수 있다. 어떤 아이는 혼자서도 오랫동안 잘 놀면서 여러 가지 새로운 시도를 하는 반면, 어떤 아이는 2분도 혼자 뭔가에 집중하지 못해 금세 자신과 놀아달라며 엄마 아빠나 베이비시터를 부르고, TV를 켜달라고 소리친다.

개개인의 기질은 무엇보다도 외향성과 정서적 안정성이라는 성격 특성과 연관이 있지만, 이 밖의 빅 파이브 성격 특성을 비롯해 가치관·사고방식·흥미와는 별다른 관련이 없다.

만일 지금 '끈기와 주의 산만은 성실성과 연관이 있지 않나?' 라는 의문이 든다면, 당신은 칭찬받아 마땅하다. 이는 정확한 지적이다! 이 영역은 경계가 불분명해서, 기질과 성격을 엄밀하게 구분 짓기는 쉽지 않다.

인간의 지능은 유전적 요인이 크고, 어렸을 때부터 관찰 가능하며, 상당히 일관적이다. 그런데도 지능을 (성실성과 마찬가지로) 순수한 기질 특성으로 간주하지 않는다는 점은 매우 흥미롭다. 지능이 높은 아이는 이미 신생아 때부터 다른 아기들보다 똘망똘망하고 반응 속도도 더 빠르다(이는 이런 아기를 양육하는 부모에게는 장점이 아닐 수도 있는데, 부모가 막을 틈도 없이 아기가 사고를 일으킬 수 있기 때문이다). 만 두 살 때 프랑스어와 중국어로 이야기하고, 네 살 때 자유롭게 글을 쓰고, 여섯 살 때 어른들에게 미적분을 설명하는 아이는 대학 입학 자격시험도 가볍게 통과할 확률이 높다.

> 행동 억제 기질은 무엇인가

연구 결과 더 알아보기

> 기질 중 특별히 많은 연구가 이루어진 분야는 '행동 억제'다. 행동 억제 기질은 우리가 새로운 사회적 · 비사회적 상황에서 두려워하고 억제하는 경향이 있는지 여부를 나타낸다.
>
> 아이를 처음 유치원에 보냈을 때를 떠올려보자. 아이가 처음 며칠

을 문제없이 넘기면, 엄마 아빠는 하루에 몇 시간을 오붓하게 보낼 수 있다(이 시간을 성적 욕구를 충족하는 데 보내는 부모는 극히 드물고, 대부분은 부족한 잠을 보충하거나 청소 혹은 업무 처리에 사용한다). 때로는 적응 과정이 너무나도 드라마틱해서 엄마 아빠가 유치원 바로 옆 카페에서 한 발짝도 벗어나지 못한 채 아이를 데리러 가야 하는 시간까지 마음 졸이며 시계만 들여다보는 경우도 있다.

억제 경향이 있는 아이는 낯선 사람들에게 둘러싸이면 스트레스를 받는다. 유치원에서 친구들이 레고로 '새로운 세상'을 쌓아 올리면, 억제 경향이 있는 아이는 그쪽으로 달려가 신나게 참여하는 대신 멀찌감치 떨어져서 심란한 표정을 짓는다. 이런 아이는 향후 (사회적) 불안 장애를 지닐 확률이 현저하게 높다.[15]

다수의 심리학적 연구 결과에 따르면, 유아기에 나타나는 고도의 행동 억제는 장기적으로 향후 수십 년 후에도 나타나는 흔적을 남길 수 있다. 억제 경향이 있는 생후 14개월의 아기는 청소년기에 가족 및 친구들과의 관계가 상대적으로 덜 원만하고, 더 소극적이고 내향적이며, 불안 및 우울 증상을 겪는 비율이 더 높다는 최근의 연구 결과도 있다.[16]

또한 이러한 장기적 상관관계가 어린 시절 변형된 뇌의 활동에 부분적으로 기인한다는 사실도 확인되었다. 그럼에도 불구하고 개개인의 인생행로는 확정되어 있지 않다. 아동기 동안 행동 억

제 기질에 매우 커다란 변화가 나타나는 사례도 종종 있기 때문이다.[14]

아동기는 향후 '성인이 되었을 때'의 성격이 결정되는 시기다. 빅 파이브 성격 특성을 비롯한 대부분의 특성은 아동기에는 청소년기와 성인기에 비해 훨씬 덜 일관적이며, 각각의 특성이 짧은 기간 동안 급격한 변동을 일으킬 수 있다. 이 밖에도 아이들마다 각 성격 특성의 변화가 장·단기적으로 매우 다르기 때문에, 모든 아이에게 동일하게 적용할 수 있는 일반적인 발달 경향을 찾아내기는 쉽지 않다.

하지만 모든 아이에게 공통적으로 중요한 점은 생후 처음 몇 년 동안 뇌는 완전히 발달한 상태가 아니기 때문에, 변화의 여지가 매우 많다는 것이다. 다시 말해서 이 시기 아이의 뇌는 빠른 속도로 쉽게 변화할 수 있고, 외부의 자극에 강하게 반응한다. 그래서 어린아이를 위한 학습은 글자 그대로 '아이들 장난만큼이나 쉬운 일Kinderspiel'('어린이 장난' '쉬운 일'이라는 두 가지 뜻이 있는 단어-옮긴이)이다. 하지만 어린아이의 뇌에 변화의 여지가 많다는 것은 매우 민감하다는 의미이기도 하다. 즉, 아기나 어린아이일 때 심한 스트레스를 경험하면, 이것이 뇌에 각인되어 장기적인 손상으로 이어질 수 있다.[17]

이러한 결과는 심리적으로뿐만 아니라, 신체적으로도 측정할 수 있다. 전기 충격 실험으로 트라우마를 겪은 쥐를 관찰해보면, 트라우마를 겪지 않은 쥐에 비해 스트레스에 달리 반응한다. 이는 트라우마를 겪은 쥐의 뇌 작동 방식이 장기적으로 달라졌다는 것을 의미한다.

심리학 연구 결과에 따르면, 인간도 태어난 지 몇 년 내에 경험한 트라우마는 성인이 될 때까지 스트레스에 반응하는 방식을 결정짓는다. 무엇보다도 어린 시절 심각한 방치 혹은 폭력을 겪은 사람은 시상하부-뇌하수체-부신 축(간단하게 HPA 축)이 다르게 반응한다. HPA 축은 스트레스에 대한 호르몬 반응을 조절하고 코르티솔(스트레스 호르몬) 분비를 조절하는 생리학적 시스템이다. 그런데 이러한 시스템에 일어난 장기적 변형 때문에 어렸을 때 트라우마를 겪은 사람은 스트레스에 더 민감하게 반응하고, 수십 년 후에도 심리적 문제를 안고 살아갈 확률이 높아진다.

이는 우리의 일상에 다음과 같은 의미가 있다. 즉, 우리가 생후 몇 년 동안 (그리고 그 후에) 아이를 대하는 방식이 그 아이의 발달 전반에 영향을 미친다는 것이다. 어른의 성숙한 자아Ego는 이미 형성된 상태이며, 남들에게 당하는 거부와 마음의 상처를 아이보다 더 잘 극복한다. 하지만 아이의 성격은 아직 변화 여지가 있으며, 삶 속에서 처음 접하는 모든 것에 민감하게 반응한다.

우리는 아이들에게 넉넉한 안정감과 정서적 위안을 주고 지지함으로써, 성공적인 미래를 위해 가장 중요한 무기를 아이들 손에 쥐여주어야 한다. 우리가 지금 있는 그대로의 모습을 온전히 받아들이고 사랑한다는 확신을 주면, 아이들에게 가장 큰 선물을 주는 것이나 다름없다.

생각해볼 거리 지금까지도 당신에게 영향을 미치는 어린 시절의 경험이 있는가? 당신이 평생 지녀왔으며 당신에게 방해가 되는 행동 양식이 있는가?

> 어린 시절 겪은 스트레스

연구 결과 더 알아보기

개인적으로 극심한 스트레스를 겪고 나면 향후 삶에서 공황장애 증상을 겪을 위험이 높아질까? 이러한 위험은 당사자가 어린 시절에 트라우마를 겪은 경험이 있는지에 따라 달라질까?
이 질문에 대한 답을 찾기 위해 나는 그라이프스발트대학교의 동료들과 함께 '포메라니아 지역 건강 연구'에 참여한 성인 572명의 데이터를 평가했다. 이는 독일 메클렌부르크-포어포메른주의 주민을 대표할 만한 피실험자들을 대상으로 진행한 장기간에 걸친 추적 연구다.[18]
이 연구에서는 피실험자들의 신체적 건강 및 정신적 건강과 관련해 공황장애 증상을 포함한 포괄적인 질문을 했고, 그 밖에 이혼, 가까운 가족과의 사별, 유산 등 극심한 스트레스를 겪은 경험이 있는지도 확인했다. 그리고 정서적·신체적 방치를 비롯해 정서적·

신체적·성적 폭력 등을 겪었는지도 설문 조사를 통해 파악했다. 우선 성인기의 극심한 스트레스와 어린 시절의 트라우마는 향후 인생에서 공황장애 증상이 나타날 위험을 높인다는 결과가 나왔다(이는 그 밖의 많은 연구 결과와 일치한다). 그런데 특히 주목할 만한 것은 이미 어린 시절 트라우마를 겪은 사람이 성인기에 극심한 스트레스를 받을 경우, 공황장애 발생 확률이 훨씬 높다는 점이다. 이러한 연구 결과는 어린 시절 겪은 스트레스가 뇌의 발달을 장기적으로 훼손할 수 있으며, 이 경우 오랜 시간이 지난 후에도 스트레스에 상대적으로 더 민감하게 반응할 수 있다는 가설을 뒷받침해준다.

질풍노도의 청소년기

나이 든 어른들은 흔히 "젊은이들은 청춘을 허비한다"라고 한심스럽다는 듯 말한다. 어떤 의미에서 볼 때 이 말은 옳다. (최상의 컨디션, 매끈한 피부, 뛰어난 학습 능력 등) 나이가 들면 사라지는 것이 젊은이들에게는 너무나 당연하게 느껴지기에 이를 소중히 여길 줄 모른다. 그 대신 젊은이들은 자아와 정체성 확립이라는 과제로 인해 분주하다.

청소년기는 '사춘기라는 과업'만으로도 하루를 온전히 보내는 '전일제 근로'나 다름없다(청소년들의 용돈을 사춘기라는 전일제 근로에 대한 임금이라고 간주하면, 그 대가가 충분치 않을 정도로 사춘기는 쉽지 않은 과업이다). 또한 사춘기는 성격 발달 측면에서도 매우 중요한 시기다.

그런데도 청소년기에는 아동기와 마찬가지로 평균적인 성격 변화가 성인기에 비해 더 약하게 나타난다. 하지만 이 시기에도 각 성격 특성의 발현 강도가 단기간 내에 변할 수 있다. 또한 같은 또래의 청소년이라도 각 성격 특성의 개별적 발달 양상이 다른 경우도 많다. 예컨대 일부 청소년은 더 반항적으로 변하고, 또 다른 청소년은 (신통하게도) 더 친화적으로 변하기도 한다.

하지만 많은 청소년을 동시에 관찰하면 전체적으로는 큰 변화가 없는데, 이는 상반되는 변화들이 서로를 상쇄하는 효과가 있기 때문이다. 청소년기의 성격 발달에 관한 연구 결과 역시 획일적이지 않다. 일부 연구 결과에 따르면, 청소년들은 (최소한 사춘기라는 혼란이 지나면!) 정서적으로는 더 안정적이고 친화적으로, 사회적으로는 더 주도적으로 변한다.[19·20] 반면 또 다른 연구들에서는 아무런 평균적인 변화도 입증하지 못했고, 청소년기 남녀 간의 성격 발달 양상이 다르다는 걸 관찰했다.[21]

청소년기부터 남녀 간 성격 차이가 확연하게 드러난다. 평균적으로 여성이 남성보다 더 성실하고 더 친화적이지만, 남성보다 덜 외향적이고 정서적으로 덜 안정적인 경향을 보인다. 특히 정서적 안정성이라는 측면에서 남녀 간 차이는 매우 크다. 여성은 남성에 비해 더 예민하고 더 불안해하는 경향이 있다. 이는 여성이 불안 장애와 우울 장애를 앓을 위험이 왜 더 높은지 그 이유를 설명해준다.[22]

하지만 그렇다고 해서 남성들이 기뻐할 이유는 없다. 왜냐하면 남성에게는 공격성과 충동성이 여성보다 더 강하게 나타나며, 이에 따라 알코올과 마약 관련 문제에 상대적으로 더 취약하기 때문이다.

이 같은 남녀 간 성격 차이는 분명 생물학적 이유와 사회적 이유 모두에서 기인한다. 사춘기 때부터 우리 인체에서는 (테스토스테론과 에스트로겐 같은) 성호르몬의 분비가 증가한다. 이 성호르몬은 특정한 신경전달물질(세로토닌, 노르에피네프린, 도파민 등) 체계와 연관되어 있는데, 이러한 신경전달물질 체계는 두려움과 우울증에도 영향을 미친다. 많은 양의 성호르몬은 얼굴의 여드름뿐만 아니라, 사춘기 남녀 간 성격 차이도 분명하게 드러내준다.

이와 더불어 사회적 요인도 남녀 간 성격 차이를 유발하는데, 왜냐하면 이 시기 청소년들은 이미 성별에 따라 요구되는 역할에 직면하기 때문이다. 성별에 따라 요구되는 이러한 역할은 과거 우리의 조부모 세대만큼 두드러지지는 않지만, 오늘날까지도 그런 사고방식이 남아 있다.

여자아이는 남자아이보다 더 보호받으며 자라는 경향이 있다. 여자아이를 돌보아주어야 하는 대상으로 여기며, 남자아이에 비해 더 많은 걸 기대하지도 요구하지도 않는다. 동시에 다정하고, 친절하고, 남을 배려하고, 남에게 자신을 맞추고 복종하길 바란다. 이러한 사회적 기대는 여성에게 정서적 불안정, 소심함, 억제적 경향을 보이게끔 하고, 여성을 상대적으로 더 친화적이고 더 성실하게 만드는 한 가지 이유일 수 있다.

반면 남자아이는 (적어도 '진정한 사나이'는 눈물을 흘리지 않는다는 통념에 따르면) 용감하고, 강하고, 씩씩해야 한다. 많은 남자아이가 자기 뜻을 관철시키고 '남성성'뿐만 아니라 자신의 관점과 이해관계를 지켜내라는 기대와 요구를 받는다. 이 같은 사회의 기대와 요구는 남자아이들의 (최소한 피상적인) 정서적 안정성 그리고 외향성의 일면인 '사회적 주도 능력'을 강화하는 효과가 있지만, 다른 한편으로 친화력에는 별다른 영향을 미치지 못한다.

위대한 희극배우 찰리 채플린은 "만일 인생의 순서가 바뀌어 청춘이 인생의 후반부에 찾아온다면, 청춘은 아주 멋진 시절이 될 것이다"라고 이야기한 바 있다. 충분히 일리 있는 말이다. 만일 우리 인생의 후반부가 청춘이 된다면, 우리는 청년으로서 남녀에게 요구되는 역할이 왜 다른지 그 근거를 따져 묻고 더러 반발할 수도 있을 것이다. 다소 늦게라도 하고 싶은 말을 하고 부딪쳐보는 편이 아무것도 시도하지 않는 것보다는 훨씬 낫지 않겠는가!

청년기와 장년기의 경험

마침내 사춘기가 지나가고 어른의 문턱을 넘고 나면 삶이 조용해진다. 하지만 "이제 개개인의 성격 발현과 발달이 완료되었다"라는 얘기는 말도 안 된다! 청소년들은 비록 처음에는 그렇게 보이지 않을 수도 있지만, 평균적으로 다른 연령층보다 더 성실하고, 더 친화적이고, 정서적으로 더 안정되고, 사회적으로 더 주도적이게끔 변해간다. '성격의 성숙'이라고도 부르는 (20대를 훌쩍 넘어 장년기까지 이어질 수 있는) 이러한 강력한 변화는 많은 연구 결과에서 입증되었다.[23]

미국의 성격심리학자 브렌트 로버츠Brent Roberts는 이른바 '사회적 투자 이론'으로[24] 이러한 성격의 성숙을 설명한다. 청년기와 장년기 초반은 일상을 뒤집어놓는 여러 가지 중요한 사건, 과도기, 새로운 출발로 특징지을 수 있다. 이 시기에 사람들은 일을 시작하고, 처음으로 (진지한) 남녀 관계를 맺고, 결혼을 하거나 부모가 된다. 그리고 이 같은 발달 과정을 거치며 새로운 사회적 역할을 받아들인다.

대학교 구내식당에서 친구들과 어울려 아무렇게나 편안한 자세로 늘어져 있거나, 퇴근길에 술집에서 ("긴 근무시간 후에 더 긴 밤을 즐길 차례다"라는 관례에 따라) 술잔을 기울인다. '엄마라는 호텔'은 세탁 서비스와 신용카드를 제공해준다. 집에서는 가사를 돌볼 필요도 없고, 놀아달라고 보채는 자녀도 없다. 노후 대비는 아직 먼 이야기이고, 내 집 마련을 위한 대출금 상환(혹은 양육비)에 신경 쓸 필요도 아직은 없다. 인생 자체가 즐겁다

그러던 어느 날 아주 짧은 밤이 지난 후, 배고프다고 보채는 '작은 인간'의 울음소리에 눈을 뜬다. 그러고는 (어느새 치아가 난 '작은 인간'에게 물려) 눈 밑에 동그란 자국이 남은 상태로 사람들에게 진중한 인상을 주려 애쓰고, 보수가 좋은 일자리를 구하기 위해 이리저리 뛰어다닌다. 왜냐하면 우편함에 신용카드 영수증이 가득 차 있기 때문이다.

이제 우리를 맞이하는 사람은 이해심 많은 엄마 아빠가 아니라, 엄격한 직장 상사다. 그는 우리에게 정시에 출근하고 받는 보수만큼 충실히 일할 것을 요구한다. (우리 집에 사는 '작은 인간'이 식사 시간에 '실험'을 하는 바람에) 엉망이 된 티셔츠를 단정한 옷으로 갈아입고, 고객과 직장 동료들을 더 친절하게 대해야 한다. 그들도 자기 자리에서 자신의 삶을 살아가는 사람들이니까!

이제 우리는 자신이 처한 상황에서 살아남기 위해 이성이 이끄는 대로 움직인다. 즉, 예전보다 더 성실하게, 더 친화적으로 행동한다. 우리에게는 다른 선택권이 없다. 자녀를 부양하려면 일자리가 필요하고 새로운 상황에 적응해야 한다. 이런 일을 몇 주, 몇 달 혹은 몇 년 동안 줄곧 반복하다 보면, 성격도 바뀐다는 게 학계의 가설이다. 그러다 문득 얼마 전까지만 해도 자신이 잘 감당할 수 있을지 잠 못 이루고 마음 졸이던 그 일을 이제는 아주 훌륭하게 해내고 있다는 사실을 깨닫고는 스스로에게 놀란

다. 이로써 우리는 (적어도 순수하게 이론상으로는) 한층 더 자의식이 탄탄해지고, 자신감이 올라가고, 정서적으로 안정된다.

이런 현상이 '경험론'을 입증해줄까? 인생의 중대사와 심각한 변화가 젊은이들의 '성숙'을 앞당기는 걸까? 혹은 우리가 이미 유전적으로 이렇게 프로그래밍되어 있기 때문에, 그저 자연스럽게 저절로 성숙해가는 것일까? 취리히에서 활동하는 성격심리학자 비프케 블라이도른Wiebke Bleidorn은 서로 다른 문화를 지닌 62개국의 피실험자 무려 88만 4,328명을 대상으로 성격 발달에 관한 연구를 진행했다.[23] 그 결과는 실로 놀라웠다.

앞서 언급한 성격의 성숙이 국가나 문화와 상관없이 청년기에 나타났다. 폴란드, 페루, 필리핀 등 어디에서든 성실성, 친화성, 정서적 안정성, 사회적 주도 능력이 강화되었다. 단, 피실험자들의 성격이 성숙해지는 나이에는 개별 국가와 문화에서 눈에 띄는 차이가 나타나기도 했다. 상대적으로 어린 나이에 결혼과 출산, 직장 생활을 하는 곳에서는 성격의 성숙 또한 상대적으로 더 일찍 나타나는 경향을 보였다. 반면 새로운 삶의 단계로 넘어가는 평균 연령이 높은 곳에서는 성격의 성숙 또한 더 늦게 나타났다.

이런 결과는 젊은이들의 성격이 무엇보다도 새로운 사회적 역할에 의해 성숙해진다는 가정에 힘을 실어준다. '사회적 투자 이론'의 깨끗한 완승이다!

노년기의 관점

영화 〈리썰 웨폰〉에서 로저 머소프가 이야기했듯이, 인간은 어느 시점에 이르면 "이런 짓을 하기에는 너무 나이가 많다"라고 여긴다. 나이가 들면 정말로 지혜로워질까? 이웃집 불평쟁이 할아버지와 교양 없는 할머니를 떠올려보면, 나이가 들면 지혜로워진다는 말은 잘못된 것이라는 생각이 든다. 하지만 정작 본인이 50세가 넘으면 흔히 다음과 같은 확신이 든다. 즉, 50세가 넘어가니 과거 어느 때보다 자신에 대해 잘 알게 되었고, 자신을 이해하는 법과 평정심을 유지하는 법을 새로이 터득했다고 확신한다.

실제로 사람은 나이가 들면 개방성과 성실성은 약화되는 반면, 친화성과 정서적 안정성은 강화되는 현상이 나타난다. 이러한 발달 양상을 '달콤한 인생'이라는 의미의 '라 돌체 비타 효과La-Dolce-Vita-Effekt'라고 부르는데, 이 같은 현상의 본질을 정확하게 표현한 용어다. 젊은 시절 우리에게 주어졌던 다양한 책임, 예컨대 직장 생활을 하고 자녀를 양육하는 동안 우리를 몰아세우던 다양한 책임이 노년기가 되면 사라져버린다.

노년기에 접어든 사람은 오랜 근로의 대가로 연금이라는 결실을, 오랜 양육의 대가로 잘 성장한 자녀라는 결실을 거둔다. '엄마라는 호텔'에서 지체하지 않고 제때 체크아웃하고, 부모를 생각하는 마음이 절절해서 규칙적으로 찾아오고, 부모 집 냉장고에 들어 있는 음식을 자기 거처로 가져갈 생각 따위는 하지 않는 잘 성장한 자녀 말이다(하지만 당신도 알다시피 현실의 모습은 완전히 다르다. 자녀가 부모를 찾아오는 일은 드물고, 대신 돈을 요구하는 전화, 혹은 경찰 조사를 받고 있으니 좀 와달라는 전화가 자주 온다).

우리가 자신의 존재 이유를 오직 일에만 두지 않고, 해야 할 일이 없어 무료함을 느끼거나 '빈 둥지 증후군'을 겪지만 않는다면, 노년은 안도의 한숨을 내쉬고 편안한 마음으로 조금은 생소한 자유로운 공간과 시간을 즐길 수 있는 시기다. 지금까지 짊어졌던 다양한 의무가 사라졌다는 점은 이 시기에 사람들이 왜 더는 예전처럼 성실할 필요가 없고, 결과적으로 점점 덜 성실해지는지를 잘 설명해준다.

하지만 은퇴자의 생활이 '라 돌체 비타 효과'가 약속하는 것처럼 항상 달콤하게 펼쳐지는 는 것은 아니다. 영화 〈달콤한 인생〉의 아니타 에크베리도, 마르첼로 마스트로이안니도 우리와 함께 트레비 분수에서 춤을 춰주지 않는다. 은퇴한 사람들은 "모든 길은 로마로 통한다"라는 말이 현실과 다르다는 사실을 직면한다. 은퇴하고 나면 로마 여행을 감당할 여력이 없는 경우가 대부분이기 때문이다.

만일 은퇴 후 부수입이 없고 연금 액수가 기대했던 것보다 적으면, 가까운 실내 수영장이나 동네 빵집에서 시간을 보내며 근근이 살아갈 수밖에 없다. 게다가 노년기에는 몸이 점점 쇠약해지므로, 이 때문이라도 영화 속 장면처럼 트레비 분수에서 춤을 추는 것은 불가능하다. 사정이 이렇다 보니 노년기에 건강과 관련해 삶의 만족도가 떨어지는 것은 자연스러운 일이다.

'통제 위치'와 자존감의 발달 양상 또한 흥미롭다. 이 두 가지 특성은 청년기에 강화되다가 노년에 접어드는 60세 정도에 정점에 달하고, 노년기가 시작되기 전에 다시 약화한다.

왜 이런 양상이 나타날까? 청년들은 점차 가정과 연결된 '탯줄'을 잘라낸다. 그리고 독립성과 자율성을 갖추어가며 새로운 역할을 받아들이고, 추구할 가치가 있는 것을 명확하게 인식하기 시작한다. 즉, 가정을 꾸리거나 커리어를 쌓고, 직업적 네트워크를 구축하고, 사회적 지위를 높이고 싶어 한다.

이런 것들이 어느 정도 잘 이뤄지면 자신의 삶을 스스로 잘 가꿀 수 있다고 느끼며, 이에 따라 자존감이 탄탄해진다. 장년기에는 그간 구축해놓은 것을 유지하는 데 몰두한다. 예컨대 자신이 지은 집을 보수하고 비용을 지불해야 한다. 그리고 자녀의 부양과 (아직 희망을 완전히 포기하지 않은 경우에 한해) 교육에 매진한다. 장년기에는 정해진 틀 안에서 움직이고, 자신의 삶을 스스로 잘 통제하고 있다고 확신하거나 아무리 절망적인 순간에도 세상이 무너지지는 않는다는 사실을 깨닫는다. 자신의 사춘기와 자녀들의 사춘기를 무사히 넘기고 나면, 그 밖의 모든 일은 '식은 죽 먹기'다. 스스로의 삶을 잘 통제할 수 있다는 확신과 자존감은 이제 정점에 달한다.

노년기에는 통제 위치와 자존감의 토대였던 많은 것이 우리

곁을 떠나간다. 자녀들은 독립하고(부모의 희망과 달리 커피를 마시며 학업 성과를 들려주기 위해 일요일마다 집에 들르지도 않는다), 직업 활동은 막을 내리고, 건강은 나날이 나빠지고, 동년배들은 세상을 떠난다. 한때 우리 손안에 있던 것들, 한때 우리에게 존재감을 부여하던 것들이 (하나둘씩) 사라진다. 최악의 경우에는 양로원으로 거처를 옮겨야 할 수도 있고, 날이 갈수록 남의 손을 빌리지 않으면 생활 자체가 어려워진다. 이렇게 되면 자신의 삶에 대한 통제력이 실제로 떨어지고, 그로 인해 무력감에 휩싸인다.

노년기에(도) 중요한 삶의 기술은 일상에서 불가피한 것들을 인정하고, 다른 무언가로 보충하는 것이다. 스탠퍼드대학교에서 연구와 강의 활동을 하는 발달심리학자 로라 카스텐슨Laura Carstensen은 한 가지 모델로 이를 실천할 수 있는 방법을 설명한다. 이른바 '사회 정서적 선택 이론'에 따르면, 사람은 노년기에 접어들면 기존의 가치관과 목표를 바꾼다.[25] 청년기에는 자기 앞에 펼쳐져 있는 시간이 무한하게 느껴진다. 기대에 찬 시선은 미래로 향해 있고, 우리는 그 미래에 초점을 맞춘 채 삶에서 기대하는 것, 즉 커리어를 쌓고, 재산을 모으고, 정원 딸린 집을 짓고, 거기에서 자녀들을 키울 수 있는 능력을 갖추기 위해 온 힘을 다해 노력한다.

인생의 끝은 처음엔 너무나 멀게 느껴져 누구도 신경 쓰지 않지만, 해가 갈수록 점점 가까이 다가오다가 어느 순간 시야에 확실하게 들어온다. 노년기에 접어들면 시간이 갈수록 체력이 약해진다. 하지만 이제는 자신이 이루려 했거나 이룰 수 있었던 것을 이미 달성한 상태이며, 과거에 자신을 매료시켰던 목표를 더는 좇지 않는다. 예컨대 발레리나 혹은 록 스타로서 커리어는 이미 훌륭하게 이루었거나, 최소한 이 시점에서는 완전히 접은 상태일 것이다.

자신의 인생이 유한하다는 사실을 분명하게 의식할수록, 우리는 '지금'이라는 시간과 '이곳'이라는 장소에 집중한다. 자신에게 결코 찾아오지 않을 미래 때문에 에너지를 허비하지 않고, 현재의 행복을 돌본다. 수많은 얕은 관계보다 마음이 통하는 가까운 사람 몇 명과의 관계를 소중히 여긴다. 이제는 짜증을 유발하는 일상적인 일로 기분을 망치지 않고, 긍정적인 일에 초점을 맞춘다. 아침에 자리에서 일어났는데 지긋지긋한 요통이 없으면 그것만으로도 기쁘다. 손주들을 돌보느라 피곤하다가도 나른한 오후에 그 애들을 마음 편히 다시 제 부모에게 넘겨주고 낮잠을 즐기는 것이 기쁘다.

노년기에 이루어지는 이러한 관점의 변화는 사람들이 어떻게 자신의 노화를 심리적으로 극복해내는지 설명해줄 뿐만 아니라, 노년기에 개방성과 친화성이 약화하는 이유도 설명해준다.

그런데 노년기의 이러한 관점 변화는 정말로 우리가 자신의 유한함을 깨닫기 때문일까? 어쩌면 이 같은 변화 또한 그저 유전에 의한 것이며, 단지 생물학적 노화에 동반되는 것일 수도 있다. 이 문제에 답하기 위해 로라 카스텐슨은 다양한 연령 집단을 비교하는 데서 그치지 않고, 연령이 낮은 중환자들을 대상으로 '자신의 죽음에 직면하는' 실험을 진행했다.

이 연구 결과에 따르면, 인간의 가치관과 목표는 개개인의 나이에 달려 있는 게 아니라, 개개인이 자신의 유한함을 얼마나 의식하고 있는지에 달려 있다. 결론적으로 누구나 자신이 유한한 존재라는 사실을 깨달으면, 사람들은 지금 자신이 있는 곳에 집중하고, 폭넓은 삶보다는 깊이 있는 삶을 살아간다.

> 삶의 여러 단계에 대해 의식적으로 성찰하기

퍼스널 코칭

인생의 모든 나이대마다 각기 장단점이 있다. 하지만 우리 눈에는 항상 '자신과 나이가 다른 사람의 떡'이 더 커 보인다. 어릴 때는 누구나 모든 것을 스스로 결정할 수 있는 어른이 되고 싶어 한다. 그런데 정작 어른이 되고 나면, 아무 걱정도 없는 어린 시절을 그리워한다.

만일 스무 살인 당신이 10년 또는 20년 후에나 실질적으로 도달할 수 있는 자리를 얻고 싶어 한다면, 지금의 삶이 불만스러울 것이다. 만일 예순 살인 당신이 서른 살 때 누리던 걸 얻고 싶어 한다면, 그 또한 삶이 불만스러울 것이다. 우리는 나이가 들어가는 것을 막을 수 없다. 하지만 시간이라는 강물과 함께 유유히 걸어갈 수는 있다.

사회적으로 요구되는 전형적인 '남성'과 '여성'의 역할은 '사회적 표준'이 되고, 많은 사람이 그로 인해 압박감을 느낀다. 우리는 성별에 따른 이러한 사회적 요구를 무조건적으로 수용하고 전달하는 대신 비판적 시각으로 바라볼 필요가 있다. 당신이 어떻게 자랐는지, 어렸을 때 부모와 주변 사람들로부터 (성별을 비롯해 다양한 면에서) 어떤 역할을 요구받았는지 떠올려보라. 그때 당신은 자신에게 주어진 역할을 어떻게 느꼈는가? 당신에게 주어진 역할이 어떤 긍정적 영향과 부정적 영향을 미쳤는가? 이런 과정을 거치며 생긴 특징 중 어떤 부분이 당신에게 유용하다고 여기는가? 그리고 그중 어떤 부분이 지금까지도 당신이 원하는 길을 가는 데 걸림돌이 된다고 여기는가?

이처럼 과거를 집중적으로 성찰해보면, 자신의 현 위치를 바로 알 수 있을 뿐 아니라 미래를 위한 올바른 길도 파악할 수 있다.

나이가 든다고 해서 저절로 현명해지는 건 아니다. 나이 든 자신에 대해 잘 파악하면서 인생의 유한함을 외면하지 않고 그걸 삶의 태도에 반영할 때, 우리는 현명해진다.

혹시 바로 이것 때문에 당신은 젊은 나이임에도 세상을 바라보는 자신의 관점을 바꾸고 싶은가? 당신이 지금 죽음을 눈앞에 두고 지난 삶을 되돌아본다고 상상해보라. 그렇다면 훗날의 당신은 지금 당신이 내려야 하는 중요한 결정을 어떤 방식으로 처리하겠는가? 지금 당신이 몰두해 있는 문제가 5년, 10년 혹은 20년 후 당신의 눈에는 어떻게 보이겠는가? 지금의 이 문제가 훗날 당신의 삶에 어떤 영향을 미치겠는가? 그리고 훗날 당신은 지금의 이 문제를 어떻게 평가하겠는가?

만일 우리가 거리를 두고 지금의 상황을 먼발치에서 바라본다면, 많은 일의 중요성이 바뀌고 우리가 진정으로 우선순위로 두어야 할 일이 분명하게 눈에 들어올 것이다.

> 당신의 추모사를 직접 작성해보라

자신이 중요하게 여기는 가치에 따라 인생의 방향을 정하면 엄청난 추진력이 생긴다. 즉, 가장 중요하게 생각하는 것에 집중하면, 일상에서 우리의 시간과 힘을 빼앗는 모든 자질구레한 일은 후순위로 밀려난다. 여기에서 소개할 연습법은 당신이 중요하게 여기는 가치를 (인생의 마지막 순간이 아니라) 지금 이 순간부터 분명하게 인식하게끔 도와준다.

지금이 어느 봄날이라고 상상해보라. 밝은 햇살이 연두색 나뭇잎 사이를 지나 수많은 화환 위에서 반짝인다. 작은 화환들 옆에는 당신의 관이 들어갈 빈 무덤이 보인다. 흠, 이로써 당신의 인생은 막을 내렸다. 이제 땅 위에서의 삶을 마감하고, 땅속으로 들어갈 시간이다. 충만하고 행복했던 삶을 뒤로한 채 당신은 평안하게 저 세상으로 건너갔다. 당신을 소중하게 여기는 모든 이들이 당신과 작별하기 위해 한자리에 모였다. 당신이 특별히 사랑했던 사람(아래 괄호 안에 사람 이름을 기입해보자)이 목소리를 가다듬고 아름다운 추모사를 시작한다.

당신은 ( )이/가 추모사를 통해 당신에 대해 어떤 말을 하길 바라는가?

( )이/가 추모사에서 어떤 단어를 사용해 당신의 성격을 묘사하는가?

( )은/는 당신에 관해 이야기하면서 미소를 짓는가, 아니면 심각하거나 슬픈 표정을 짓는가?

( )은/는 당신의 인생을 어떻게 표현하는가? 꽃밭 같은 인생이었다고 하는가, 혹은 모험·도전·열정이 가득했다고 하는가?

( )은/는 당신의 어떤 면에 대해 특별히 많은 이야기를 하는가? 당신의 직업적 성공에 대해 말하는가, 혹은 취미·사랑·꿈과 야망에 관해 말하는가?

( )이/가 당신의 인간성과 사회적 관계에 비중을 두고 이야기하는가? 당신이 열성적인 여성이었다고, 혹은 다정한 아버지였다고 이야기하는가? 멋진 상사, 미래를 내다보는 선구자, 혹은

항상 의지할 수 있는 친구였다고 이야기하는가?

당신이 특별히 사랑했던 (   )은/는 당신과 당신의 삶 가운데 무엇을 가장 강조하는가?

(   )은/는 장례식 참석자들에게 당신을 특별한 방식으로 기억해달라고 요청하는가? 그렇다면 어떤 방식으로 기억해달라고 요청하는가?

마지막으로 사람들이 당신과 당신의 삶을 어떤 모습으로 기억하고 떠나보내길 바라는지에 관해서도 잠시 생각해보라. 당신은 장례식 참석자들이 목을 놓아 울길 바라는가? 아니면 당신을 더없이 멋진 사람으로 기리길 바라는가? 당신의 사진을 책상 위에 올려놓고 날마다 당신을 위해 1분 동안 기도하길 바라는가? 아니면 당신의 유산을 관리하기 위해, 혹은 당신의 애창곡을 함께 부르기 위해 정기적으로 한자리에 모이길 바라는가?

마음껏 상상의 나래를 펼쳐보라! 소제목이 다소 비극적이긴 해도, 이 연습법은 당신이 정말로 원하는 게 무엇인지, 당신이 훗날 사람들에게 어떤 모습으로 기억되길 바라는지 잘 알려준다.

5장

행복한 직업 생활은 가능한가

: 성격과 직업의 관계

직업은 삶을 지탱해주는 척추다.

프리드리히 니체

결혼식에 참석한 사람들은 자신이 누구인지, 무슨 일로 그곳에 왔는지 질문을 받으면, 자신이 신랑 혹은 신부와 어떤 관계인지(예컨대 "나는 신부의 전 남친이자 짐작건대 신부의 웨딩드레스를 저렇게 볼록하게 만든 아기의 아빠"라고) 설명한다. 동호회에서 같은 질문을 받으면 자신이 취미로 즐기는 운동 종목, 자신이 맡고 있는 명예직의 직함 혹은 자신이 획득한 트로피에 관해 이야기한다.

하지만 허허벌판에서 마주친 낯선 사람에게 같은 질문을 받는다면, 자신의 직업에 관해 이야기할 확률이 가장 높다. 이런 자리에서는 자신이 어떤 축구 팀 팬인지, 어떤 유형의 식단을 선호하는지, 어떤 종교를 믿는지, 어떤 취미를 즐기는지는 한마디도 언급하지 않는다. 어찌 보면 약간 아쉽기도 하다! 이런 질문에 한 번쯤 다음과 같이 대답한다면 어떨까? "저는 비건 채식주의자이고, 자개단추를 수집하고, 서부영화를 좋아해요." "성당을 다니다가 지금은 안 나가고, 산악자전거를 즐겨 타고, 피리 불기가 취미이고, 비엔나소시지를 즐겨 먹는 사람입니다." 성과 위주의 사회에서는 우리가 무엇을 하며 돈을 버는지에 엄청나게 많은 의미를 부여하며, 직업은 시간적으로나 사회적으로나 (대화의 소재로나) 큰 비중을 차지한다. 만일 직업이 없다면 우리는 과연 누구일까? 만일 직업이 없다면, 무엇이 우리를 규정지을까?

두 개의 일자리를 오가며 자신의 취향과 적성에 전혀 맞지 않는 일을 해보았거나 혹은 실업 급여를 신청해본 사람이라면, 이런 상황에서 사람들이 얼마나 좌절하기 쉬운지 잘 안다. 야심 넘치는 산업 국가의 일원으로 온전히 자리매김하려면 그저 '존재하는 것'만으로는 분명 충분하지 않아 보인다.

직장 생활을 할 때는 분명하게 요구되는 사항들이 있다. 시간을 준수하고, 성실하게 적극적으로 열심히 그리고 체계적으로 정확하게 일해야 하고, 동료와 임원진·고객 앞에서 항상 프로답게 친절하고 밝은 모습을 보여야 한다(상대방 얼굴에 케이크를 던져버리고 싶은 마음이 들더라도, 항상 입꼬리를 올려 웃는 표정을 유지하려 안간힘을 쓴다). 이렇게 직장 생활을 하면서 우리는 자신에게 요구되는 것들을 수용하고 이에 최대한 부합하려 애쓴다. 상황이 이렇다 보니, 직업상의 변화가 우리의 성격에 뚜렷한 흔적을 남기는 것은 전혀 놀라운 일이 아니다.

취업과 은퇴로 강화되는 성격

대다수 젊은이는 취업하고 나면 그때부터 업무에 필요한 것들, 즉 취업 전까지는 부모님의 불평을 통해서만 들었던 이런저런 요구 사항에 부응하려 애쓴다. 앞서 언급한 것처럼 성인이 되어 취업하면 성숙해지고 성실성, 친화성, 정서적 안정성, (외향성의 일면인) 사회적 주도 능력이 강화된다.

이렇게 직업 활동을 하다가 60세가 넘어가면 대개 은퇴를 한다. 그러면 직장에서 요구하던 것들이 사라져버리기 때문에, 이제 달콤한 인생을 즐길 시간과 공간이 더 많아진다. 그러면 사람들은 이전보다 더 편안해하고 덜 성실해질까? 취업과 은퇴를 전후해 사람들은 실제로 어떻게 변할까?

나는 베를린 훔볼트대학교의 성격심리학 교수 율레 슈페히트Jule Specht와 함께 독일 '사회경제패널SOEP' 자료를 활용해 이런 문제에 관해 공동 연구를 진행했다. 이는 독일 내 보통 사람들 2만~3만 명을 대상으로 매년 장기간에 걸쳐 설문 조사를 수행한 대규모 추적 연구다.[26] 설문 조사는 가능한 한 동일한 사람들을 대상으로 반복적으로 진행했는데, 해마다 피실험자 중 일부가 연구에서 빠지고 새로운 피실험자들이 일부 추가되기도 했다. 우리는 이 공동 연구에서 인간의 다섯 가지 주요 성격 특성과 그 밖의 성격 특성을 여러 해 동안 반복적으로 파악했다. 사람들의 성격 변화를 체계적으로 측정하는 방법에 관해 더 자세히 알고

싶으면, 테스트해보기 바란다. ➡12장

우리는 먼저 만 30세 이전에 직장 생활을 시작한 젊은 성인 3,500명 이상의 데이터를 살펴보았다. 이들의 성실성은 이미 직장 생활 첫해부터 이전보다 확연하게 강화되어 있었다. 이러한 효과는 시간이 가면서 다소 약화하긴 했지만 장기적으로 지속되었다. 친화성 또한 취업 후 3년 동안 강화되었다. 또한 직장 생활을 시작한 사람은 취업 전 몇 년 동안에 비해 더 외향적으로 행동했다. 종합적으로 볼 때, 취업한 사람에게 성격의 성숙이 확연하게 나타났는데, 이는 '사회적 투자 이론'과 일치한다.

만 50세부터 만 70세 사이에 은퇴한 2,500명의 데이터도 분석했다. 그 결과 은퇴 후 3년간 이들의 성실성이 이전보다 약화하긴 했지만, 그 밖에는 언급할 만한 성격 변화가 관찰되지 않았다. 남녀 간 차이, 취업이나 은퇴 시점 나이에 따른 차이, 전일제 근무자와 반일제 근무자 간 차이도 관찰되지 않았다.

요약하면, 우리의 공동 연구는 직장 생활을 시작하면 더 성숙해지며, 은퇴하고 나면 더 마음이 편안해진다는 가설을 뒷받침한다. 후자의 경우는 4장에서 언급한 '라 돌체 비타 효과'를 다시 한번 확인시켜준다. 다시 말해, (규칙적인) 직업 활동은 정기적인 수입을 제공할 뿐만 아니라, 성격적 특성을 (최소한) 성과 위주의 사회에서 환영받는 방향으로 발현되게끔 만들어준다.

성격과 직업적 성공

커리어 컨설턴트들의 의견에 따르면 성격은 직업적 성공에 영향을 끼친다. 이것이 정말로 사실일까? 분명한 것은 OCEAN 값이 높으면 직업 활동을 할 때 유리하다.

'개방적인 사람'은 창의적인 직업, 즉 독창적인 아이디어를 착착 떠올리고 새로운 해법을 제시하는 일에서 자신의 상상력을 마음껏 펼칠 수 있다. '성실한 사람'은 다른 이에게 항상 좋은 평가를 받는다. 이들은 상대방에게 신뢰를 주고, 시간을 엄수하고, 부지런하고, 꼼꼼하고, 상냥해서 어디에서든 쉽게 '이달의 모범 직원'으로 뽑힌다. 타고난 무대 체질인 '외향적인 사람'은 마음껏 이야기하면서 스스로의 가치를 드러낼 수 있는 곳이면 어디에서든 각광받는다. '친화적인 사람'의 타고난 공감 능력과 친절함은 사회적인 분야에서 유리하게 작용한다. '정서적으로 안정된 사람'은 성격이 무던해 마음만 먹으면 부정적 감정을 잠재울 수 있다. 이들은 업무상 문제가 있더라도 속을 태우거나 전전긍긍하지 않고 냉철함을 유지하는데, 이는 아주 중요한 자질이다. 왜냐하면 어떤 일을 하든 스트레스는 동반되기 때문이다.

만일 OCEAN 값이 높지 않다면, 우리에게 모든 직업적 야심을 포기할 좋은 핑곗거리가 생기는 것일까? 말도 안 되는 소리는 집어치우고, 다음과 같은 경우를 살펴보자.

직업적으로 성공을 거두려면 자신의 성격에 어울리는 일을 하는 것이 가장 중요하다. 검증된 사고의 틀 안에서 움직이는 경향이 있는 '폐쇄적인 사람'은 은행, 명망 높은 가족 기업이나 관공서 등 전통적인 분야에서 주목을 받는다. 반면 '덜 성실한 사람'은 엉망진창인 업무 환경에서도 잘 적응한다. 혼자서도 잘 지내며 조용히 업무에 집중하는 '내향적인 사람'은 학계나 치밀함이 요구되는 분야에 보금자리를 튼다. '덜 친화적인 사람'은 협상 테이블에서 유리하다. 단, 정서적 불안정이 직장 생활에서 유리하게 작용하는 경우는 드물다. 하지만 정서적 불안정성 또한 긍정적인 측면이 있다. 직장에서 (전 직원을 불안에 떨게 하지 않으면서) 위기와 위험을 지적하는 업무를 수행할 때, 혹은 극적인 감정을 시나 감동적인 팝송, 장엄한 영화 장면으로 승화시킬 때 유리하게 작용할 수 있다. 과거와 현재의 적지 않은 천재적인 예술가들은 기분의 변화가 크고, 감정 조절을 못 하며, 양극성 장애가 의심된다는 뒷담화가 분분한 것도 이 때문이다.

다시 말해, 성격마다 안성맞춤인 직업이 존재하며, 이를 찾아내는 것이 여러 면에서 바람직하다. 나의 동료이자 네덜란드 위트레흐트대학교의 발달심리학 교수 야프 데니선Jaap Denissen은 2018년 발표한 연구를 통해 이를 입증했다. SOEP 데이터를 토대로 한 연구에서 야프 데니선 교수는 자신의 성격에 어울리는 일을 하는 사람이 다른 이들에 비해 (해마다 한 달 소득에 해당하는 금액만큼) 소득이 더 높다는 사실을 밝혀냈다.[27]

성격과 임원의 자질

직장에서는 임금 인상뿐만 아니라 임원으로 승진할 기회가 있다. 승진하기 위해서는 자리에 걸맞은 완벽한 복장 외에 당사자의 성격도 매우 중요하다. 나는 베를린 독일경제연구소DIW 소속 엘케 홀스트Elke Holst 및 율레 슈페히트와의 또 다른 공동 연구에서 이 주제를 다루어보았다. 이 연구에서 SOEP에 참여한 일반 직원 3만 3,663명과 (현직) 임원 2,683명을 비교했다.[28]

그 결과 현직 임원들은 임원으로 승진하기 여러 해 전부터 이미 특별한 성격적 특성을 지니고 있었다. 임원으로 승진한 사람은 그렇지 못한 사람들에 비해 승진 몇 해 전부터 더 외향적이고, 더 개방적이고, 정서적으로 더 안정적이고, 더 성실하고, 위험을 감수할 각오가 되어 있었다. 또한 이들은 자신의 삶을 통제할 수 있다는 확신이 강했고, 타인을 신뢰하는 마음도 더 컸다.

임원이라는 직책에는 일반적으로 다음과 같은 특성이 중요하다. 즉, 외향적인 사람은 스포트라이트를 받고, 공식적인 자리에서 발표를 잘하고, 다른 사람들을 이끄는 걸 즐긴다. 따라서 외향적인 사람은 흔히 임원직에 특별한 매력을 느끼고, 자신의 가치를 홍보할 기회를 너무나도 자주 놓쳐버리는 내향적인 사람보다 지원 과정에서 더 많은 점수를 얻는다. 위험을 감수하는 용기는 (주변의 저항을 무릅쓰고) 새로운 길을 걸어가는 데 도움을 주며, 이러한 새로운 길은 이들을 기업의 최고 지위까지 이끌어준다.

또한 이들은 임원 승진을 전후로 성격의 변화를 겪었다. 임원 승진 여러 해 전부터 이미 외향성, 개방성, 위험을 감수하겠다는 각오가 점점 강해졌다. 자신의 삶을 통제할 수 있다는 확신도 점점 더 커졌다. 이런 점이 주목할 만한 이유는, 취업 등 다른 중요한 일들의 경우 대부분 당사자의 성격이 사전에는 변화를 보이지 않고 사후에만 변화하기 때문이다.

'야심 있는 권력자'에게는 미래를 내다보는 능력과 커리어 계획을 전략적으로 짜는 게 매우 중요한 것처럼 보인다. 임원직 경쟁에 도전하고자 하는 사람은 늦지 않게 준비를 시작하며, 미래에 요구되는 것들 또한 차곡차곡 미리 염두에 둔다. 즉, 임원직 경합에 나서기 오래전부터 네트워크를 형성하고, 명함을 뿌리고, 각종 회의에서 (분명하게) 자신을 어필하고, 교육 워크숍에 참가하는 것은 물론 당연히 업무 평가에서도 두각을 나타낸다(다수의 커리어 컨설턴트는 출세를 갈망하는 사람들에게 자신의 '현재 자리'에 맞는 옷을 입지 말고 '미래에 앉고 싶은 자리'에 어울리는 옷차림을 하도록 권유한다. 복장뿐만 아니라 행동에도 분명 동일한 조언을 할 것이다).

흥미로운 점은 승진 이전에 강화되었던 리더로서 특성(외향성과 위험을 감수하겠다는 각오)이 성실성과 더불어 승진 후 몇 년간 다시 약화한다는 것이다. 이유가 무엇일까? 새롭게 임원으로 선임된 사람은 그간 기울인 노력과 승리의 월계관을 쓴 것에 만족하고 잠시 휴식을 취하거나 완전히 게으름을 피우는 걸까? 임원진은 가족이나 친구들과 모임을 갖고 사회 활동을 할 시간적 여유가 없는데, 이러한 점이 외향성이 약화한 현상을 설명해줄 수도 있겠다. 꿈꾸던 자리를 꿰차고 나면, 자칫 모든 것을 날려버릴 수 있는 리스크를 불필요하게 떠안기보다는 그 자리를 유지하고(그 자리에 앉은 자신을 보호하고) 싶어 하기 마련이다.

일반적으로 임원은 전체 상황을 통찰하고, 이리저리 뛰어다니며 업무를 수행하고, 일의 우선순위를 정하고, 과제를 위임하고, (직원들의 업무 처리가 자신보다 덜 정확할 경우) 타협한다. 이런 상황에서 번아웃을 방지하기 위해서는 완벽주의를 포기하고, 자신이 관여하던 일을 줄이고, 성실성에 대한 눈높이를 낮출 수밖에 없다.

하지만 임원으로 승진 후 확연하게 강화되는 것이 한 가지 있는데, 바로 자존감이다. 승진 자체뿐만 아니라 급여 상승, 업계 내 및 사회적 명성의 향상, 영향력 강화, 중대한 일을 감당하는 경험 등이 개인적으로 체감하는 자신의 가치를 높여준다.

임원으로 승진하면 행복해지는가

"임원으로 승진하면 행복해지는가?"라는 질문을 제기하는 이유는 이러한 승진이 '양날의 검'이기 때문이다. 임원으로 승진하면 한편으로는 급여 상승, 결정권 확대, 자율성과 유연성 등 여러 가지 달콤한 것들이 동반된다. 만일 동전의 다른 면, 즉 더 많아진 업무와 책임, 길어진 근무시간과 짧아진 자유 시간(이른바 '행복이라는 칵테일에 담겨 있는 일말의 씁쓸함')이 없다면, 이런 달콤한 것들이 임원에게 더없는 행복을 안겨줄 것이다.

성공은 정말로 그만한 대가를 치를 가치가 있는가? 이에 대해 알아보기 위해 우리는 임원으로 승진한 후 개개인의 주관적 안녕감이 어떻게 변하는지 살펴보았다.[29] 그 결과 일반 직장인에 비해 임원진은 자신의 삶에 대한 만족감이 더 컸고, 행복감을 더 자주 느꼈으며, 슬픔을 느끼는 빈도는 더 낮았다. 그런데 이러한 두드러진 만족감은 승진의 결과물이 아니라, '갑자기 출세한 사람'이 '조직 내 주요 인물'이 되기 전부터 이미 느끼던 것이다.

이는 삶에 대한 만족도가 높은 사람이 경력 사다리의 높은 곳에 더 쉽게 올라간다는 것을 시사하는데, '자기 충족적 예언' 효과와도 완전히 부합한다. 자신의 삶에 만족하고 행복해하면, 동시에 에너지가 더 충전되고, 의욕이 더 강해지고, 열정과 확신이 더 커지고, 직업적 성공을 강력하게 끌어당기는 경향이 있다.

이 밖에도 우리의 연구 결과에 따르면, 임원진에 오르기 전 5년과 오른 후 5년 동안 당사자의 주관적 안녕감은 꾸준하게 상승했지만, 그렇다고 임원 승진이 이러한 상승 추세에 큰 영향을 주진 않았다. 새로 선임된 임원의 정서적 상태에도 별다른 변화가 없었다. 기업의 높은 자리에 오른 후에도 이들은 일상에서 이전보다 더 많이 행복감을 느끼지는 않았고, 심지어 이전 몇 년에 비해 화를 내는 빈도가 더 잦아진 것으로 나타났다.

순수하게 이성적인 관점에서 보면, 이들은 임원이 되고 난 후 이전보다 더 잘 지내며, 삶에 대한 만족도가 전반적으로 더 높아진다. 이런 현상은 이들이 자신의 삶을 평가할 때 무엇보다도 급여, 사회적 명성, 권력과 영향력 등 객관적인 성공 기준을 적용하기 때문인 것으로 추정된다.

하지만 감정적 측면에서 보면, 리더로서 일상에서 짜증을 유발하는 크고 작은 일들이 벌어진다. 즉, (임원의 눈으로 보기에) 무능한 팀, 미덥지 않은 사업 파트너, 불평을 늘어놓는 고객, 계획에 없던 투자, 혹은 형편없는 4분기 실적 등이 짜증을 유발한다. 솔직하게 결론을 내자면, 임원이라는 지위가 당사자에게 한없는 행복을 보장해준다고 말할 수는 없다!

직장 생활의 위기

직업이라는 길은 일직선으로 펼쳐진 탄탄대로가 아니다. 때로는 굴곡지고, 한눈에 들어오지도 않고, 생각보다 길며, 경사가 심하고, 울퉁불퉁하며, 움푹 파인 곳도 있다. 때로는 안내판이 없는 갈림길에서 어디로 가야 할지 결정해야 한다. 때로는 비탈길을 오르며 숨 가빠하다가 파노라마처럼 펼쳐진 전경을 잠시 즐기기도 하지만, 이내 가파른 내리막길로 다시 내닫는다.

어떤 이유에서든 일자리와 더불어 생계 기반까지 잃어버릴 때, 우리는 막다른 골목에 맞닥뜨기도 하고 스스로 새 길을 내야 할 경우도 있다. 이런 일을 겪으면 삶에 대한 개개인의 만족도가 급격하게 감소한다는 사실은 우리의 연구 결과에서도 나타난다.

나는 미국의 발달심리학자 테오 클림스트라Theo Klimstra와 위트레흐트의 발달심리학자 야프 데니선과 함께 네덜란드의 평범한 시민 1만 3,628명을 장기간에 걸쳐 추적 연구한 자료를 분석했다. 이 연구에서는 (SOEP과 마찬가지로) 2007년부터 매년 수천 명의 성인을 대상으로 다양한 중대사, 심리적 문제, 성격 특성에 관한 설문 조사를 진행했다.[30] 연구를 진행하는 동안 피실험자 중 1,044명이 실직을 했고, 심지어 356명은 업무 수행 불능 상태가 되었다. 연구 자료에 따르면, 실직 전 5년간 불안 및 우울 증상(그리고 마약 소비 위험성)이 확연하게 증가하다가 실직 후 다시 감소했다. 무엇보다도 흥미로운 부분은 당사자들의 심신 상태가 실직 전 몇 년 전부터 점점 악화하다가 완전히 실직 상태가 되자 급속도로 개선되었다는 점이다.

이유가 무엇일까? 흔히 실직은 하루아침에 닥치지 않고 어느 정도 예견 가능하다. 즉, 건강이 나빠지거나 직장 생활이 무척 불만스럽고 힘에 부치면, 엄밀히 말해 이미 마음속으로는 사표를 낸 상태일 수 있다. 어쩌면 근로계약 기간이 끝나갈 수도 있고, 회사가 적자 상태이거나 경영진이 구조 조정을 예고한 상태일 수도 있다. 이런 경우 자신의 직장과 건강, 재정, 가족의 미래 문제에 점점 더 초점이 집중된다.

연구 결과에서도 피실험자들이 체감하는 고용 불안은 이미 실직 전 몇 년 동안 확연하게 증가했다. 우려했던 실직이 현실이 되면, 혹독한 일이긴 하지만 불확실성은 깨끗하게 사라진다. 마침내 자기 삶의 한 단계를 일단락 짓고, 인생의 새로운 페이지를 펼칠 수 있으니 마음이 가벼워질 수도 있다. 당사자들의 심신 상태가 실직 후 얼마 동안 호전되는 현상은 이런 이유에 기인할 것이다. 또한 연구 결과에 따르면, 개개인의 성격은 단기 근로, 업무 수행 불능, 실직 등의 이른바 '우회로' '장애물' '막다른 골목' 등을 만날 때 어떻게 대처하는지를 결정짓는다.

이와 관련해 우리는 두 집단을 비교했다. 한 집단은 OCEAN 값이 높은 사람들이고, 다른 한 집단은 OCEAN 값이 전부 혹은 일부 낮은 사람들이다. 두 집단을 비교해본 결과는 다음과 같다. 두 집단이 체감한 고용 불안은 동일한 정도였음에도 불구하고, OCEAN 값이 높은 집단은 비교 집단에 비해 불안 및 우울 증상의 증가 폭이 현저하게 낮았다. 첫 번째 집단의 경우, 자신을 향해 다가오는 실직이라는 '다모클레스의 칼'에 상대적으로 훨씬 더 잘 대처했다. 또한 OCEAN 값이 높은 사람은 업무 수행 불능 상태가 되고 나서도 심리적인 문제를 훨씬 빨리 극복해냈다.

이들은 OCEAN 값이 높은 사람들에게 전형적으로 나타나는 강점과 능력을 활용한다. 그리고 새로운 경험에 개방적이기 때문에, 직업상의 (부득이한) 새 출발을 더 잘 소화해내는 경향이 있다. 또한 자신의 성실성을 토대로 처음 몇 번 불합격 통지를 받더라도 현실로부터 도피하지 않고, 목표를 지향하며 끈기 있게 자신의 길을 나아간다. 타고난 외향성 덕분에 탄탄하게 형성되어 있는 직업 관련 네트워크가 ('백그라운드'로 작용해) 구직에 결정적 도움을 준다. 마지막으로 정서적으로 안정되고 친화적이라 구직 과정에서 스트레스를 덜 받을 뿐만 아니라, 자신의 스트레스를 가장 가까운 사람에게 분출하는 경향도 더 적다.

요약해보면, 실직과 업무 수행 불능 상태는 개개인의 심리와 삶에 대한 만족도를 뒤흔드는 막강한 시험대가 될 수 있고, 이런 상황에서 높은 OCEAN 값은 (적어도 부분적으로) 그 같은 어려움을 견디는 데 도움이 될 수 있다.

> 자신에게 어울리는 직장

퍼스널 코칭

직업을 선택할 때는 눈을 크게 뜨라! 이는 옷을 살 때와 비슷하다. 옷이 당신에게 맞아야지, 당신을 옷에 맞추어서는 안 된다. 이와 마찬가지로 당신의 직업이 당신의 성격과 맞아야 한다. 즉, 직업은 당신이 바라는 성격 혹은 미래의 당신 성격이 아닌, 지금 있는 그대로의 당신 성격에 어울려야 한다. 직업이 당신의 관심과 재능에 맞으면, 근로 의욕과 실적, 성공, 만족감은 장기적으로 남들보다 확연하게 높을 것이다. 직장 생활을 하면서 이른바 '다음 휴가보다 더 멀리까지 내다보는' 장기적인 계획을 세우는 것은 바람직하다. 다음과 같은 질문을 솔직하고 철저하게 숙고해보라.
당신이 인생에서 특별히 중요하게 여기는 것은 무엇인가? 직업과 관련해 당신이 성취하고자 하는 것은 무엇인가? 이를 위해 당신은 어떤 노력을 할 수 있고, 무엇을 감수할 생각인가? 그러려면 당신에게 필요한 것은 무엇인가? 당신은 장기적으로 당신에게 요구될 사항들을 지금부터 준비할 수 있는가?

직업 활동과 관련해 당신이 지닌 강점과 능력을 떠올려보라. 당신이 이미 이룬 것은 무엇인가? 당신이 자부심을 느끼는 것은 무엇인가? 당신의 어떤 점과 당신이 행하는 어떤 일이 당신을 행복하게 만드는가? 당신한테 긍정적인 것에 집중하면 당신은 더 잘 지낼 수 있다. 그리고 당신의 자질에 대해 잘 알고 있으면, 필요한 곳에 그걸 적절하게 투입할 수 있고, 이를 토대로 성장할 수 있다.

직장에서는 성과뿐만 아니라 네트워킹도 매우 중요하다. 즉, 직업적 성공의 3분의 1 정도는 전략적 네트워킹에 의해 결정된다. 그러므로 SNS에서 귀엽거나 소름 끼치는 고양이 콘텐츠에만 시선을 주지 말고, 커리어 플랫폼, 각종 (온라인) 이벤트와 회의에도 관심을 가짐으로써 동종 업계 사람들과의 네트워크를 형성하라. 누군가와 음료수를 마시며 나누는 대화, 화상 통화 혹은 산책은 시간 낭비가 아니라 당신 미래의 커리어를 위한 진정한 투자다.

진부하게 들리겠지만 성공이 인생의 전부는 아니다. 승진에는 장점이 있지만 승진한다고 해서 행복해지는 것은 아니다. 당신의 성공은 이를 위해 당신이 노력했던 것만큼의 가치가 있는가? 타인의 기대에만 부응하려 하지 말고 당신이 중요하게 여기는 가치가 무엇인지 집중적으로 숙고해보라. 그러면 마음에 여유가 생기고 당신을 압박하는 과도한 야심의 덫에 걸려들지 않을 것이다.

비관적인 사람들은 스스로를 '현실적'이라고 말한다. 하지만 낙관주의는 비관주의만큼이나 '현실적'이며, 비관주의보다 더 유용해서 흔히 '자기 충족적 예언' 효과가 있다. 만일 당신이 예민한 편이고 불안정한 고용 상태가 상상하기도 끔찍한 일이라면, 불안감을 떨치기 위해 할 수 있는 일이 몇 가지 있다. 시선을 최악의 상황에 두지 말고 '사실'에 집중하려고 애써보라. 끔찍한 상상을 최상의 시나리오로 대체하라. 실직은 장기적인 실업으로 이어질 수 있지만, 꿈에 그리던 직업으로 이어질 수도 있다.

> 당신의 '에너지 탱크'를 가득 채우라!

빈 종이에 통을 하나 그려보라. 그것은 당신의 에너지 탱크이고, 그 안에는 당신이 지금 직장에서 일할 때 투입할 수 있는 에너지가 채워져 있다. 0퍼센트는 당신의 에너지가 완전히 소진된 상태, 50퍼센트는 이도 저도 아닌 상태, 70퍼센트는 어느 정도 힘이 있는 상태, 100퍼센트는 힘이 넘치는 상태를 의미한다. 당신의 현재 에너지 레벨은 몇 퍼센트인가? 에너지 탱크의 중앙에 그 수치를 적어 넣으라. 에너지 탱크 바닥에는 에너지가 빠져나가는 배수구가 있다. 이 배수구를 그려 넣고, 그 옆에 당신의 에너지를 앗아가는 요인, 예컨대 직장에서 일할 때 당신을 힘들게 만들거나, 퇴근 후에 당신을 쉬지 못하게 만드는 요인을 모두 적어보라.
당신은 언제 특별히 스트레스를 받으며, 그 이유는 무엇인가? 이를테면 다혈질인 상사, 신뢰하기 힘든 사업 파트너, 단조롭거나 과도한 업무가 당신의 에너지를 앗아가는 요인일 수 있다. 시간적 압박, 뒤엉킨 일정, 끝없는 회의, 관료주의적 장벽도 마찬가지다. 시끄럽고 분주하고 혼란스러운 작업 환경과 장거리 출퇴근길(혹은 남이 내려놓은 커피를 마시기만 하는 사무실 동료들)도 당신의 에너지를 빼앗아갈 수 있다. 당신도 이런 상황이 눈에 선할 것이다.
당신의 에너지 탱크 위쪽에는 새로운 에너지를 채워 넣을 수 있는 유입구가 있다. 이 유입구를 그려 넣고, 그 옆에 당신에게 에너지를 더해주는 요인, 예컨대 일할 때 당신에게 활력을 주고, 퇴근 후에 편하게 쉬며 새로운 힘을 보충하도록 도와주는 요인을 모두 적어보라. 단, 이 연습을 긍정적으로 마치기 위해서는 당신의 에너지를 앗아가는 요인을 먼저 적고 나서, 에너지를 더해주는 요인을 적어야 한다. 최대한 다양한 요인을 찾아보라! 당신은 직장에서 어떤 일을 할 때 가장 자신의 영역이라고 느끼는가? 여러 명이 한 팀으로 일할 때? 고객을 방문할 때? 강연할 때? 회사 차원의 이벤트를 계획할 때? 혹은 새로운 프로젝트를 수주할 때? 점심시간의 짧은 산책, 오후에 마시는 커피 한잔이 당신의 에너지 충전에 도움을 주는가? 퇴근 후에 무엇을 하는 것이 가장 편안한가? 운동, 퇴근 후 한잔, 혹은 가족과의 저녁 식사?

마지막으로 어떻게 하면 에너지를 앗아가는 요인을 줄이고, 에너지를 더해주는 요인을 늘릴 수 있을지 생각해보라. 예컨대 자신과 코드가 맞는 사람들과 함께 일할 기회를 의식적으로 늘리거나, 일정을 줄이고 화상 미팅으로 출장을 대체하거나, 회의 시간을 단축하는 것도 대안일 수 있다. 출퇴근 시간을 줄이기 위해 근무지를 옮기거나 재택근무 일수를 늘릴 수 있는가? 퇴근 전에 짬이 날 때마다 회사 주변을 한 바퀴 돌면서 의식적으로 휴식을 취하고, 퇴근 후에는 TV나 컴퓨터 앞에 앉아 있는 대신 운동이나 새로운 취미 활동을 할 수도 있을 것이다.

앞으로 며칠 (혹은 몇 주) 동안 이런 방안들을 실천해보고 그 결과를 정직하게 결산해보라. 이렇게 시간을 보내고 난 다음 에너지 레벨에 변화가 있었는가? 변화했다면 정확히 어떤 변화가 있었는가? 어떤 일이 가장 효과가 좋았는지 드러났는가? 앞으로도 유지하고 싶은 변화는 어떤 것이고, 바꾸고 싶은 변화는 무엇인가?

6장

사랑은 만병통치약일까

: 성격과 사랑의 관계

사랑은 인생의 양념이다.

사랑은 인생을 달콤하게 만들어주지만

인생에 소금을 뿌릴 수도 있다.

공자

운전을 이상하게 하는 바보들 때문에 화가 날 때, 즐겨 찾는 음식점 앞에서 줄을 서서 기다렸는데 자기 순서 바로 앞에서 재료가 소진될 때, 회사 상사가 업무 처리를 빨리 하라고 재촉할 때, 친한 친구들이 진심을 몰라줄 때, 말썽꾸러기 친척이 예고도 없이 불쑥 나타날 때 우리는 자신을 귀찮게 하는 사람도 없고, 코코넛이 머리 위로 떨어지는 것 아닌가 하는 걱정밖에 없는 조용한 무인도로 떠나고 싶어진다(하지만 무인도에 갈 확률은 앞마당을 파다가 금궤를 발견할 확률만큼이나 희박하다).

만일 당신의 소원이 지금 즉시 이루어진다면, 혼자서 남태평양 바닷가에 있고 싶다는 소원은 그다지 바람직한 게 아닐 것이다. 이는 우리가 사람은 누구나 서로에게 의존하는 존재라는 걸 잘 알기 때문이다. 다른 사람들과 '결속'되고자 하는 것은 인간의 기본 욕구다. 생후 몇 년간 부모(혹은 부모 역할을 하는 사람)는 아기한테 가장 중요하다. 이들의 애정과 관심 없이는 누구도 이 세상에서 살아남을 수 없다. 우리가 아기 때부터 이들 곁에서 사랑받기 위해 본능적으로 최선을 다하는 것도 이 때문이다.

시간이 흘러 친구들과의 관계가 점점 더 중요해지면서, 우리는 엄마 아빠와 연결된 탯줄을 끊고 독립한다. 타인과의 결속을 하나의 케이크에 비유한다면, '케이크 중앙에 장식된 생크림', 즉 그 하이라이트는 남녀 간의 로맨틱한 사랑이다. 많은 사람, 특히 젊은이들은 한 술 더 떠서 남녀 간의 사랑을 '케이크 전체', 혹은 심지어 '빵집 전체'라고 여기기도 한다. 대부분의 성인에게 파트너는 자신한테 따스함, 포근함, 행복을 한없이 퍼주는 완벽한 '샘물'일 뿐만 아니라, 자신이 '진정한 사랑'이라고 여기는 모든 걸 비춰주는 '스크린'이기도 하다.

우리는 남녀 관계에서 얼마나 많은 것을 기대하는가! 모든 로맨틱 코미디와 각종 광고, 다양한 팝송은 사람들에게 자신한테 딱 맞는 이성을 찾으면 삶이 어떻게 펼쳐질지 알려준다. 즉, 자신한테 딱 맞는 이성을 만나면 우리는 눈에서 하트가 반짝반짝 빛나는 상태로 상대로부터 사랑과 포옹을 받고, 심지어 자기 스스로 마음에 들지 않는 점에 대해서도 칭찬을 받는다. 예컨대 다툴 때마다 문을 세게 닫는 버릇에 대해서도 칭찬("어쩜 저렇게 활기찰까!")받고, 주말 내내 소파 위에서 뒹구는 무기력함에 대해서도 칭찬("어쩜 저렇게 차분하게 휴식을 취할까!")받는다.

우리의 연인은 우리를 24시간 내내 정성을 다해 돌봐주기 위해 자신의 바람은 기꺼이 뒤로 미룬다. 우리가 하루 종일 씻지 않거나, 몇 년 동안 치석을 제거하지 않더라도 전혀 개의치 않는다. 왜냐하면 우리의 약점까지도 사랑하니까. 이혼에 관한 통계는 우리와 무관하고, 혼인 계약서도 우리에게는 필요하지 않다. 왜냐하면 우리는 서로를 정말로 진정 사랑하니까!

그럼에도 불구하고 연인과의 관계가 끝나면, 우리는 다시 새로운 사랑을 찾아 나선다. 연애에 관한 조언이 담긴 책을 읽고, 외모를 가꾸고, 자신의 '시장 가치'를 관리하고, 프로필을 업그레이드하고, 다양한 앱을 활용해 자신의 성적 매력을 연구하다가 마침내 새로운 사랑을 찾아낸다. 이런 과정은 새로운 연인이 이불 밑에서 방귀를 뀌는 치명적 실수를 저지를 때까지 잠시 중단되었다가, 우리가 다시 새로운 사랑을 찾아 나설 때 재개된다.

이제 농담은 이쯤 해두자. 사랑하는 이를 찾는 것은 당연히 그렇게 힘들지는 않다! 하지만 우리가 원하는 것만큼 간단하지도 않다. 무엇보다도 남녀 관계에는 어릴 때 우리와 가장 가까웠던 사람들과의 관계가 투영되어 그대로 다시 나타난다. 이러한 영향 말고도 우리의 성격 또한 중요한 역할을 한다. 우리가 '자신에게 어울리는 신발 한 짝'을 찾을 수 있을지, 어떤 유형의 이성 관계를 이끌어갈지, 연인과 다시 헤어질 확률이 얼마나 될지는 우리의 성격에 달려 있다. 또한 역으로 이성 관계가 우리의 성격에 영향을 미치기 때문에, 결과적으로 이 둘 간에 긴장감 넘치는 상호작용이 일어난다.

사랑, 결혼, 이혼을 할 때

첫사랑은 결코 잊지 못한다. 첫사랑은 비누 거품과도 같다. 첫사랑은 위대하다. 첫사랑은 인생 전반에 영향을 미친다…. 첫사랑만큼이나 문화적·사회적으로 많은 관심을 받고 미디어의 주목을 받는 주제도 찾아보기 힘들다. 학계에서도 첫사랑이 우리의 성격에 어떤 영향을 미치는지 연구해왔다. 연구 결과에 따르면, '외향성'과 '성실성'이 높은 젊은이가 이성과 사귈 확률이 더 높았다. 또한 젊은이들이 이성을 사귀기 전후 몇 년간은 '개방성'이 더 낮게 나타났지만, '외향성'과 '성실성', 특히 '정서적 안정성'은 더 높게 나타났다.[31-34] 흥미로운 점은 첫사랑과 헤어지고 나서도 정서적 안정성은 계속 높게 나타났다는 것이다.

결론적으로 비록 관계가 깨어지더라도 첫사랑은 우리를 탄탄하게 만들어준다고 볼 수 있다. 첫사랑을 통해 우리는 (대개) 자신이 이성과 은밀하고 로맨틱한 관계를 이어갈 능력이 있다는 걸 경험하고, 이것이 우리에게 안정감과 자신감을 선사한다. 처음으로 이성을 사귀는 것은 (최소한 당사자가 주관적으로 느끼기에는) 어른이 되기 위해 거쳐야 하는 '중요한 전환점'이다(부모는 딸에게 힙스터를 피하라고 조언하거나 아들에게 삼류 블로거하고는 사귀지 말라고 하기에 앞서 이 점을 먼저 생각해보아야 한다. 자녀들에게 이 사랑은 엄청나게 중요하다. 왜냐하면 첫사랑이니까. 물론 이 사랑이 오래가진 않을 것이다. 왜냐하면 첫사랑이니까, 후유! 이는 누구나 거쳐야 하는 과정이다).

각자의 성격대로 사랑한다

나는 이성 관계가 시작되고 끝날 때의 '중요한 전환점'이 그 사람의 성격과 어떤 관련이 있는지 율레 슈페히트와 함께 연구해보았다.[35] 우리가 자신의 '더 나은 반쪽'과 동거하고, 결혼하고, 결별 혹은 이혼하는 데에 성격이 영향을 미칠까? 사랑과 관련한 이런 전환점 전후에 우리의 성격은 어떻게 변화할까? 이 연구를 위해 다시 한번 SOEP에 참여한 5만 명의 데이터를 분석했다. 연구 기간 동안 5만 명 중 5,025명이 동거를 시작했고, 4,130명이 결혼했고, 3,706명이 결별했고, 1,252명이 이혼했다.

남녀 관계에서 촉진제 역할을 하는 친화성

우리의 연구에서 '친화성'은 남녀 관계를 이끌어주는 가장 중요한 엔진으로 밝혀졌다. 연구 참여자들이 (우리가 사랑과 관련한 상태 변화의 기준으로 삼는) 연인 간의 주요 사건을 체험하는지 여부는 각자의 친화성에 달려 있었다. 즉, 타인에 대해 덜 친화적인 사람이 연인과 동거, 결혼, 결별 혹은 이혼하는 비율이 더 친화적인 사람들에 비해 높게 나타났다. 이들의 결별 혹은 이혼 비율이 높은 현상은 다음과 같이 쉽게 설명할 수 있다.

요컨대 상대적으로 덜 친화적인 사람은 '평화를 지키기 위해' 협의에 응할 의사가 없고 타인과의 갈등을 꺼리지 않기 때문에, 결별 및 이혼을 할 위험이 높다.

그렇다면 덜 친화적인 사람이 동거하고 결혼하는 비율이 상대적으로 더 높은 이유는 무엇일까? 친화력이 부족하면 사랑과 관련해 좋은 경험을 하는 데 방해가 될 거라고 짐작할 것이다.

하지만 여기에는 또 다른 요인이 작용한다. 연인과 결별하는 횟수가 잦은 사람은 다시 상대를 만날 수 있는 빈도도 잦다. 결과적으로 새로운 관계를 시작하고, 새로 동거하고, 새로 결혼할 기회가 많아진다. 덜 친화적인 사람의 남녀 관계는 상대적으로 덜 안정적이기 때문에, 이들의 경우 (SNS 상태뿐만 아니라) '관계 상태'가 상대적으로 더 자주 바뀐다. 예컨대 '싱글'에서 '파트너 있음'을 거쳐 '복잡한 관계'에 이르렀다가 다시 '싱글'로 돌아오는 식이다. 이처럼 이들은 남녀 관계에서 발생하는 주요 사건을 긍정적인 면에서나 부정적인 면에서나 남보다 더 자주 경험한다.

아슬아슬한 예행연습: 동거

외향적인 사람은 연인과 동거하는 비율이 상대적으로 더 높았다. 이는 놀랄 일이 아니다. 마음이 열려 있고 함께 지내길 좋아하는 사람은 자신에게 어울리는 반쪽을 상대적으로 더 쉽게 찾고, 그 파트너와 침대와 일상을 공유할 의향도 더 크다. 연인과 동거하기 시작하면 남성은 더 성실해지지만 여성은 그렇지 않다. (우리의 기억대로라면) 남성은 일반적으로 여성에 비해 덜 성실하다. 추측건대 동거를 갓 시작한 남성은 (이사 기념으로) 정리 정돈과 깔끔함에 대한 본인의 기준을 상대방에게 맞추는 것으로 여겨진다(어쩌면 이들이 동거 전보다 더 성실하게 정리 정돈을 하는 이유는 "자기야, 쓰레기 좀 버리고 와줘!"라는 사랑스러운 목소리를 거역하지 못하기 때문일 수도 있다).

영원한(?) 신혼: 결혼

'결혼이라는 동맹'을 맺은 사람들은 결혼 후 몇 년 동안 '개방성'이 약화된다. 이에 대한 그럴듯한 설명은 신혼부부가 흔히 가정과 자녀(들)에게 집중하거나 핑크빛 하트 때문에 시야가 가려진다는 것이다. 이로 인해 기존 틀에서 벗어난 새로운 일에 관심을 둘 시간과 에너지가 부족하다. 자신과 사랑하는 이 그리고 자녀들을 위한 보금자리를 짓는 사람은 이색적인 취미에 빠지거나, 유학을 떠나거나, 세계 여행을 하기가 힘들다. ➡ 7장

이로써 끝: 결별

정서적으로 불안정한 여성의 경우 연인과 결별하는 비율이 더 높았다. 추측건대 이들은 흔히 상대방에게 '복잡한 사람'이라는 인상을 주고, 감정 기복이 심하고, 함께 지내기 힘들다는 마음이 들게 한다. 정서적으로 불안정한 여성은 사소한 것도 무엇 하나 그냥 넘어가는 일이 없고, 남들과 다른 눈으로 문제를 찾아내고, 어떤 감정이나 생각에 쉽게 매몰된다. 이는 다시 이성과의 관계에 부담이 되고, 결별을 유발한다. 우리의 추측은 이러하다.

이 밖에도 연구 결과에 따르면, 연인과 갓 결별한 여성의 경우, 이전 몇 년 동안에 비해 '개방성'과 '외향성'이 더 높게 나타났다.

이는 여성이 연인과의 결별을 극복하기 위해 상대적으로 (수동적인 전략보다는) 능동적인 전략을 활용한다는 인식과 맞아떨어진다. 즉, 연인과 갓 결별한 여성은 친한 친구 앞에서 실컷 울고, 자신의 결별에 대해 많이 이야기하고, 자신의 옛 취미를 다시 살리거나 새로운 취미를 찾아 나선다.

반면 남성은 연인과 결별한 첫해에 '개방성'과 '외향성'이 높아지지 않고 '정서적 안정성'은 낮아졌다. 남성이 결별을 소화하기 위해 능동적인 전략보다는 수동적인 전략을 선택한다는 점에서, 이런 변화는 수긍할 만하다. 남성은 연인과의 결별에 대해 남에서 이야기하지 않고, 일에 집중하거나 술을 마시거나 게임을 함으로써 신경을 다른 곳으로 돌리려 하는 경향이 있는데, 이는 결별의 극복을 더 힘들게 만들 수 있다(물론 모든 남성이 반드시 여기에 해당하는 건 아니다. 당신의 남자는 분명 예외일 것이다!).

여성은 이성과의 관계를 돌보면서도 가족이나 친구들과 즐겨 만나는 반면, 남성은 사랑하는 이에게 집중하는 경향이 있다. 이는 낭만적일 수 있지만 친구나 지인과의 관계 유지에 도움이 되지는 않는다. 시간이 지나 이런 남성을 받아주고 힘을 북돋워 다시 '싱글 라이프'로 원만하게 되돌아갈 수 있도록 도와줄 사람이 곁에 없을 경우, 사랑하는 이와의 결별은 더 힘들어질 수 있다.

끔찍하긴 하지만 끝을 내는 편이 나을 때: 이혼

이혼한 사람은 향후 몇 년 동안 정서적 안정성이 떨어진다. 결혼하는 사람은 자신이 사랑하는 이와 함께 평생 늙어갈 거라 굳게 믿기 때문에, 이러한 믿음이 이혼 법정에서 '공적으로 확인된 환상'으로 밝혀질 때("죽음이 두 사람을 갈라놓을 때까지 함께하리라"라는 말이 "내 덕분에 이혼 전문 변호사가 새로운 요트를 사겠군"이라는 씁쓸한 말로 바뀔 때) 충격을 받는다. 이혼은 갖가지 의문을 낳는다. 약혼하고 혼인 계약서를 작성할 때 자신의 눈이 멀었던 것은 아닌지, 커리어를 자발적으로 포기할 때 자신이 너무나 순진했던 것은 아닌지, 언젠가 다시 사랑하는 사람을 만날 수 있을지…. 자신이 꿈꿔왔던 '목가적인 가정'이 '이혼 가정'이 되고, 사랑하는 이와의 관계가 끝나고, 양육권 분쟁이 시작된다. 전처 혹은 전남편을 달나라로 보내버리고 싶지만, 자녀들을 위해 이를 악물고 아무렇지 않은 척하며 자신의 상처받은 마음을 조용히 달랜다.

이 모든 상황은 스트레스를 가중할 뿐 누그러뜨리지 못한다. 이는 이혼 후 정서적 안정성이 저하되는 이유를 잘 설명해준다.

사랑으로 인한 행복과 불행이 우리에게 미치는 영향

종합적으로 우리의 공동 연구가 시사하는 점이 하나 있다. 연구 결과에 따르면 동거·결혼·결별·이혼이 개개인의 성격에 미치는 영향은 비교적 미미한 수준이었다. 다시 말해서 사랑을 할 때 중요한 전환점들이 우리를 다소 변화시키기는 하지만, 근본적이고 본질적인 변화는 아니었다. 사랑하는 이와의 관계는 그 시작과 종결 시점에 우리의 마음에 깊이 와닿지만, 우리에게 결정적인 영향을 미치지는 않는다. 적어도 우리가 진행한 학술적 인 분석의 논리는 이러하다.

그런데 사랑과 관련한 주요 경험은 왜 우리에게 장기적으로 본질적인 영향을 미치지 못할까? (다양한 로맨틱 코미디를 시청하고 나서) 그와 같은 스토리가 자신의 현실에서도 펼쳐지리라 기대해서는 안 되는 걸까? 이에 대한 하나의 대답으로 사람들이 동거·결혼·결별·이혼을 저마다 지극히 다르게 체험하고 평가한다는 점을 들 수 있다. 예를 들어, 결혼은 우리에게 얼마나 중요한가? 당신에게 '환상적인 결혼식'이란 여러 해 동안 준비해온, 인생에서 가장 아름다운 날인가? 혹은 당신에게 결혼이란 세금 혜택을 받기 위해 올해가 가기 전에 최대한 빨리 혼인 신고서에 서명함으로써 해치워버려야 하는 요식 행위인가? 결별은 당신에게 얼마나 커다란 충격을 주는가? 결별한 당신 자신을 실패자로 여기는가? 혹은 사랑하는 이와 함께 보낸 아름다운 시간을 좋은 추억으로 간직할 수 있는가? 드디어 '자신의' 삶을 되찾았다는 기분에 시원한 해방감을 느끼는가?

우리가 하나의 사건을 어떻게 인지하느냐는 그것이 왜 어떤 방식으로 발생하는지에 달려 있다. 사랑하는 이가 쥐도 새도 모르게 야반도주했는가? 수없이 반복된 거짓말과 수없이 깨어진 약속 후에 외도가 의심되거나 실제로 외도를 자행해 극적인 장면이 벌어지고, 두 사람의 관계가 완전히 파탄 났는가? 혹은 두 사람의 관계가 점차 멀어져 결별이 아무런 이의 없이 거의 평화롭다시피 이뤄졌는가?

무엇보다도 실질적인 결과 또한 중요하다. 두 사람 사이에 자녀가 있어 각자의 삶뿐만 아니라 가족의 일상을 새롭게 편성해야 하는가? 결혼 생활을 시작하면서 커리어상의 불이익을 감수한 쪽이 결별로 인한 경제적 어려움을 감당해야 하는가? 관계가 깨어지면서 두 사람 사이에 있던 친구들과도 멀어졌는가?

결론적으로, 사랑과 관련한 주요 사건 전후에 (다수를 대상으로 파악된) 성격 변화가 평균적으로 미미한 것은 개인마다 상황이 다르기 때문으로 설명할 수 있다. 동거 · 결혼 · 결별 · 이혼에 정해진 공식은 없으며, 사람들은 모두 이러한 사건을 저마다 다른 양상으로 겪어낸다. 우리는 아름다운 영화나 환상적인 멜로물을 시청하며, 혹은 활기찬 팝송을 들으며 그 주인공과 자신의 운명을 동일시하고 싶어 하지만, 저마다의 상황은 각기 다르다.

연구 결과를 살펴보면, 사랑과 관련한 주요 경험은 우리를 그다지 성숙하게 만들지는 않는 듯하며, 적어도 첫 취업이 우리의 성격 성숙에 미치는 영향보다는 훨씬 미약하다. 연인과 동거하기 시작한 남성은 그 이전보다 더 성실해지기는 했다. 하지만 그 밖의 다른 성격 특성에는 성숙의 조짐이 관찰되지 않았다. 최종적으로, 우리의 공동 연구는 남녀가 동거 · 결혼 · 결별 · 이혼 등의 경험을 서로 다른 양상으로 대한다는 것을 분명하게 시사한다.

요동치는 감정과 삶에 대한 만족감 사이

결별한 지 얼마 안 된 사람이 대용량 초콜릿을 먹으며 소파를 떠나지 않는 동안은 그에게 삶에 대한 만족도를 물어볼 필요가 없다. 이를 경험해본 사람은 누구나 이들의 마음이 어떤지를, 즉 전혀 괜찮지 않다는 것을 확실히 안다. 하지만 남녀 관계의 어떤 중대사로 인해 어떤 감정이 변화하는지, 그 변화가 얼마나 강력하고 얼마나 오랫동안 지속되는지는 매우 흥미롭다. 이와 관련해 초콜릿을 한 조각 입에 넣고, 이른바 '세트 포인트 이론set-point theory'에 관해 알아보자.[36]

이 이론에 따르면, 개개인의 삶에 대한 만족도는 장기적으로 각자가 가지고 있는 평균값 범주 안에 머문다. 즉, 긍정적 경험으로 인해 단기적으로는 기분이 좋아지고 부정적 경험으로 인해 단기적으로는 기분이 나빠질 수 있지만, 장기적으로는 각자 고유한 수준의 만족감을 되찾는다는 것이다. 이 이론이 옳다면, 남녀 관계의 중대사 또한 우리의 삶에 대한 만족감에 단기적으로만 영향을 미친다. 즉, 완벽한 남녀 관계도 장기적으로는 우리를 평상시보다 더 행복하게 만들지 못하고, 드라마틱한 비극적 결별도 삶의 만족감에는 단지 일시적으로만 영향을 미칠 뿐 장기적으로는 해를 끼치지 못한다는 것이다.

과연 이것이 사실일까? 이와 관련해 우리는 연인과 동거 중인 4,399명과 결혼 상태인 3,731명, 결별 상태인 3,538명과 이혼 상태인 1,103명을 대상으로 연구를 진행했다(출처: SOEP).[37] 동거·결혼·결별·이혼 전후 5년간 참가자들의 삶의 만족도와 정서적 상태의 변화를 분석한 결과는 다음과 같이 명백했다.

기쁨이 가득한: 긍정적인 중대사

동거하거나 결혼한 사람들은 그 몇 년 전부터 이미 행복도가 높아졌고, 동거 또는 결혼 후 첫 한 해 동안 행복감이 절정에 달했다. 연인과 동거 상태인 사람들의 경우엔 이러한 효과가 장기적으로 지속되었다. 즉, 동거 후 몇 년 동안 이들의 행복감은 (동거 후 첫해만큼은 아니지만) 그 이전보다 꾸준히 높았다. 추측건대 동거를 함으로써 사랑하는 이와 날마다 함께할 수 있게 되어 몇 년이 지날 때까지도 행복감이 지속된 것으로 보인다.

반면 (동거 후 결혼한) 신혼부부의 경우는 결혼 후 첫해가 지나자마자 이른바 '허니문 효과'가 사그라들었다. 낭만과는 거리가 먼 이야기지만 충분히 납득이 간다. 신혼여행을 갔다가 돌아오더라도 일상이 결혼 전과 다를 바 없다고 느껴질 테니 말이다.

슬픔으로 암울한: 부정적인 중대사

결별하거나 이혼한 사람들은 그 직후 행복도가 현저하게 떨어졌다. 행복도의 저하가 가장 심한 기간은 결별 후 첫해와 이혼 확정 전 2년 동안이었다. 이 시기에 당사자들은 평소보다 훨씬 슬퍼하고, 훨씬 덜 행복해했다. 두려움과 분노 또한 증가했지만,

그 수준은 미미한 정도였다. 하지만 결별이나 이혼을 겪은 이들의 행복도는 시간이 지나면서 다시 회복되었다. 요컨대 결별 또는 이혼을 하고 5년 후의 감정 상태가 5년 전과 거의 같았다.

사랑과 연관된 부정적인 중대사에 의한 부정적 작용은, 사랑과 연관된 긍정적인 중대사에 의한 긍정적 작용보다 더 강력하게 나타났다. 인간의 뇌는 유전적으로 긍정적인 사건보다 부정적인 사건을 더 빨리, 그리고 더 강력하게 인지하도록 설계되어 있다. 이런 체계는 인간이 자신에게 닥친 위험을 적기에 인식하고 회피하게끔 도와준다.

이러한 맥락에서 결별이나 이혼은 (진화의 관점에서 보면) 인간의 번식과 생존 확률을 급격하게 감소시키는 요인이다. 이는 사랑으로 인해 힘든 순간이 사랑으로 인해 아름다운 순간보다 왜 우리에게 더 커다란 충격을 가하는지 그 이유를 설명해준다. 사랑으로 인해 아름다운 순간을 온전히 인식하고 누릴 때, 우리는 스스로의 인생에 대한 만족감을 더욱더 고취할 수 있다.

생각해볼 거리 **당신은 사랑과 관련해 어떤 아름다운 순간을 경험했는가? 당신은 파트너 혹은 친한 친구의 어떤 점을 특별히 좋아하는가? 그들과 함께하는 어떤 활동이 당신에게 얼마나 소중하며, 어떻게 해야 이런 활동을 더 늘려갈 수 있는가?**

기쁨과 슬픔: 무엇이 우리를 어떻게 변화시키는가

전체적으로 볼 때, 사랑과 관련해 당사자들의 행복감이 (사랑과 연관이 있는 중대사가 일어나기 몇 년 전부터) 크게 변한다는 사실이 드러났다. 언뜻 보기엔 이해가 안 갈 수도 있지만, 남녀 관계는 대부분 오랜 시간에 걸쳐 전개된다. 남녀가 처음 만나고 한 달도 되지 않아 결혼하는 경우(혹은 라스베이거스에서 눈이 맞은 남녀가 가장 가까운 교회를 찾아갈 만큼은 제정신인 상태에서 결혼식을 올리는 경우)는 영화 속에서 볼 수 있지만 실제로는 지극히 드문 일이다.

일반적으로 사람들은 가장 먼저 사랑에 빠지고, 그러고 나서 동거하고, 그런 다음 약혼한다(여기에서 약혼이란 가까운 장래에 결혼하겠다는 모든 종류의 합의를 가리킨다. 심지어 양치하다가 합의한 것도 이에 해당한다. 예컨대 "우리 이제 결혼을 해치울까?"라는 연인의 말에 입을 헹구다가 헛기침을 하며 "그러지 뭐"라고 대답하는 경우다). 사랑이라는 케이크의 하이라이트인 '생크림 장식'은 결국 (취향에 따라) 세심하게 준비한 결혼식이다. 사랑에 빠지고 약혼을 거쳐 결혼하기까지 각 단계를 거칠 때마다 행복 레벨은 순차적으로 상승한다.

또한 남녀 관계가 하루아침에 끝나는 일은 극히 드물다(단, 한쪽이 '잠수를 타는' 경우는 예외다. 이는 사랑하던 남녀 중 한 사람이 어느 날 갑자기 모습을 드러내지 않고 어떤 형태의 연락에도 반응하지 않는 걸 말하는데, 일종의 기이한 시대적 현상으로 최근 들어 점점 많은 사람이 이로 인해 피해를 보고 있다). 남녀 관계가 끝날 때는 대부분 그 이전부터 삐걱대기 시작하며, 갈등이 점점 심해지다가 어느 시점이 되면 최고조에 이른다. 이런 과정에서 생기는 스트레스는 시간이 갈수록 점점 쌓이다가, 결별 직후 혹은 (많은 경우 실질적인 결별 시점인) 이혼 1~2년 전에 견딜 수 없는 수준으로 치닫는다.

종합적으로 볼 때, 우리의 연구 결과는 '세트 포인트 이론'과 일치한다. 즉, 사랑으로 인한 행복과 불행은 우리에게 인생의 모든 환희와 절망을 가져다주며, '번복 불가'라는 환상을 심어준다. 사랑에 빠지면 우리는 이 행복이 영원히 지속되리라고 굳게 믿는다. 그리고 사랑이 떠나가면 그 고통이 절대 치유되지 않으리라고 확신한다. 하지만 진부한 일상은 우리를 다시금 제자리로 끌어내리거나 끌어올린다. 즉, 평범한 일상이 사랑으로 인한 행복이나 불행과는 무관하게 각자가 가지고 있는 본래의 '행복감 레벨'로 되돌려놓는다.

> 남녀 관계: 어떻게 돌아가는가?

퍼스널 코칭

항상 좋기만 한 관계는 없다. 모든 관계에는 기복이 있다. 당신이 파트너에게서, 파트너와의 관계에서 무엇을 기대하는지 차분히 자문해보라. 기대가 너무 크면 실망하기 마련이다. 당신이 꿈꿔온 이상형과 함께하더라도 환상적인 시간이 한없이 계속되지는 않는다는 걸 분명히 인식하라. 당신의 내면에 없는 것을 상대방이 채워주길 바라지 말라. 행복감, 충만함, 위안, 안정감 그리고 넘치는 영감은 상대방이 당신에게 충족시켜주어야 하는 과업이 아니라, 당신 스스로가 가꾸어가야 하는 것들이다.

당신이 스트레스 상태에 있고, 작은 일에도 발끈하고, 좌절감 때문에 생기는 분노를 파트너에게 쏟아붓는다면, 두 사람 모두 완전히 지쳐버린다. 당신의 멘탈이 하루아침에 탄탄해지지는 않겠지만 (남녀 관계에서뿐만 아니라 일상에서도) 스트레스를 잘 소화해내기 위해 할 수 있는 일이 몇 가지 있다. 스스로를 잘 돌보라! 이는 당신뿐만 아니라 당신이 사랑하는 이들에게도 유익하다.

남녀 관계가 삐걱대거나 깨어질 때, 무엇보다도 자신을 소중히 여기고 돌보는 것이 더욱 중요하다. 사랑하는 이와의 결별은 우리에게 많은 것을 요구하며 ('실연의 상처'라는 말로는 다 표현할 수 없을 만큼) 극도로 고통스러울 수 있다. 실연으로 마음이 무너지더라도 이를 도외시하거나 외면해서는 안 되며, 당신의 생각과 감정을 온전히 받아들이고 적극적으로 대처하는 편이 훨씬 낫다.

타인과의 관계에서는 갈등이 있을 수밖에 없다. 그럴 때 자신이 옳다는 걸 파트너에게 인정받고자 하는지, 아니면 그 일을 조용히 넘어가고 파트너와 함께 행복한 시간을 보내고자 하는지 자문해볼 수 있다. 두 가지 모두를 (계속해서) 동시에 안고 갈 수는 없다. 그러므로 당신과 파트너가 논쟁 상황을 어떻게 풀어나가는지 찬찬히 살펴보라. 의견 충돌 시 서로를 존중하면서 차이를 극복해나가는가? 그렇지 않다면 지금 둘이 함께 그 길을 모색하라!

> 상대방의 관점으로 바라보기

의견 충돌이 있을 때 우리는 흔히 상대방이 자신을 이해해주지 않고, 자신의 말에 귀 기울이지 않거나 자신을 완전히 무시한다고 여긴다. 이러한 갈등 상황을 풀어가는 방법은 모든 문제에 대해 상대방과 항상 의견을 통일하거나 혹은 갈등을 피하고 평화를 유지하기 위해 자신의 의견을 희생하는 것이 아니라, 상대방의 눈으로 상황을 바라보는 것이다. 그러면 우리는 상대방의 관점을 더 잘 이해하고, 심지어 상대방의 의견이 매우 흥미롭고 합당하고 생각보다 합리적이라는 사실을 깨닫기도 한다. 이처럼 상대방의 관점으로 문제를 바라보는 것은 갈등 상황에서 더없이 가치 있다. 당신도 이를 한 번 시도해보라!

지금 소개하는 연습은 매우 간단하고, 새로운 지평을 열어주고, 즐겁기까지 하다. 이 연습을 위해 30분 정도 비워두라. 우선 의자 두 개를 서로 마주 보게 놓는다. 그리고 한 의자 위에 쿠션(혹은 헝겊 인형, 토스터, 옷)을 올려놓는다. 이 물건은 당신의 상대방을 상징한다. 다른 의자 위에는 당신이 앉는다. 그러고는 당신이 원하는 방식으로 상대방에게 당신의 관점에 관해 설명하라. 소리를 지를 수도 있고, 하고 싶은 말을 끝없이 계속할 수도 있다. 상대방의 (인형일 경우) 귀를 물어뜯거나…. 무엇이든 해도 좋다.

이 연습으로 당신은 상대방에게 아무런 해도 끼치지 않고 화풀이를 할 수 있다. 어쩌면 이런 과정을 통해 당신이 화가 난 이유를 몇 가지로 정리하거나, 혹은 화가 난 본질적인 이유를 알아낼 수도 있다. 예컨대 "당신은 항상 친구들과 몰려다니면서 나하고의 약속을 잊어버리잖아요!"라는 말이 상황에 따라서는 "나는 내가 당신한테 중요한 사람이 아닐까 봐 겁나요"라는 솔직한 고백으로 바뀔 수 있다. 필요한 경우, 이 연습을 통해 드러난 자신의 중요한 생각 몇 가지를 녹음하거나 종이에 메모로 남길 수도 있다.

이제 의자에서 일어나 당신의 몸을 흔들어보라. 몸 전체를 흔듦으로써 모든 분노와 좌절감 그리고 심지어 '당신 자신'을 떨어내라. 그러고 나서 반대편 의자 위 물건을 집어 방금 당신이 앉았던 의자에 올려놓으라. 이제 그 물건은 당신의 의자에 앉은 당신을 상징한다. 당신은 상대방의 의자에 앉아 맞은편 의자 위의 '당신'을 바라본다. 상대방의 의자에 앉음과 동시에 당신이 상대방이 된 것이다. 조금 전 당신은 상대방의 모든 주장을 끈기 있게 들어주었다. 이제는 상대방이 당신의 주장을 들을 차례다.

당신을 상징하는 물건을 향해 (상대방으로서) 당신이 그 사안을 어떻게 바라보는지 말하라. 당신은 그 상황을 어떻게 바라보는가? 어떤 점에 화가 나고, 어떤 점이 마음에 걸리는가? 하고 싶은 말을 모두 쏟아내라. 하고 싶은 말을 전부 하고 나면 이번에도 몇 가지로 정리한다. 예컨대 다음과 같은 말을 녹음하거나 메모해두라.

"나는 당신이 점점 더 내 사적인 삶 속에 침투하려는 것 같은 기분이 들어요. 하지만 나는 나만의 공간이 필요하단 말이에요."

이제 자리에서 일어나 상대방을 머릿속으로 떨쳐내고, 당신이 선택했던 당신의 물건에 함께 연습에 참여해줘서 고맙다고 인사하라. 그리고 당신이 조금 전에 '상대방'으로부터 들은 말을 곰곰이 생각해보라. 당신은 새로운 사실을 알게 되었는가? 기존과는 다른 관점으로 사안을 바라보게 되었는가? 갈등을 빚었던 일에 대해 최소한 조금이라도 상대방의 관점에서 바라보게 되었는가? 필요할 때마다 이것을 연습하라.

7장

자녀는 정말 축복일까

: 자녀가 부모에게 미치는 영향

자녀는 부모를 끊임없이

새로워지도록 돕는다.

만일 이 세상에 아이들이 없다면

인간은 퇴화할 것이다.

마리아 몬테소리

밤새도록 울어대며 엄마 젖도 거부하던 아기가 엄청난 양의 대변을 본다. 마치 판다처럼 다크서클이 내려앉은 젊은 엄마 아빠가 더없이 행복한 얼굴로 아기를 쳐다보며 이렇게 열광한다. "아기 얼굴을 잠깐 보기만 해도 고단함이 모두 사라져요!"

물론이다. 한 아기의 엄마 아빠가 되는 것은 인생에서 가장 멋진 경험 중 하나다. 하지만 아기의 탄생은 부부의 일상을 완전히 바꾸어놓는다. 그것도 아주 오랫동안. 열다섯 살 자녀가 밴드를 결성해 순회공연을 다니겠다며 학교를 그만두거나, 열여덟 살 자녀가 자동차로 나무를 들이받거나, 스무 살 자녀가 학업을 거부할 때면 많은 부모는 이렇게 자문한다. '강아지를 입양하지 않고 아이를 낳자는 게 도대체 누구 생각이었지?'

부모가 되면 일찍 일어나야 한다. 단, 여유 있게 커피를 마시고 신문을 보며 하루를 시작하는 게 아니라, 아이들 도시락을 싸주고, 아이들이 등교하는 걸 지켜보고, 아이들이 잊고 간 체육복을 들고 뒤따라간다. 부모는 아이들이 건강한지, 잠은 충분하게 자는지, 정크 푸드와 스마트폰이 일상을 점령하지는 않는지 지켜본다. 저녁에도 기진맥진한 채 잠이 들 때까지 때로는 홀로, 때로는 둘이 함께 아이들을 돌봐야 한다. 상황이 이러니 저녁에 아이를 돌봐줄 베이비시터를 찾지 못해도 그다지 실망하지 않는다. 어차피 외출할 힘조차 없으니까.

자녀가 없던 시절의 삶은 얼마나 단순했던가. 누구에게든 뭔가를 해주어야 한다는 부담감이 없었고, 기껏해야 고무나무에 물을 주어야 한다는 것만 기억하면 되었다. 최소한 이론적으로는 '위가 반란을 일으키고 간이 탄식할' 때까지 마음껏 파티를 벌일 수도 있었다. 그런데 부모가 되면 흥겨운 파티 대신 기저귀를 가느라 밤을 지새우고, 와인 바 대신 놀이터에서 시간을 보내고, 떠들썩한 태국 배낭여행 대신 한적한 발트 해안으로 가족 캠핑을 떠난다. 자녀가 있다는 것은 책임을 떠안고 롤 모델이 되는 걸 의미한다. 흔히 사람들은 부모가 되면 진정한 어른이 되고 성숙해진다고 말한다. 그런데 이 말이 사실일까?

아기가 태어나면 바뀌는 것들

성인이 되면 사람들은 성숙해지고 흔히 부모가 되기도 한다. 성숙해지는 것과 부모가 되는 것, 이 두 가지는 서로에게 필요조건일 수 있다. 이 둘 간의 상관관계를 좀 더 정확히 살펴보기 위해 우리는 다음의 두 그룹을 비교·분석해보았다(출처: SOEP).[38] 대상은 대학 재학 기간에 첫 자녀를 얻은 사람들(약 7천 명)과 대학 재학 기간 내내 자녀를 낳지 않은 사람들(약 1만 3천 명)이었다. 연구 시점에 자녀가 있는 학생은 분석에서 제외했다.

연구 자료를 분석한 결과, 대학 재학 기간에 부모가 된 사람은 첫 자녀가 태어나기 전에도 성격적 특성이 비교 집단과 상이했다. 즉, 이들은 대학 재학 기간에 자녀를 낳지 않은 사람들에 비해 수년 전 시점에도 평균적으로 더 외향적이고, 덜 개방적이었다.

이는 다음과 같이 설명할 수 있다. 요컨대 사교적이고 활발하며 남들과 어울리길 좋아하는 사람은 휴식을 소중히 여기고 혼자 있는 걸 즐기는 이들에 비해 시끌벅적한 패밀리 라이프를 덜 부담스러워한다. 이 밖에도 개방성이 높지 않아 관습적인 방식의 여행을 선호하는 사람은 남들이 찾지 않는 나라를 여행하거나 문화 탐험과 특이한 취미를 선호하는 이들에 비해 자녀를 갖는 걸 집과 정원을 가꾸는 것처럼 자연스럽게 여기는 경향이 있다.

또한 이 연구에서 우리는 첫 자녀 출생 후 부모의 성격 변화도 분석해보았다. '사회적 투자 이론'에 따르면, 갓 자녀를 낳은 사람들은 부모라는 새로운 역할로 인해 예전보다 더 성실하고, 더 친화적이고, 정서적으로 더 안정되어야 한다. 하지만 예측은 빗나갔다. 자녀가 부모를 저절로 '더 성숙하게' 만든다는 가설은 우리 연구에서 입증되지 않았다. 반면 이들은 첫아이가 태어난 후 외향성이 높아지고, 개방성은 낮아졌다.

언뜻 생각하면 예상 밖의 결과이지만, 찬찬히 다시 생각해보면 납득이 간다. 시끌벅적한 패밀리 라이프에서 '혼자만의 시간' 혹은 '둘만의 아늑한 시간'이란 극히 드문 일이다. 젊은 부모는 아기 수영 강좌, 놀이터, 그리고 아이들 생일 파티 등 시끌벅적한 곳에서 사람들을 만나기 마련이다. 반면 각종 문화 행사, 오페라, 독서 모임, 미술 전시회에서는 젊은 부모가 좀처럼 보이지 않는데, 이는 지적인 관심과 문화 활동이 어린아이들의 욕구와 전혀 겹치지 않기 때문이다.

젊은 부모와 나이 든 부모의 차이

부모들을 무작위로 조사한 결과, 모두가 아이를 낳기 전보다 더 성실해졌다는 분명한 근거는 없었다. 하지만 성실성은 각 연령 그룹에서 (각기 다른 방향으로) 변화했다. 매우 젊은 부모(첫 자녀를 낳은 나이가 만 17세 이상에서 만 23세 이하인 부모)는 아기 출생 전보다 아기가 태어난 첫해에 확실히 더 성실하게 행동했다.

이는 다음과 같이 설명할 수 있다. 젊은 부모의 경우, 첫 자녀가 태어나기 전까지는 대부분 별다른 의무를 져본 적이 없다. 그저 고등학교나 대학교에 다니고, 직업교육을 받고, 청춘에게 주어지는 멋진 자유를 즐겼을 뿐이다. 그러다 자녀가 출생하면 갑자기 성인이 되고, 아기의 욕구를 일순위로 둘 수밖에 없다. 이것이 젊은 부모가 '몇 살 더 먹은' 부모들보다 더 두드러진 변화를 보이는 이유다.

하지만 연구 결과에 따르면, 젊은 부모는 단기간 내에 젊은이다운 경쾌함과 즉흥성을 되찾는다. 이들의 성실성은 자녀가 태어나고 첫해가 지나면 사그라들기 때문이다. 중간 연령의 부모(만 24세 이상에서 만 35세 이하) 또한 자녀가 태어나면 이전보다 더 성실해졌다. 이러한 변화는 그 정도가 작기는 해도 ('사회적 투자 원리'에 완전히 부합하는 형태로) 오랫동안 지속되었다.

반면 만 36세부터 만 50세 사이에 첫 자녀를 얻은 부모는 완전히 다른 행동 패턴을 보였다. 즉, 첫 자녀 출생 후 이들은 오랫동안 이전보다 덜 성실하게 행동했다. 늦은 시기에 자녀를 낳는 사람은 흔히 커리어를 위해 결혼을 뒤로 미룬 이들이다. 대체로 고학력이고, 야망이 있고, 목표 지향적이며, 가정을 이루기 전에 직업적으로 이미 어느 정도 기반을 갖추어놓은 상태다. 그런데 아기가 태어나면 직업 활동을 한 단계 줄이고, 야망의 추구를 자제하고, 삶의 우선순위를 새로이 설정할 수밖에 없다.

이들의 경우 직업 활동에서 줄어든 성실성을 반드시 가정에 투입할 필요는 없다. 왜냐하면 나이 든 부모는 흔히 경제력이 탄탄해서 필요할 때마다 베이비시터를 고용하고, 고가의 유치원에 자녀를 보내 양육 스트레스를 날려버릴 수 있기 때문이다.

어머니와 아버지의 차이

부모 양쪽의 성격 변화도 뚜렷한 특징을 보였다. 자녀 출생 이후 어머니는 '친화성'이 높아지고, 아버지는 '성실성'이 높아졌다. 상상력을 동원해보자면, 이런 현상에 대한 원인을 생물학적 차이에서 찾아볼 수 있을 것이다. 즉, 여성은 임신 이후 많은 신체적 변화를 겪는다. 출산 직후와 수유 기간 동안 여성에게는 아기와 엄마 간에 이른바 '애착 호르몬'인 옥시토신이 분비된다. 반면 (진화심리학적 이론에 따르면) 남성에게는 테스토스테론 분비가 늘어나 확고함, 관철 능력, 사회적 주도성이 강화된다.

하지만 부모를 '성숙하게 만드는 효과'가 어머니와 아버지에게 각기 다르게 나타나는 이유는 부모의 역할이 서로 다르기 때문인 것으로 볼 수도 있다. 사회적 통념은 어머니가 자신의 아기를 온 힘을 다해 돌보고 사랑할 것을 기대하는데, 이는 '친화성'이라는 성격 특성의 전형적 모습이다. 반면 아버지의 사회적 통념은 근면하게 열심히 일함으로써 가정의 생계를 유지하길 기대하는데, 이는 '성실성'이라는 성격 특성의 전형적 모습이다. 이러한 가부장적 역할 분담은 고루하게 비칠 수도 있지만 (독일 사회에도) 여전히 만연해 있다.

독일의 많은 가정에서는 여전히 아버지의 소득이 주된 수입원이다(독일연방 통계청에 따르면, 2020년 여성 소득은 남성 소득에 비해 18퍼센트 적었다. 이를 시간당 소득으로 계산하면 여성이 남성에 비해 세금 포함 평균 4.08유로만큼 적었다). 남성의 육아 휴직 비율과 기간은 여전히 여성에 비해 적었고, 남성이 파트타임으로 일하는 비율은 여성에 비해 낮았다.

종합적으로 볼 때, 어머니와 아버지에 대한 각기 다른 사회적 기대는 자녀 출생 후 여성의 친화성이 높아지고, 남성의 성실성은 높아지는 이유를 잘 설명해준다.

변화하긴 해도 성숙해지진 않는다

자녀는 부모에게 많은 변화를 일으키지만, 일반적으로 부모를 더 자제력 있고, 더 붙임성 있고, 더 원만한 사람으로 만들지는 않는다. 달리 표현하면, 자녀는 부모를 변화시키지만 성숙하게 만들지는 않는다! 우리가 진행한 연구에서만 유일하게 이런 결과가 나온 것은 아니다. 다른 많은 연구 또한 자녀 출산 전후 수년간 부모의 성격에 거의 변화가 없다는 결과를 보여주었다.[39]

이유가 무엇일까? 사람들이 성격심리학에서 의미하는 '성숙한'(성실하고 친화적이고 정서적으로 안정된) 행동을 보이는 전형적 상황은 직업 활동을 할 때다. 요컨대 성실함을 발휘하는 것은 시간 엄수, 신뢰, 자제력, 근면이 중요하게 작용하는 일을 할 경우다. 하지만 직업 활동은 갓 부모가 된 사람에게 일단 뒷전으로 밀려난다. 이런 현상은 여전히 존재하며, 특히 오랫동안 육아 휴직을 하는 여성과 육아 휴직 후 복직한 여성에게도 해당된다.

부모가 된다고 해서 '근면'과 '열심히 일하기'라는 형태로 나타나는 성실성이 확실하게 강화되지는 않는다. 풀타임으로 일하는 부모는 부득이하게 여기저기에 선을 그을 수밖에 없다. 더 많은 과제를 어깨에 짊어질수록 모든 분야에서 전력을 다하기는 힘들어진다. 이런 상황에서는 세탁기나 진공청소기를 오랫동안 돌리지 못하기도 하고, 덜 급한 일은 우선순위에서 밀려난다.

(흔히 기대되는) 성격이 성숙하지 않는 이유는 부모가 (최소한 자녀가 말을 하기 전까지는) 외부로부터 직접적인 피드백을 거의 받지 않기 때문일 수도 있다. 집 안은 엉망으로 어질러져 있고, 아기는 소리쳐 울고, 배우자는 투덜댈 때, 자신이 어떤 부분을 달리 고쳐야 하고 고칠 수 있을지 알기란 쉽지 않다.

반면 직업 활동의 경우는 이와 다르다. 출근하지 않거나 합의된 목표를 달성하지 못하는 사람은 즉시 분명하게 지적을 받는다(가끔 운 좋은 직장인은 경멸이 담긴 말이나 눈칫밥 대신 건설적인 피드백을 얻기도 한다). 즉, 자신의 행동을 교정하기에는 직장에서의 조건이 가정에서보다 더 좋다.

웰빙 요인으로서의 자녀

아, 어쩜 이렇게 사랑스러운 아기가 있을까! 아기가 태어나면 부모의 삶은 비로소 완전해진다. 여성은 어머니로서 충만함을 느끼고, 남성은 가장으로서 자부심을 느낀다. 사랑스러운 아기를 돌보는 일이 아무리 힘들더라도 아기가 당신을 바라보고 미소 짓는 순간, 아기를 돌보며 지새운 수많은 밤, 경제적 근심, 중단된 성생활이 모두 한순간에 깨끗하게 잊힌다. 부모는 한마디로 '더 훌륭한' 사람들이다. 사랑이 넘치면서도 체계적이고, 항상 이성적이며, 자기 인생의 의미에 대해 항상 확실한 대답을 지닌 사람들이다. 이 모든 것이 자녀 덕분이다.

'세트 포인트 이론'에 의하면, 자녀가 삶에 대한 부모의 만족감을 장기적으로 '신기하리만큼' (대폭) 상승시킨다고 단언할 수는 없다. 세트 포인트 이론에 따르면, 삶에 대한 우리의 만족도는 긍정적인 사건과 부정적인 사건으로 인해 개선되거나 떨어질 수 있지만, 장기적으로는 개개인이 가지고 있는 평균값 범주 안으로 되돌아온다. 요컨대 자녀의 출생으로 인한 부모의 행복은 단기적으로만 지속된다.

나는 이러한 견해를 검토·분석하는 과정에서(출처: SOEP) 다음과 같은 질문을 집중적으로 탐구해보았다. 첫 자녀의 출생을 전후해 각각 5년 동안 부모의 삶에 대한 만족도와 정서적 상태는 어떻게 변하는가?[40] 삶에 대한 만족도와 일상에서의 행복감 모두 이미 첫 자녀가 태어나기 5년 전부터 상승했다. 부모가 된 첫해에 '초보 부모'의 삶에 대한 만족도와 행복감은 그 이전보다 확연하게 높았다. 단, 이러한 효과는 그 이듬해부터 몇 년 동안

대폭 사그라들어 첫 자녀 출생 5년 후 부모의 삶에 대한 만족도와 행복감은 첫 자녀 출생 5년 전과 동일한 수준이 되었다. 한마디로 '세트 포인트 이론'의 완승이다!

이 밖에도 자녀가 태어난 첫해에 초보 엄마 아빠는 이전보다 화내는 횟수가 더 적었다. 자녀가 태어난 첫해에 초보 엄마 아빠는 부모가 되었다는 행복감으로 '공중에 붕 떠 있는' 상태에 있다가, 얼마 후 팍팍한 현실로 돌아왔다. 그 후 몇 년 동안은 분노 감정이 증가했다. 즉, 자녀 출생 후 몇 년 동안 화를 내는 빈도가 자녀 출생 전 5년 동안에 비해 평균적으로 증가 추세를 보였다 (이러한 추세가 동화 속 이야기와는 다른 가족생활 때문인지, 아니면 다른 이유가 있는지는 단정할 수 없다).

연구 결과를 종합하면, 자녀가 생겼다고 해서 부모의 삶이 장기적으로 예전보다 더 행복해지는 것은 아니다. 아기는 부모에게 내적 충만함을 줄 수 있지만, 다른 한편으로는 스트레스를 유발하며, 이 스트레스가 부모의 상호 관계에 부담으로 작용한다.

내가 진행했던 후속 연구 결과에 따르면, 자녀 출생 후 초보 엄마는 그 이전보다 배우자와의 관계에 대한 불만이 많아지고, 배우자와의 친밀감은 감소했다.[41] 아기가 태어나고 처음 몇 달 동안은 다툼과 의사소통 문제뿐만 아니라 성적 불만도 늘어났다.[42] 이러한 결과는 다수의 기타 연구 결과와도 일치하는데, 이에 따르면 자녀 출생 후 부모의 삶에 대한 만족도가 각자의 평균값 수준으로 되돌아올 뿐만 아니라 (배우자와의 관계 면에서는) 심

지어 자녀 출생 전보다 더 낮아졌다.[43]

이는 다음과 같이 설명할 수 있다. 묵직한 기저귀를 찬 채 울어대는 아기를 안고 수상쩍은 얼룩이 묻은 티셔츠를 입은 채 부모 노릇을 하다 보면 섹시함과는 거리가 멀어지고, 수면 부족과 스트레스로 찌들어간다. 사랑에 빠졌던 커플이 육아에 지쳐 낭만적인 저녁을 함께할 시간도 없고, 뜨거운 사랑을 나눌 힘도 없고, 양육에 관한 의견 차이로 다투기만 한다.

이로써 '자녀가 생기면 부부 관계가 좋아진다'라는 오래된 '신화'는 치명적인 오류로 드러났다. 이미 삐걱대기 시작한 부부 관계에는 자녀 출생이 도화선으로 작용할 수 있다. 자녀 출생은 부부 관계를 완벽하게 만들어주는 게 아니라 (오히려 정반대로) 시험대에 올려놓는다.

> 행복한 어머니와 무심한 아버지?

연구 결과 더 알아보기

연구 결과를 분석하는 과정에서 드러난 또 한 가지 사실이 있다. 어머니의 경우 아버지보다 행복감의 변동 폭이 훨씬 컸다. 아기 출생 첫해에 어머니의 만족감과 행복감은 그 이전보다 훨씬 커졌지만, 아버지의 경우에는 아기 출생 후에도 삶에 대한 만족감과 행복감에 아무런 변화가 없었다. 내가 진행한 또 다른 연구에서는 이러한 차이가 남녀 간에 더욱 분명하게 나타났다. 어머니의 경우 이미 임신 기간부터 정신 건강이 좋아졌으며, 아기 출생 후 몇 년 동안의 심리적 건강이 그 몇 년 전에 비해 지속적으로 좋은 상태를 유지했다.[44] 반면 아버지에게는 이와 관련해 아무런 변화도 관찰되지 않았다. 이러한 결과는 언뜻 보면 '아버지는 자녀에게 무심한가?'라는 의문을 품게끔 만드는데, 이를 다음과 같은 생물학적 차이를 통해 설명해볼 수도 있겠다.

남성과 달리, 여성은 임신과 수유 기간 동안 호르몬의 변화를 비롯해 광범위한 신체적 변화를 겪는다. 이에 따라 다양한 신경전달물질 체계가 영향을 받아 기분이 좋아질 수 있다. 하지만 다른 한편 이런 현상은 남녀별로 다르게 요구되는 전통적인 역할에 의해서도 나타날 수 있다. 즉, 많은 여성이 (오늘날에도) 남성에 비해 부모 역할을 자기 정체성의 토대로 삼는 경향이 강하며, 어머니로서 해야 할 역할을 삶에 대한 만족감과 행복감의 원천으로 여긴다.

육아의 시작 단계는 매우 힘들 수 있는데 (그렇기 때문에 더더욱) 이 기간에 누군가를 믿고 의지하는 것이 중요하다. 드레스덴대학교 임상심리학 및 심리치료연구소 소속 동료들과 진행한 또 다른 연구 결과에 따르면, 임신 기간 동안 믿고 의지할 '지원군'이 있었던 여성이 출산 후에도 스트레스와 불안, 우울 증상을 상대적으로 덜 겪었다.[45] 그리고 여성은 출산 후 주변의 지원이 그

이전보다 감소했다고 느꼈다.[46]

출산 후 처음 몇 달 동안 산모를 돕고자 하는 손길이 끊이지 않는 걸 고려하면 이러한 결과가 의외일 수 있다. 사람들은 자신이 도움보다 부담을 준다는 사실을 알지 못한 채 산모 곁을 분주하게 오간다. 자녀가 없는 사람들까지 아기를 돌보느라 밤을 새우고 힘겨워하는 산모에게 수많은 '유익한 조언'을 늘어놓는다.

돕고자 하는 손길이 많다고 하더라도 초보 엄마(그리고 아빠)는 자신에게 주어진 새로운 과제로 인해 힘에 부칠 때가 많다. 왜냐하면 끊임없이 칭얼대는 아기를 내내 품에 안고 있느라 양치도, 샤워도, 식사도 제대로 할 수 없기 때문이다. 따라서 주변의 도움을 받고 싶은 마음은 매우 크지만, 이들이 고대하는 도움과 실제로 제공되는 도움 사이의 간극이 매우 크다. 이런 점에서 볼 때, 어머니가 자신의 '지원팀'에게 점수를 박하게 매기는 것은 (완전히 정당하지는 않지만) 충분히 이해가 간다.

아이가 행복 요인으로 작용하는지, 아니면 스트레스 요인으로 작용하는지는 주변 사람뿐만 아니라 부모 자신의 성격에도 달려 있다. 우리의 연구 결과에 따르면, 정서적 안정성과 외향성·성실성이 높은 여성은 해당 성격 특성이 낮은 여성보다 임신 기간과 아기 출생 후 처음 몇 개월 동안 감정 상태가 더 양호했다.[45]

정서적으로 안정된 어머니는 스트레스를 잘 감당하는 경향이 있으므로, 밤을 새운 상태로도 아기 우는 소리, 산더미처럼 쌓인 기저귀의 악취에 절망하지 않는다. 성실한 어머니는 치밀한 계획과 능률적인 시간 안배를 통해 육아 초기의 스트레스를 완화할 수 있다. 외향적인 어머니는 추측건대 남들과 쉽게 소통할 것이다. 사회적 네트워크가 탄탄해 필요할 때마다 베이비 캠, (아이들을 위한) 연고, 혹은 (어른들을 위한) 피로 해소제를 공급받을 뿐만 아니라, 도움이 필요하면 배우자나 가족, 지인에게 분명하게, 직접적으로 도움을 요청한다.

> 하루아침에 생긴 아기

퍼스널 코칭

갑자기 부모가 되는 것보다는 (물질적으로나 정신적으로나) 부모 될 준비를 제때 하는 편이 바람직하다. 아기가 태어나고 나서야 비로소 신생아용품을 사는 부모는 없을 것이다. 아기와 함께 가꾸어갈 가정에 대해서도 다음과 같이 미리 구상해봐야 한다.
누가 어떤 일을 맡을 것인가? 육아와 직장을 (당분간이 아니라 장기적으로) 어떻게 병행할 수 있을까? 아이를 맡길 유치원은 어디에서 찾고, 비상시에는 누가 베이비시터 역할을 할 것인가? 특별히 중요한 사안에는 플랜 B를 마련해두는 것이 매우 중요하다. 머피의 법칙은 여기에서도 힘을 발휘한다. 예컨대 중요한 약속이 있는 날일수록 베이비시터에게서 아프다는 연락이 올 공산이 크다.
당신의 아기가 '엄마들의 육아 블로그'에 올라오는 '희귀한' 아기일 수 있다고 전제하고 대비하라. 밤새도록 울어대고, 심한 배앓

이를 하고, 당신이 아끼는 티셔츠에 구토하는 아기, 예컨대 순둥이와는 거리가 먼 아기일 수 있다는 뜻이다. 사실 이렇게 손이 많이 가고 까다로운 것은 지극히 평범한 일이다(아기가 많이 자랐으니 최악의 시간을 넘겼다고 안도하는 순간, 사춘기가 문을 두드린다).

당신이 어떤 기대감을 갖고 있는지 자문해보라! 미디어에서 흔히 접하는 완벽한 어머니의 행복한 모습과 한밤중에 더없이 기쁜 얼굴로 벌떡 일어나 기저귀를 가는 아버지의 모습은 (솔직히 말하면) 현실과는 동떨어진 것이다. 자녀와의 (첫) 시간을 어떻게 느끼는지는 제각기 다르며, 이는 TV 광고에 등장하는 '거룩한 패밀리 월드'와는 거리가 멀다. 그러므로 자녀와 함께하는 삶은 어때야 하는지, 아버지나 어머니로서 어떤 행동을 해야 하는지에 관한 타인들의 생각과는 적절한 거리를 두라. 어떤 기대감이 외부로부터 당신에게 전달되는지, 당신 자신의 바람은 무엇인지를 명확히 인식하라.

현실적인 관점과 태도를 유지하라. 당신의 아기가 영재성을 드러내지 않더라도 아기한테는 물론 당신 스스로도 압박하지 말라. 아기와의 새로운 삶이 처음에는 낯설고 부담스러운 게 정상이다. 엄마 혹은 아빠가 되었는데도 날아갈 만큼 기쁘지 않은 것은 전혀 이상한 일이 아니다. 당신의 배우자에 관해서도 현실적인 관점과 태도를 지녀라. 아기는 배우자와의 관계를 변화시킬 것이다. 단,

결코 그 관계를 더 수월하게 만들어주지는 않는다. 자녀 출생 후 당신은 배우자로부터 자신이 이해받지 못하고, 방치되고, 불공정한 대우를 받는다는 기분이 들 수 있다.

젊은 엄마 아빠는 자녀 출생 후 스스로를 자신이 원하는 만큼 섹시하고, 감각적이고, 매력적이지 않다고 느낀다. 아기가 태어나고 나서 두 사람만의 시간이 갑자기 없어졌기 때문에 당신의 파트너는 자신이 방치되고 있다는 느낌이 들 수도 있다. 자녀 양육에 심한 부담감을 느끼고 서로에게 날카롭게 반응하면, 그제야 두 사람은 가사 분담과 가족에 대한 각자의 생각이 매우 상이하다는 사실을 자각할 수도 있다.

당신 자신과 배우자, 그리고 (아무 요청도 하지 않았는데) 온갖 조언과 행동, 수많은 아이디어와 비난, 막대한 기대감과 지시를 '제공하는' 주변 사람들을 너그럽게 대하려 애써보라.

다음과 같은 점을 유념하라. 인생의 모든 중대사는 매우 아름다울 수 있지만 기존의 일상을 뒤집어놓으며 대대적인 적응을 요구하는데, 우리는 이를 과소평가하는 경향이 있다. 설사 처음부터 모든 게 당신의 바람대로 굴러가지 않더라도, 열심히 노력하는 당신의 어깨를 스스로 도닥이며 칭찬해주라. 당신은 아직 배우는 중이며, 배움은 하나의 프로세스다. 경직된 생각을 많이 떨어낼수록 당신에게 주어진 새로운 상황에 더 자유롭게 대처할 수 있다.

학계의 연구 결과는 이와 관련해 흔히 평균적인 변화를 언급하지만, 개인 간에 차이가 있다는 것도 시사한다. 사람은 부모가 되는 것에 제각기 달리 반응한다. 그중 어떤 방식이 더 좋은지 혹은 더 나쁜지 규정할 수는 없으며, 그저 각자의 반응이 다를 뿐이다. 당신이 평균적인 범주에서 벗어난다고 하더라도 걱정할 필요 없다. 이 또한 지극히 정상이며, 당신이 독창적인 존재라는 증거다!

> 아슬아슬한 '패밀리 서커스'의 일원으로서 주의할 점

당신은 '완벽한' 어머니 혹은 '완벽한' 아버지가 되길 원하는가? 천사같이 다정한 부모, (한 번에 10주 동안 교미한다고 알려진) 대벌레같이 끈기 있는 부모, 풀잎처럼 평화로운 부모, 은퇴를 앞둔 상담사처럼 이해심 깊은 부모, 칸트처럼 이성적인 부모, 크리스털 볼처럼 투명한 부모가 되길 원하는가? 또는 날마다 순발력 있고, 건강하고, 재미있고, 요리까지 잘하는 부모가 되고 싶은가?
자신에게 이런 요구를 할 때, 당신의 바람과 현실 사이의 간극이 매우 크다는 걸 자주 느끼는가? 아이를 키우면서 '끔찍한' 생각과 기분이 들어 흠칫 놀랄 때가 있는가? 당신이 아이를 충분히 사랑해주지 못한다고 느끼는가? 아이가 밤새도록 악을 쓰며 울어댈 때면 아이를 벽에 내동댕이치고 싶은가? 드라이브를 시작하기도 전부터 아이가 심하게 칭얼거리면 아이를 영원히 주차장에 놔두고 싶다는 생각이 드는가? 몸과 마음이 완전히 지치거나, 아이를 낳은 것 자체를 후회할 때가 있는가? 어쩌면 이런 순간, 당신은 아이에게 분노 혹은 심각한 증오까지 느낄 수 있다.

아이들의 지위가 거의 '신화적인' 우리 사회에서 이런 생각과 감정은 많은 이들에게 터부이지만, 이는 지극히 '정상적인' 것이다. 이런 생각과 감정은 억누르려 하면 할수록 더욱 격해지기만 한다. 마치 물놀이용 공을 수면 아래로 억지로 가라앉히려 해도 자꾸만 위로 올라오는 것처럼, 혹은 빠져나오려 할수록 더 세게 옭아매는 덫처럼 말이다. 우리가 어떤 감정을 안간힘을 써서 떨쳐내려 하면 잦아들기는커녕 엄청난 에너지를 끌어 모으며 거대해진다. 그러므로 떨쳐내고 싶은 감정을 평가하는 대신 온전히 받아들이고 조심스럽게 감지하라. 불편한 생각과 감정을 비난하지 않고 인정하면 시간이 가면서 저절로 잦아들기도 한다.

당신은 '초인'이 아니며, 어머니 혹은 아버지 역할을 수행할 때도 초인일 필요는 없다. 자신을 끊임없이 압박하면 오랫동안 버텨내지 못한다. 이는 (자녀에게는 물론) 아무에게도 도움이 되지 않는다. 자녀로 인해 생긴 부정적 감정까지 온전히 받아들이려 노력해보라. 이와 관련해 다음과 같은 연습이 도움을 줄 것이다.

아무에게도 방해받지 않는 시간대에 조용한 장소를 찾아 긴장을 풀고 편안하게 있으라. 그리고 당신을 특별히 힘들게 했던 자녀와의 구체적인 상황을 떠올려보라. 그 상황 속 당신의 생각과 감정에 집중하라. 어떤 생각과 감정이 드는가? 당신이 그 생각과 감정을 '억누르지' 않으면, 무엇이 수면 위로 떠오르는가?

그 상황과 연관된 모든 감정에 모습을 드러내라고 요청하라. 모습을 드러낸 감정을 평가하거나 깎아내리지 말고, 그냥 직시하라. 그저 다음과 같이 확인하라. "이 감정도 여기에 있었구나. 재미있네. 또 어떤 감정이 있지?"

당신의 감정을 받아들이고 나니 불편한 마음이 드는가? 이 감정을 무시해버리고 싶은가? 당신이 원하는 어머니 혹은 아버지의 모습과 그 감정이 서로 부합하지 않는가? 이 불편한 마음은 당신의 정말로 '가려운 곳'이 어디인지를 알려주는 좋은 지표다.

편안하게 숨을 들이마시며 불편한 마음속으로 들어가 보라. 불편한 마음이 조금 변했는가? 너무 불편해서 이 연습을 끝내버리고 싶다는 조급함까지 드는가? 이 또한 충분히 존재할 자격이 있는 감정이다. 이 감정을 그냥 담담하게 인식하라.

지금 당신에게 치밀어 오르는 모든 불편한 감정을 수용하면 무슨 일이 일어날까? 이 불편한 감정을 향해 당신이 "네가 여기에 있구나. 너도 나의 일부야"라고 말한다면 어떨까? 이 불편한 감정을 수용할 수 있겠는가? 아니면 거기에 맞서 싸울 것인가? 이 감정이 당신을 두렵게 만드는가?

이 모든 감정에 계속해서 집중해보라. 상상 속 상황에서 부모인 당신 자신을 공감할 수 있는가? 당신이 자신의 부정적인 생각과 감정에 의해 얼마나 상처받고 있는지, 그럼에도 불구하고 당신이 부모로서 얼마나 최선을 다하고 있는지 알겠는가?

당신 심장이 밝은 빛을 발산하는 것을 상상해보라. 심장이 뛸 때마다 이 빛이 퍼져나간다. 그 빛은 당신의 흉곽 전체를 가득 채우고 당신의 몸 전체를 감싼다. 심장이 뛸 때마다 그 빛은 불편한 감정까지 보듬고 이렇게 말한다. "이 모든 게 나의 일부야." 그 밝은 빛은 당신이 사랑하는 이들을 감싸며 말한다. "이들도 나의 일부야." 그 밝은 빛은 당신 내면에 있는 모든 것을 보듬을 수 있고, 당신의 불편한 감정도 담아낼 수 있다. 전부 다 괜찮다. 불편한 감정을 그 빛에 넘겨주라. 당신은 최선을 다하는 사람이다.

이제 당신 자녀와의 상황을 다시 떠올려보라. 이 연습을 시작했을 때의 감정들이 여전히 느껴지는가? 그 감정들이 변했는가? 그 감정이 여전히 있다면, 그걸 받아들일 수 있겠는가?

그 감정과 당신 자신에게 고맙다고 표현하라.

몇 차례 숨을 깊게 들이마셔라. 그러고 나서 당신이 원하는 속도로 다섯까지 세고 나서, 눈을 뜨고 천천히 현실로 돌아오라.

8장

약일까 독일까

: 스트레스를 대하는 방식

바닥까지 내려갔던 경험이

내 인생을 새로이 쌓는

탄탄한 토대가 되어주었다.

조앤 K. 롤링

“인생은 신나는 소풍도 아니고, 환상적인 콘서트도 아니고, 즐겁기만 한 조랑말 농장도 아니다.” 티셔츠나 축하 카드, 머그잔에 재치 있는 그림과 함께 새겨져 있는 이 문구는 인생이 우리가 바라는 것보다 힘들다는 걸 상기시켜준다(엄밀히 말하자면, 우리 스스로가 어떤 삶을 원하는지 정확히 몰라서 인생이 한층 더 힘들어질 때도 많다). 그런데 이 ‘지혜로운 문구’를 알고 있으면, 스트레스가 끊임없이 이어지는 상황을 대비할 수 있는가? 전혀 그렇지 않다! “비가 내렸다 하면 억수처럼 쏟아진다!”라는 영국 속담은 설상가상을 잘 표현해준다. 살다 보면 스트레스 수치가 급격하게 증가할 때가 있다.

스트레스를 받을 때마다 담배를 피우는 흡연 중독자가 그 연기에 숨이 막혀 담배를 내려놓을 정도로 스트레스가 심할 경우도 있다. 우리가 (비록 매니지먼트 일을 하지는 않더라도) 어느 날 일명 ‘매니저 병’, 그 악명 높은 스트레스성 질병에 걸려 마치 나이든 록밴드의 컴백 무대를 돕는 매니저처럼 빽빽한 일상을 보내는 시기도 있다. 정말로 가혹한 것은 이렇게 심각한 스트레스에 대해 합당한 보상을 전혀 받지 못한다는 점이다. 즉, 매니저로서 보수도 받지 못하고, 수상 소감에서 이름도 언급되지 않고, 선물 바구니 한 번 받지 못한다.

"적어도 이보다 더 힘들어지지는 않겠지." 우리는 이렇게 스스로를 위로하려 애쓴다. 그러다 어느 날 갑자기 파트너와 헤어지거나, 꿈에도 생각지 않던 질병을 선고받는다. 최악의 경우 운명은 우리에게서 너무나도 소중한 사람을 빼앗아가고, 우리는 이로 인한 고통에서 결코 헤어날 수 없을 거라고 생각한다. 생존 문제에 매달리다 보면 소풍이나 환상적인 콘서트 혹은 조랑말 농장 따위는 생각할 겨를도 없다. 스스로 자문해보라. 스트레스, 질병 그리고 상실이 우리의 행복과 성격에 어떤 영향을 미칠까?

독이 될 수도 있는 스트레스

우리 사회처럼 성과 위주의 분주한 산업 국가에서는 스트레스가 건강을 위협하는 가장 큰 요소다. 스트레스는 우리의 신체뿐만 아니라 정신까지도 병들게 한다. 나는 드레스덴대학교의 동료들과 함께 독일의 평범한 시민 중 청소년과 청년 3천여 명을 임의로 추출해 추적·관찰하는 공동 연구를 진행했다. 모두 일상에서

스트레스에 자주 노출되거나 트라우마를 겪은 사람들이었다.[47-49]

연구 결과는 매우 놀랄 만했다. 스트레스에 과다하게 노출된 사람은 덜 노출된 사람에 비해 향후 10년 동안 정신 질환에 걸릴 확률이 훨씬 높았다. 여기에서 말하는 정신 질환에는 우울증, 불안 장애, 강박 장애를 비롯해 니코틴 의존과 알코올 남용, 혹은 마약 복용 등의 물질 중독과 기타 정신적 문제가 포함된다. 이런 정신 질환은 그들의 삶에서 수많은 부정적 결과를 초래했다.[50]

연구 결과 더 알아보기

> 임박한 위험!

위험이란 부정적 결과가 생길 우려가 있는 상태나 사건을 가리킨다. 그런데 부정적 결과는 불확실하고 예측할 수 없다. 예컨대 사랑하는 이가 아플 경우 우리는 그 사람이 (언제) 다시 건강해질지, 혹은 그의 죽음을 각오해야 하는지 알지 못한다. 이런 점에서 볼 때, 위험이 우리를 두렵게 만드는 것은 확실하다.

사랑하는 이와 사별할 경우에는 우려했던 최악의 시나리오로 흘러간 셈이다. 사별로 인해 불확실성은 제거되었지만, 최악의 사태가 현실화한 것이다. 우리는 사랑하는 이가 남긴 빈자리를 애도한다. 이런 점에서 볼 때 사별이 우울증을 유발하는 것은 당연하다.

2015년 드레스덴대학교의 동료들과 함께 진행한 연구에서 나는 다음과 같은 질문을 다루어보았다.[51] 위험이 내포된 사건은 우울

증에 걸릴 확률은 높이지 않지만, 불안 장애에 대한 확률을 높이는가? 그리고 사별의 경우에는 이와 반대로 불안 장애에 대한 확률은 높이지 않지만, 우울증에 걸릴 확률은 높이는가?

이 연구에서 우리는 3천 명 넘는 청소년과 청년의 데이터를 분석했는데, 이들은 연구 당시 만 14세 이상에서 만 24세 이하였으며, 10년에 걸쳐 네 차례의 설문 조사에 참여했다. 연구 시작 시점에 이들은 지난 5년간 특정한 형태의 상실을 경험한 적이 있는지, 예컨대 가까운 사람의 죽음, 이별 혹은 교육과정의 중단 등을 겪었는지에 관한 질문에 응답했다. 그리고 심각한 갈등, 중대한 경제적 위기, 학교와 직장에서의 문제 등 위험이 내포된 사건에 관한 질문에도 응답했다. 특이한 점은 네 차례의 설문 조사 모두 불안 장애와 우울증을 포함한 다양한 정신적 문제를 파악하기 위해 몇 시간에 걸쳐 인터뷰를 진행했다는 것이다.

그 결과는 다음과 같았다. 연구 시작 시점에 상실로 인한 괴로움을 많이 토로한 참가자들은 그 후 10년 동안 우울증에 걸린 비율이 상대적으로 더 높았다. 단, 이러한 현상은 불안 장애에는 해당하지 않았다. 반면 위험을 내포한 사건의 경우에는 우울증뿐만 아니라 불안 장애 발병률도 높이는 것으로 나타났다. 연구 결과를 종합하면, 상실은 무엇보다도 우울증을 유발하며, 위험은 불안 장애뿐만 아니라 우울증도 촉발한다는 것이다.

스트레스는 자신의 재능과 능력으로는 해결하기 힘들다고 느끼는 과업에 직면할 때 발생한다. 이 경우 사람들은 주어진 모든 상황을 (더 이상) 감당할 수 없다고 여기고, 얼마 가지 않아 무릎을 꿇고 만다. 이런 현상은 스트레스를 유발하는 상황이 계속 이어지고 숨 쉴 틈이 보이지 않을 때 특히 두드러지게 나타난다.

스트레스에는 다양한 측면이 있다. 기본 욕구가 충족되지 않고 밤잠을 제대로 자지 못하거나 저혈당 상태일 때, 우리는 스트레스에 더욱 취약해진다. 이 경우에는 아주 쉽게 자신의 한계를 느낀다. 물리적 관점에서 볼 때, 극심한 더위나 추위는 인체에 스트레스를 유발한다. 신체 기관이 잘 작동하기 위해서는 섭씨 37도 가량의 체온이 필요한데, 외부가 너무 덥거나 추우면 우리 몸은 이 체온을 유지하기 위해 엄청난 에너지를 소모하기 때문이다.

사회적 스트레스는 직장에서의 따돌림, 이웃 간 갈등, 친구와의 다툼, 연인과의 불화, 자녀에 대한 걱정 등으로 인해 발생한다. 집이 아늑하지 않고 비좁고 쓰레기로 가득 차 있거나, 이웃집에서 흘러나오는 시끄러운 테크노 음악으로 밤마다 잠을 설치면 스트레스를 받는다. 이 밖에 마땅히 거주할 곳이 없는 것도 큰 스트레스 요인으로 작용한다. 경제적 스트레스는 줄어드는 소득, 늘어나는 지출, 미납된 청구서 혹은 쌓여가는 빚더미 등 돈에 관한 걱정으로 인해 생겨난다. 직장에서는 (전형적으로) 빠듯한 시간 안에 과도한 업무를 처리해야 할 때, 자신의 능력으론 역부족인 업무를 해내야 할 때, 혹은 막무가내인 상사와 무능한 동료

또는 갑질하는 고객이 괴롭힐 때 스트레스를 받을 수 있다.

어떤 형태건 스트레스는 언제 어디서나 우리를 기다리고 있다. 한 가지 놀라운 사실은, 스트레스 자체는 우리에게 유용하다는 것이다. 인체를 향해 위험 신호를 보내는 것은 스트레스의 본래 임무다. 우리의 안전을 지키기 위해 동원할 수 있는 모든 힘을 모으는 것 말이다. 석기시대에는 이런 반응이 도움을 주었다. (선사시대에 인간에게 가장 위협적인 동물 중 하나인) 검치호랑이saber tiger가 톱니 모양의 이빨과 날카로운 발톱을 드러내면, 우리의 선조들은 목숨을 건지기 위해 힘껏 도망칠 수밖에 없었다. 그래서 스트레스에 직면하면 우리 몸은 '투쟁 도피 반응'을 보이는 것이다.

스트레스가 신체와 정신에 미치는 영향

오늘날 사람들은 야생동물한테 공격받을 위험보다는 거리에서 개똥을 밟고 미끄러질 위험이 더 크다. 하지만 스트레스가 우리 내면에 미치는 영향은 동일하다. 스트레스는 호르몬 변화를 통해 일련의 프로세스를 가동하며, 이 프로세스는 사람들이 자신의 무기를 들거나 최대한 빨리 달아날 수 있도록 최적의 준비를 시킨다. 예컨대 스트레스를 받으면 동공과 기관지가 확대되고, 뇌의 혈액 순환이 빨라지며, 혈액 응고 작용이 활성화하고, 혈압이 상승한다. 땀이 많이 나고 근육이 수축해 더 많은 에너지가 소비된다. 이와 동시에 우리의 몸은 생존과 직결되지 않는 모든 기능을 축소시킨다. 즉, 팔다리가 차가워지고, 소화 속도가 느려지고, 성욕이 감소한다(급박한 위험에 처한 사람이 안전한 곳으로 피하기 전에 혹은 피하는 동안 재빨리 성교하는 것은 아마도 액션 영화에서만 볼 수 있는 장면인 것 같다).

위험이 임박한 짧은 순간 동안 자신에게 닥친 과제를 감당하기 위해 작업 능률과 저항력이 상승하지만, 장기적으로 볼 때 '스트레스 프로그램'은 우리의 자원을 고갈시킨다. 스트레스 상황이 절정에 도달한 후 다시 잔잔해지지 않고 계속 이어지면, 우리는 이내 '소진'되어버린다. 만성 스트레스가 대중적 현상이 되어버린 사회에서 이는 치명적 결과로 이어질 수 있다.

석기시대에는 검치호랑이가 아주 간혹 나타났지만, 지금은 과도한 자극과 과도한 업무가 일상화했다. 단순히 신체적 관점에서 볼 때, 우리는 지속적인 스트레스가 질병을 유발한다는 사실을 알고 있다. 가령 단식이나 한랭 요법cold therapy은 인체에 스트레스로 작용하며, 단기적으로는 긍정적인 효과를 거둘 수 있다. 하지만 이런 요법을 장기적으로 실행하면 우리는 굶어 죽거나 얼어 죽고 말 것이다.

그런데 우리가 곧잘 외면하는 것이 하나 있다. 바로 지속적인 스트레스는 정신적 측면에서도 해롭다는 것이다. 그 이유는 명백하다. 지속적으로 긴장 상태에 있으면, 우리는 스트레스를 줄일 수도 없고 편안하게 쉴 수도 없다. 이는 우리의 면역 체계를 약화시키고, 감염 방어 체계 또한 취약하게 만든다.

이 밖에 스트레스가 계속 이어질 때, 우리는 평소보다 덜 건강한 행동을 한다. 몸을 덜 움직이고, 정크 푸드를 먹고, 담배를 더 자주 피우고, 술을 더 많이 마시고, 혹은 손쉽게 기분을 전환하기 위해 마약에 의존하기도 한다. 물론 장기적으로 볼 때 이런 행위는 본인의 의도와 다른 결과를 초래한다.

우리가 어떤 기계의 배터리를 절약 모드로 제때 전환하지 않거나 새로 충전하지 않으면, 모든 배터리는 언젠가는 방전되게 마련이다. 방전된 배터리는 새로운 제품으로 쉽게 교체할 수 있지만, 우리의 몸과 정신의 경우는 이처럼 간단하지가 않다. 만성 스트레스는 지극히 다양한 건강 문제를 유발한다. 두통과 편두통, 경련, 목과 어깨·등의 통증, 소화 불량, 수면 장애, 바이러스 감염, 과체중, 당뇨 등의 대사 장애, 그리고 최종적으로 심근경색이 발생해 '영원한 휴식의 티켓'을 얻기도 한다.

스트레스를 가장 자주 유발하는 정신적 문제로는 악명 높은 번아웃, 우울증, 불안 장애, 그리고 니코틴 의존과 알코올 남용 혹은 마약 복용 등의 물질 중독을 꼽을 수 있다. 이처럼 신체와 정신은 흔히 동전의 양면과도 같은데, 이에 관해서는 다음 장에서 살펴보려 한다.

> EASY 이완 훈련: 일상의 스트레스 차분하게 극복하기

직장에서 우리에게 주어진 힘겨운 과제에 침착하게 대응하고, 엉망진창인 일상에도 불구하고 평안함을 유지하는 방법은 무엇일까? 일종의 '예방적 연구'에서 나는 EASY 이완 훈련을 통해 스트레스로 인한 문제를 줄이고 (예컨대 '자기 효능감에 대한 기대' 등의) '바람직한' 성격 특성을 강화할 수 있는지 분석해보았다.[52·53] 이 연구를 위해 스트레스와 불안 혹은 우울 증상으로 심하게 고생한 경험이 있는 277명의 피실험자를 무작위로 비교 집단과 훈련 집단으로 나눈 다음, 이 중 훈련 집단을 대상으로 10주 동안 EASY 이완 훈련을 진행했다.

이 훈련에서 참가자들은 처음에는 '점진적 근육 이완법'을 배웠는데, 이는 편안하게 앉아 있거나 누운 상태로 모든 근육을 서서히 긴장시킨 후 몸이 '깊은 이완 상태'에 도달할 때까지 근육을 다시 이완하는 요법이다. 이완 훈련을 진행하면서 우리는 이 요법의 과정을 단계적으로 단축시키고, 적용 범위를 점차 일상으로 옮겨갔다. 참가자들은 초반의 '긴장 단계'를 거치지 않고 서 있거나 걸으면서 각자의 호흡 리듬에 따라 각 신체 부위를 움직이면서 빠르게 근육을 이완하는 훈련을 했다.

최종적으로, 참가자들은 평상시뿐만 아니라 스트레스 상황에서도 이완 요법 실행 방식을 익혔다. 이들은 각자 집에서 이 요법을 꾸준히 연습함으로써 훈련이 끝날 무렵에는 일상에서 긴장의 조짐이 보이자마자 20~30초 안에 신속하게 의도적으로 자신의 몸을 이완시킬 수 있게 되었다.

우리는 훈련 집단과 비교 집단의 건강 상태 변화를 비교하기 위해, 연구 차원의 개입 직전과 그로부터 1년 후 시점에 다양한 설문과 측정을 추가로 진행했다. 참가자들은 '진단 차원의 인터뷰'에 여러 차례 응했다. 일상생활을 하면서 스마트폰을 통해 자신의 건강 상태에 관한 질문에 답하고, 스트레스 호르몬인 코르티솔의 분비 분석에 필요한 머리카락과 타액 샘플도 제공해주었다.

연구 결과를 살펴보면, EASY 이완 훈련은 우울 증상, 불안 증상, 스트레스, 분노, 신체적 통증, 스트레스성 수면 장애를 현저하게 줄여준 '특효약'이었다. 또한 연구진의 개입 후 1년이 지난 시점에 훈련 집단은 비교 집단에 비해 '잠재의식에서 기인한 정신 질환'의 발생률이 현저하게 낮았다.

정신적 건강뿐만 아니라 성격도 긍정적인 방향으로 변화했다. 즉, (비교 집단에 속하지 않은) 참가자들은 이완 훈련을 받은 후 일상에서 스트레스를 받을 때마다 기존의 좋지 않은 극복 전략 대신 유용한 극복 전략(예컨대 자신이 처한 상황에서 도피하지 않고, 스스로를 긍정적인 방향으로 지원해주고 긴장을 이완하는 전략)을 더 자주 사용했다. 그 결과 이들의 '자기 효능감에 대한 기대' 또한 상승했다.

한마디로 요약하면, 전략적인 이완 훈련은 장기적으로 긍정적 성과를 가져다준다! EASY 이완 훈련에 관한 자세한 정보는 www.evaasselmann.com에서 살펴볼 수 있다.

진짜 중요한 것은 건강

누구나 한 번쯤은 화가 치밀어오르고 위장에 문제가 생긴 경험이 있을 것이다. 화나는 일이 반복되면 때때로 속이 쓰린 증세가 나타난다. 혹은 뭔가에 관해 지나치게 골몰히 생각하면 실제로 두통이 생기기도 한다. 이처럼 우리의 몸과 정신은 복잡하게 서로 얽혀 있다. 이는 내가 드레스덴대학교의 동료들과 함께 독일 내 개인 병원과 기타 요양 시설 환자 8만 4천여 명을 대상으로 실시한 연구에서도 분명하게 드러났다.[54] 해당 연구 결과에 따르면, 심혈관 질환, 고혈압, 호르몬 질환, 당뇨, 위장 질환 및 신경 질환을 앓는 사람들의 경우, 이러한 질환이 없는 사람들에 비해 우울증 발병률이 상대적으로 높게 나타났다.

한편, 정신적 문제가 있으면 신체적 문제가 발생할 위험이 커진다. 스트레스, 불안, 우울감과 중독 문제는 뇌에만 영향을 끼치는 게 아니라 몸 전체에 영향을 준다. 예컨대 우울증의 경우에는

(세로토닌과 노르에피네프린 등) 신경전달물질 체계와 면역 기능, 염증 수치를 변화시키며, 이는 통증, 감염 및 염증 질환의 악화 요인으로 작용할 수 있다.

다른 한편, 신체적 문제는 정신적 문제의 발생 위험도를 높이는데, 이는 신체적 문제로 인해 일상이 제약을 받기 때문이다. 난치성 통증, 급성 감염, 만성질환, 혹은 불치성 질환은 우리의 마음을 강타하고, 신체뿐만 아니라 정신에도 상처를 낸다. 건강에 중대한 문제가 생기면 삶 전체가 그 문제를 중심으로 돌아갈 수밖에 없다. 그러면 스트레스를 감당하지 못해 업무 능력이 떨어지고, 심지어 근로 능력 자체를 완전히 상실하기까지 한다. 종전까지 간단하게 처리해온 일들, 예컨대 매주 장보기, 집 안 청소, 날마다 세수하고 샤워하기 등이 하루아침에 힘겨운 걸림돌이 된다. 이 밖에도 기존의 여가 활동에 제약을 받을 수밖에 없기 때문에 신체적·사회적 활동이 불가피하게 중단된다.

그런데 이러한 신체적·사회적 활동은 스트레스를 줄이고, 좌절을 극복하고, 기분을 전환하는 데 필수적인 요소다. 가장 필요한 시점에 이런 활동이 사라져버리면, 이는 정말로 치명적이다.

이런 상황에 부닥친 사람은 이 외에도 여러 문제에 직면한다. 예컨대 일상생활에서 타인의 손길에 의존할 수밖에 없고, (더 좋은) 의료 시설을 찾아야 하고, 일을 하지 못해 경제적 손실이 있는 상태에서 추가적인 치료를 위해 막대한 비용을 지출해야 한다. 그중에서도 가장 힘든 일은 보험료 지급을 둘러싸고 의료보험 기관과 힘겨운 씨름을 벌이는 것이다.

이와 같은 상황에 처한 사람은 이런 모든 요인으로 인해 자신의 삶을 스스로 결정할 수 있다는 자신감과 자신의 운명을 스스로 통제할 수 있다는 확신이 줄어든다. 사람들에게는 이런 상황에 부닥친 자신을 어렵사리 지탱하게 해주는 '형이상학적 수단'이 있다. 이를테면 신이 자신에게 이런 '시험'을 하는 데에는 분명 이유가 있다고, 지금까지 쌓아온 나쁜 업보를 이런 고난을 통해 줄일 수 있을 거라고, 지금은 이렇게 힘들지만 다음 생에서는 더 잘살 수 있을 거라고 믿는다. 만일 이 같은 믿음이라도 없다면 견디기가 너무 힘들 것이다.

애도를 넘은 극복

위기가 닥쳤을 때, 종교가 있거나 영적인 세계를 믿는 사람은 형이상학적 버팀목이 없는 사람보다 실제로 덜 힘들어한다. 즉, 사랑하는 이와 예기치 않게 사별하고 그 애도 기간을 잘 넘기기 위해서는 이른바 '외적 통제 위치'가 강한 것이 도움을 준다고 해석할 수도 있다. 단, '일반적인 상황'에서는 통제 위치가 외부에 있는 것이 행복에 방해가 되는 것으로 나타났다.

다시 말해, 외부의 강력한 힘 혹은 우연을 믿는 사람은 자신의 운명을 스스로 개척한다고 믿는 사람보다 일반적으로 삶에 대한 만족도가 낮게 나타났다. 하지만 예기치 않게 사랑하는 이를 잃었을 때는 형세가 바뀐다. 이러한 결과는 나의 동료 율레 슈페히트가 SOEP 데이터를 분석한 연구에 잘 나타나 있다.[55]

해당 연구에 따르면, 외적 통제 위치가 강한 사람의 경우 그렇지 않은 사람에 비해 파트너의 죽음 전후로 삶에 대한 만족도가 덜 심각하게 손상되었다. 절박한 애도 기간 동안에는 '형이상학적 믿음'을 가진 게 유리하다고 입증된 것이다. 그러나 장기적으로 볼 때는 외적 통제 위치가 약한 사람이 좀 더 유리했다. 즉, 파트너의 죽음으로부터 2년이 지난 시점에서는 외적 통제 위치가 약한 사람이 그렇지 않은 사람보다 삶에 대한 만족도가 더 높았다. 이러한 만족도의 격차는 향후 몇 년간 계속 커졌다.

사랑하는 이와의 사별은 인생에서 겪을 수 있는 가장 힘든 일이다. 학계의 연구 결과에 따르면, 사랑하는 이와의 사별은 우울증과 불안 장애 등의 정신 질환 위험도를 높이며, 예기치 않은 애도 기간에는 삶에 대한 만족도가 급격하게 떨어진다.[43]

그렇다면 우리가 가까운 가족의 죽음을 직면했을 때, 삶의 만족도는 어떻게 변할까? 만족도가 심각하게 훼손되어 사랑하는 이가 죽고 여러 해가 지나도록 여전히 행복감이 저하된 상태일까? 혹은 오랜 시간이 지나고 나면 아무 걱정이 없던 예전의 수준으로 행복감이 다시 회복할까?

이에 관해서도 나는 SOEP 데이터를 분석해보았다.[56] 파트너 혹은 자녀와 사별한 사람은 삶의 만족도가 급속도로 떨어졌다.

사별 첫해에는 슬픔이 급격하게 증가했고, 행복감은 현저하게 감소했다. 언뜻 보면 이는 별로 놀라울 게 없다. 하지만 흥미로운 점은 당사자의 삶의 만족도가 사별 후에야 비로소 저하되는 게 아니라, 사별 전 5년 동안 이미 눈에 띄게 악화한다는 것이다.

이를 어떻게 설명할 수 있을까? 죽음이 (갑작스러운 사고나 자연 재해처럼) 전혀 예기치 않게 문을 두드리는 일은 극히 드물다. 대부분의 죽음은 미리 한 장의 엽서를 보내 '얼마 후' 자신이 모습을 드러낼 거라고 예고한다. 빠른 시일 내에 회복하길 기대했던 질병이 만성적인 장애가 되면 걱정과 불안이 늘어간다. 막연했던 우려가 불가피한 일로 확정되고, 우리는 무력감에 빠져 허우적댄다(어느 누가 병이 생기자마자 최악의 경우를 예측하겠는가?). 희망과 절망 사이에서 온탕과 냉탕을 오가고, 현실에 대한 외면과 공포, 죄책감과 분노가 점점 커진다. 여기서 그치지 않고 입원, 간병과 행정 업무 등의 장애물이 죽음에 이를 때까지 감당하기 힘들 정도로 불어난다.

이 모든 것은 죽음과 더불어 해결된다. 희망과 함께 불확실성이라는 짐도 사라진다. 우리의 연구 결과, 사랑하는 이와 사별한 사람은 몇 년 동안 놀라울 정도로 잘 적응했다. 파트너 혹은 자녀를 떠나보내고 5년이 지난 시점에서 삶에 대한 만족도, 슬픔과 행복감을 느끼는 빈도는 사별 전 5년의 시점과 거의 비슷했다. 이런 놀라운 적응력은 '세트 포인트 이론'을 확인시켜준다. 사람에게는 저마다 삶의 행복감에 대한 '평균값'이 있어 힘든 일을 전후로 단기적으로는 이 값이 평균 이하로 떨어질 수 있지만, 시간이 지나면 다시 자신의 평균값으로 되돌아온다는 것이다.

요약하면, 대부분은 극도로 힘든 일을 겪더라도 오랜 시간이 지나면 이를 놀라울 정도로 잘 극복해낸다. 물론 이러한 연구 결과는 평균적인 변화에 관한 것이며, 모든에게 적용되지는 않는다. 자신에게 닥친 불행에 대응하는 방식이 사람마다 매우 다르기 때문이다. ➡ 9장

죽음과 결별로 인한 상실

연인과의 관계에서 사람들은 결속, 포근함 그리고 안정감을 구한다. 내 편인 사람이 곁에 있다는 것은 여러모로 힘이 된다. 정신적으로, 정서적으로, 말과 행동으로, 그리고 이상적인 경우에는 경제적으로도 힘이 된다. 힘든 일이 있을 때면 '나보다 나은 나의 반쪽'이 추락하는 나를 받쳐준다. 어떤 일이 일어나도 둘이 함께 버텨낼 수 있을 것이다(적어도 이론상으로는 이러하다. 실제로는 완전히 다를 수 있겠지만…).

사랑하는 이와의 파트너 관계는 자신의 삶을 잘 통제하고 있다는 안정감과 확신을 준다. 사람들은 사랑하는 이의 곁에서 둘이 함께하는 미래를 그려본다. 이 미래는 우리 삶의 계획에 기틀을 마련해준다. 그리고 파트너와의 관계가 깨질 때 우리가 그려

본 미래도 사라진다. 그러면 무슨 일이 일어날까? 우리 삶의 만족도뿐만 아니라 성격에도 변화가 생길까? 앞에서 언급한 것처럼 '통제 위치'가 어디에 있는지에 따라 사랑하는 이와의 사별에 대처하는 모습이 달라진다. 그렇다면 사별이라는 큰일을 겪으면서 삶의 통제권에 대한 개개인의 견해에도 변화가 생길까?

우리는 또 다른 연구를 통해 사랑하는 이와의 결별, 이혼 혹은 파트너의 죽음 전후 5년 동안 개개인의 통제 위치 변화 양상을 살펴보았다.[57] 그 결과 사랑하는 이와 결별한 사람은 처음 1년 동안 '외적 통제 위치'가 예전에 비해 강해졌다. 단, 결별 후 여러 해에 걸쳐 이런 현상이 지속된 것은 아니다. 결별 후 처음 1년 동안에만 이런 현상이 나타났다. 사랑하는 이와 갓 결별한 사람의 경우, 자신의 삶이 운명이나 다른 외부적 요소에 의해 결정된다고 믿는 경향이 결별 전이나 후의 다른 시점보다 더 커졌다.

이는 충분히 의미 있는 현상이다. 이처럼 사랑하는 이와 헤어지고 나면 사람들은 흔히 자신이 무기력하게 방치되고 있다고 느낀다. 이런 상황에서 형이상학적 믿음을 갖고 있으면 예기치 않은 결별로 인한 충격을 극복하는 데 도움이 된다. 즉, 외적 통제 위치가 단기간에 강화되는 현상은 결별이라는 새로운 상황에 적응하는 데 유용하다.

우리의 연구가 밝혀낸 또 다른 흥미로운 현상이 있다. 결별 후 5년이 지나는 동안 '내적 통제 위치'가 조금씩 강해진다는 것이다. '결별' 당사자는 시간이 갈수록 다시 스스로의 삶을 통제할 수 있고, 자신의 운명을 스스로 개척할 수 있다고 믿었다. 이는 언뜻 보면 이상하게 생각될 수 있지만, 충분히 납득할 만하다.

남녀 관계는 대부분 결별하기 훨씬 전부터 삐걱거리기 시작한다. 최종적으로 결별하기 훨씬 전부터 두 사람 사이에는 불만이 점점 커져가고, 서로 상대방에게 이해받지 못한다고 느끼고, 갈등이 누적되고, '오래된 틀' 속에 갇힌다. 사랑하는 이와 결별하고 나면 흔히 깊은 나락으로 떨어지지만, 이는 오래가지 않는다.

사람들은 놀라울 정도로 빨리 벌떡 일어나 옷에 묻은 먼지를 떨어내고 옷매무새를 가다듬고는 가던 길을 계속 간다. 마음이 떠나버린 파트너를 향해 고함을 지르는 대신 자기 자신을 돌본다. 그동안 소원했던 친구들을 다시 만나고, 새로운 관심 분야를 발견한다. 혹은 새로운 이성을 만남으로써 과거의 깨어진 관계 속에서 갈급해했던 관심을 받으며 데이트를 하기도 한다. 어쩌면 헤어진 파트너보다 자신과 더 잘 맞는 상대를 만날 수도 있다. 혹은 '홀로 살기'의 장점을 맛보며 '자발적인 솔로'가 되기도 한다. 그리고 결별 후 몇 년이 지나면 다시금 자신의 삶을 스스로 결정한다는 기분을 느끼며 진정한 희열을 만끽하기도 한다.

파트너와 사별한 사람의 경우도 이와 비슷했다. 사별 후 첫 1년 동안 자신의 삶은 스스로 결정한다는 믿음이 사별 전 몇 년 동안에 비해 더 커졌다. 그리고 이러한 믿음은 사별 후 몇 년에 걸쳐 점점 더 커졌다. 놀랍지 않은가? 이에 대한 이유는 다음과 같이 설명할 수 있다. (직장일, 살림, 그리고/혹은 자녀 양육과 더불어) 하루 종일 중환자를 돌보는 사람은 무엇보다도 자기 자신을 가장 후순위로 제쳐둘 수밖에 없다. 이들은 돌보던 사람이 죽은 후에야 비로소 자신의 욕구와 목표를 돌아볼 여지가 생기고, 이제 자신의 삶을 스스로 결정하고 통제한다는 믿음이 점점 커진다. 단, 이 같은 설명은 노쇠 혹은 서서히 악화하는 질병으로 인해 죽음이 예견되는 때에만 타당성을 지닌다. 삶의 동반자와 예기치 않게 사별한 사람이 겪는 심리적 여파는 이와 다를 수 있다. 물론 이런 유형의 사인死因은 지극히 드물게 나타난다.

파트너의 죽음으로 인한 빅 파이브 성격 특성의 변화에 관한 우리의 연구 결과 또한 이와 유사했다.[58] 파트너와 사별 직후 그 유족의 개방성과 외향성이 평소보다 낮아졌는데, 이는 유족에게 애도를 위한 조용한 시간이 필요했기 때문일 거라고 추측된다. 하지만 사별 후 몇 년이 지나는 동안 이들의 정서적 안정성은 점점 더 견고해졌다. 이러한 현상은 남성에 비해 사별을 극복하기 위해 적극적인 전략을 실행하는 여성에게서 특히 두드러지게 나타났다. ➡ 6장

요약하면, 사별과 결별을 겪는다고 해서 자신의 삶을 스스로 통제하고 있다는 믿음과 정서적 안정성이 반드시 떨어지는 것은 아니다. 오히려 이와 반대 현상이 나타난다! 사랑하는 사람을 잃고 나면 종종 우리는 이제 태풍이 불어와도 끄떡없을 것 같다고 생각하며, 한층 더 성장한다.

특히 위기 때에 우리는 평범한 일상생활이 힘에 부친다는 느낌을 받는다. 이런 상황에서 압박감을 덜어주고 추진력을 실어주는 몇 가지 간단한 전략을 소개하고자 한다.

스트레스를 결코 (완전히) 차단할 수는 없지만, 올바른 도구를 손에 쥐고 있으면 거기에 좀 더 잘 대처할 수 있다. '도구 전략'을 활용하면 스트레스 유발 요인을 줄여 문제의 원천을 차단할 수 있다. 할 일 목록To-Do-List과 '캘린더 앱'은 당신의 일상을 좀 더 효율적으로 관리할 수 있도록 도와준다. 산처럼 쌓여 있는 쪽지 더미를 뒤지며 무언가를 찾다가 "앗, 내일이 (학교, 학원 혹은 직장에서의 중요한) 행사가 있는 날이었구나"라는 말을 하지 않기 위해서는, 늦지 않게 일정을 체크하고, 그 일정을 무리 없이 소화할 수 있도록 시간을 여유 있게 조정하고, 우선순위를 설정하고, 가끔은 마음 편히 '안 돼'라고 거절하거나 할 일을 다른 사람에게 위임함으로써 의식적으로 '선 긋기'를 해야 한다.

'정신 전략'을 활용하면 (특히 위기 때에) 삶을 지나치게 힘들게 만드는 개인적 '스트레스 증폭기'를 완화할 수 있다. '나는 루저야!' '나는 완벽해야 해!' '나는 실수하면 안 돼!' 등의 신조는 별다른 도움이 되지 않는다. 타인을 향한 과도한 요구와 혼자서 모든 걸 해낼 수 있다는 믿음 또한 마찬가지다. 그러므로 당신의 기대 수준을 체크해보고, 파괴적인 사고방식을 새롭고 유용한 사고방식으로 대체하려고 노력하라. 현실감과 평정심 외에 넉넉한 유머 또한 스트레스를 줄이는 데 놀라운 효과를 발휘한다!

'재생 전략'은 긴장을 완화하고 마음을 편하게 만들어준다. 일을 하다가 규칙적으로 휴식을 취하고, 오후에 간단한 운동을 하고, 신선한 공기를 마시며 산책하고, 좋아하는 취미 활동을 함으로써 마음속으로 (그리고 실제로) '팔다리'를 쭉 펴고 에너지를 재충전할 수 있다. 이와 관련해서는 집중 및 이완 훈련을 하는 것도 강력하게 추천하고 싶다.

잊지 말라. 위기 때에 지칠 대로 지쳐 세상에 혼자 내던져진 것처럼 외롭더라도, 분명히 당신을 도와줄 손길이 있다. 필요한 경우에는 심리 상담, 심리 치료 혹은 애도 상담grief counseling 등 전문적인 지원을 받으라. 이런 경우 진료실은 당신에게 필요한 프로그램을 권해줄 수 있는 1차 기관이다. 망설이지 말고 제때 진료실 문을 두드려라. 이렇게 전문가의 도움을 요청하는 것은 당신이 허약한 사람이라서가 아니라, 스스로를 잘 돌보는 유능한 사람이기 때문이다. 외부의 도움이 정말로 필요한지 확신이 들지 않고 애매한 경우에도 부족한 것보다는 '과한' 편이 낫고, 너무 늦은 것보다는 '이른' 편이 낫다.

> 보디 스캔 요법 Body-Scan-Methode으로 이완하기

스트레스는 네 가지 차원, 즉 신체·정신·감정 그리고 행동에 나타난다. 스트레스를 받으면 심장이 빠르게 뛰고 금방이라도 주저앉을 것처럼 무릎이 덜덜 떨린다. 머릿속으로는 '나 좀 도와줘. 난 이걸 감당할 수 없어!'라는 생각이 들고, 매우 비이성적인 행동을 한다. 심호흡을 하며 진정하기는커녕 동료에게 전화를 걸어 큰 소리를 침으로써 잠재적인 '폭발물'을 또 하나 늘여간다. 이런 식으로 시간이 갈수록 스트레스와 불안은 점점 더 커지고, 무력감과 분노를 느낀다. 보통은 여러 가지 스트레스 증세가 서로 맞물려 있기 때문에 상황이 극에 달할 때까지 각각의 증세가 서로의 상태를 악화시킨다.

'이완 훈련'은 이런 악순환의 고리를 차단하고, 질주하는 자동차 같던 '기어'를 한 단계 낮출 수 있다. 심장의 과도한 박동이 잦아들고, 떨리던 몸이 진정되고, 마음이 차분해지는 게 느껴진다. 어쩌면 '모든 걸 다시 한번 찬찬히 살펴봐야겠어. 내가 해낼 수 있을 거야!'라는 생각이 들고, 동료한테 호통 치는 대신 도움을 요청할 수도 있다. 이완 훈련을 실행하면 신체적 스트레스가 줄어들고, 더 명료하고 이성적으로 생각함으로써 전반적인 상황이 좋아진다. 한마디로 우리의 상태가 더 자연스러워지고, 감정적으로도 더 안정된다.

그리고 이완 훈련은 자신의 몸을 더 의식적으로 관찰할 수 있도록 돕고, 자신의 몸에 대한 감각을 더 민감하게 만들어준다. 이를 통해 우리는 자신을 향해 몰려오는 스트레스를 제때 인식하고, '비상 브레이크'를 당길 수 있다.

다음에 소개할 연습을 실행하기 위해서는 서두르지 말고 당신이 원하는 만큼 충분한 시간을 확보하라. 먼저 집 안에서 조용하고 편안한 곳을 찾아라. 이 시간 동안에는 어떤 사람이나 어떤 통신 매체에도 방해받지 않는 환경을 조성하라. (서 있는 자세는 연습에 적당하지 않으니) 편안한 대로 눕거나 앉은 상태로 신발을 벗는다. 그리고 단단히 여민 옷을 헐겁게 풀고, 필요하다면 부드러운 이불을 덮는다. (숨소리나 배 속에서 나는 꼬르륵 소리를 비롯해) 주변의 모든 소음을 차단할 수는 없을 것이다. 그러니 소음이 들리더라도 신경 쓰지 말고, 당신의 몸에만 집중하려 노력하라.

이 연습을 시작하면 당일의 컨디션이 얼마나 중요한 역할을 하는지 알게 될 것이다. 마치 난롯불 앞에서 낮잠을 즐기는 프렌치불도그처럼 너무나도 쉽게 이완되는 날이 있고, 아무리 애를 써도 마치 딱딱한 나무로 만든 활처럼 온 맘이 잔뜩 긴장되는 날도 있다. 그러므로 처음엔 이완 연습이 생각만큼 잘 안 되더라도 자책하지 말라. 모든 시작은 힘들기 마련이다. 꾸준히만 한다면 연습을 거듭할수록 이완하기가 점점 더 쉬워질 것이다. 그러면 일상의 스트레스 상황에서도 이 연습법을 적용해 빠른 시간 내에 진정할 수 있다. 간단한 팁을 덧붙이자면, 주의를 집중하기 위한 다음의 지시문을 녹음해 눈을 감고 들으며 따라해보라.

눈을 감고 호흡하세요. 처음에는 일단 호흡에만 집중하세요. 호흡이 잘되면 더 깊게, 더 천천히 시도해보세요. 어떤 느낌이 드나요? 당신의 콧속으로 들어온 공기가 얼마나 신선한지 느껴지나요? 숨을 내쉴 때 당신의 숨이 윗입술 위쪽에 닿는 게 느껴지나요? 숨을 내쉴 때마다 조금씩 점점 더 이완되는 게 느껴지나요?
이제 양쪽 발 안쪽으로 숨을 들이마시세요. 숨을 쉴 때마다 양쪽 발에 주의를 기울이라는 뜻이에요. 어떤 느낌이 드나요? 발가락 하나하나가 느껴지나요? 시간을 충분히 두고 발가락 하나하나 아주 편안하게 힘을 빼세요.
이제 복숭아뼈를 지나 위쪽으로, 정강이뼈와 장딴지를 따라 아주 서서히 당신의 주의를 옮겨보세요. 몸 안쪽에서 밝은 빛이 옮겨간다고 생각하면 돼요. 당신의 무릎 상태는 어떤가요? 무릎이 가볍게 느껴지나요? 무릎에서 압력이나 통증이 느껴지나요? 편안하게 무릎의 힘을 빼보세요.
이제 서서히 허벅지 위쪽으로 주의를 옮겨보세요. 허벅지 어디에 경직된 부분이 있는지 느껴보세요. 그러고 나서 밝은 빛과 당신의 주의를 아주 차분하게 골반과 엉덩이 쪽으로 흘려보내세요. 어떤 느낌이 드나요? 온기가 느껴지나요? 아니면 신선한 느낌이 드나요? 숨을 내쉴 때마다 점점 더 이완되어가는 것을 즐겨보세요.
당신의 배는 어떤 상태인가요? 아래쪽 등이 느껴지나요? 등이 편안하게 이완되어 있나요? 아니면 긴장하고 있나요?
이번에는 어깨 차례예요. 어깨 안쪽에서 여전히 긴장감이 느껴지나요? 아니면 어깨가 편안하게 이완되어 있나요? 숨을 내쉴 때마다 어깨를 더 편안하게 이완시켜보세요.
밝은 빛과 당신의 주의를 양팔 안쪽으로 옮기세요. 서서히, 아주 서서히 어깨 아래를 지나 팔꿈치 쪽으로 내려가세요. 팔꿈치가 어떻게 느껴지나요? 팔꿈치 아래를 지나 손목 쪽으로 당신의 주의를 옮기세요. 손목이 느껴지나요? 오른쪽 손목과 왼쪽 손목이 다르게 느껴지나요? 이제 손등과 손바닥을 지나 손가락 안쪽으로 숨을 들이마시세요. 어떤 느낌이 드나요? 아주 편안하게 손가락의 힘을 빼세요.
다시 양쪽 팔과 어깨를 지나 목까지 옮겨가세요. 목 부분이 어떻게 느껴지나요? 목 쪽에 주의를 기울이면 그 부위 감각이 변하나요?
밝은 빛을 서서히 머리 뒷부분에서 두개골 쪽으로 흘려보내세요. 이로 인해 뭔가가 변하는 게 느껴지나요? 만일 느껴진다면, 어떤 변화인가요? 당신이 얼마나 이완되어 있는지 느껴지나요?

당신의 주의가 정수리에 이르렀으면, 서서히 얼굴 앞쪽으로 옮기세요. 이마는 어떻게 느껴지나요? 이완되어 있나요? 주름이 파여 있나요? 이마 안으로 숨을 들이마시면 이마가 변하나요?
양쪽 귀는 어떻게 느껴지나요? 왼쪽 귀와 오른쪽 귀가 다르게 느껴지나요?
양쪽 눈에 주의를 기울이고 그 안쪽이 어떤지 느껴보세요. 그리고 코를 느껴보세요. 숨을 쉬면 코에 어떤 변화가 있나요? 다소 이상하게 들릴 수 있겠지만, 코를 편안하게 이완시킬 수 있나요?
당신의 주의를 서서히 입 쪽으로 옮겨보세요. 입꼬리는 어디에 있나요? 입꼬리가 느껴지나요? 입술은 닫혀 있나요, 열려 있나요? 입 주변에 아직 긴장된 근육이 있나요?
턱 안쪽을 느껴보세요. 턱이 닫혀 있나요, 편안하게 이완되어 아래쪽에 '걸려' 있나요? 목은 어떤가요? 목 안에 무언가가 있는 게 느껴지나요?
몸 전체가 완전히 이완된 것을 즐기세요.
몇 차례 심호흡을 하고, 당신에게 편안한 속도로 다섯까지 센 다음, 눈을 뜨고 천천히 현실로 돌아오세요.

9장

위기를 겪고 나면 강해지는가

: 회복 탄력성 키우는 방법

가장 커다란 명예는

한 번도 넘어지지 않는 것이 아니라

넘어질 때마다 다시 일어나는 것이다.

(삶의 지혜)

직장 상사는 질책을 하고, 집주인은 자신이 직접 들어와 살겠다며 집을 비워달라고 하고, 하필이면 이 시점에 자동차 시동이 걸리지 않는 등 온통 절망적인 일뿐일 때가 있다! 인생은 너무나도 불공평해서 항상 나에게만 가혹한 일이, 그것도 한꺼번에 몰려온다! 이런 일들이 나를 상당히 오랫동안 힘들게 만든다. 이런 상황에서 이혼한 남편 때문에 파산 지경에 이른 직장 동료 이야기를 접하고, 살던 집에서 쫓겨나자마자 회사에서 해고당한 친구 이야기를 듣는다. 그런데 그 두 사람은 '하찮은 일'로 힘들어하는 나보다 훨씬 가혹한 상황에 처했음에도 훨씬 더 잘 헤쳐나가는 것 같다.

우리는 책을 통해 다양한 사람들의 이야기를 접한다. 어릴 때 사고로 두 다리를 잃었지만, 지금은 행복한 가정을 이루고 어엿한 직업을 갖는 등 충만한 삶을 사는 여성에 관한 이야기도 있다. 자녀를 살해한 살인범을 용서한 후 인생을 계속 이어갈 힘을 얻은 부모의 이야기도 있다. 이들의 삶에 비하면 우리의 문제는 정말 하찮고 우습기만 하다.

이처럼 어떤 사람들은 내면이 너무나도 탄탄해서, 심각한 불행을 겪고서도 좌절하지 않는 것처럼 보인다. 도대체 이들에게는 어떤 힘이 있는 것일까? '마법의 거미'에 물려서 강력한 힘이라도 얻은 것일까? 어렸을 때 '회복 탄력성이라는 이름의 몰약'이 담긴 솥 안에 빠지기라도 했던 것일까? 최근 회복 탄력성이라는 주제가 메가트렌드인 것은 그다지 놀랄 일이 아니다. 이 시대 사람들은 마치 값싼 비디오게임에서처럼 사방에서 점점 더 많은 공격을 받는다. 비극적인 무차별 총기 난사를 비롯해 무력 충돌과 전쟁, 팬데믹, 경제 및 금융 위기, 그리고 기후변화와 그에 따른 자연재해의 위협에 노출되어 있다.

죽을 만큼 힘든 위기 후

일상의 다양한 문제와 혹독한 불행을 성공적으로 극복해낸 사람들에게는 어떤 점이 두드러질까? 삶이 우리에게 제기하는 수많은 힘겨운 과제를 침착하게 극복하는 데 무엇이 도움을 줄까? 회복 탄력성이라는 주제와 관련해 학계에서는 '죽을 만큼 힘든 위기를 겪고 나면 정말로 강해지는지', 그리고 '여기에는 어떤 요인이 작용하는지'에 대해 여러 가지 답을 제공한다.

'회복 탄력성Resilienz'이라는 단어는 '튀어서 되돌아오다' '튕겨오다'라는 의미의 라틴어 동사 'resilire'에서 유래한 것이다. 재료공학에서 이 단어는 물질이 변형된 후 (마치 유연성이 뛰어난 요가 강사나 고무공처럼) 다시 처음 상태로 되돌아오는 성질을 가리킨다. 다수의 학술 분야에서는 특정한 시스템이 외부의 방해 요인에 대해 지니는 저항력을 말한다. 심리학에서는 '취약성'에 대한 반의어로 쓰인다. 여기서 취약성은 상처받기 쉽고 연약하다는 의미이고, 회복 탄력성은 스트레스에 대해 내구성과 저항력이 있다는 의미다.

다시 말해서 회복 탄력성은 고통스러운 경험에도 불구하고 신체적·정신적으로 건강하거나, 스트레스로 인한 문제로부터 단시일 내에 회복하는 오뚝이 같은 놀라운 자질을 가리킨다. 즉, 우리는 극심한 스트레스에도 불구하고 심리적으로 건강하거나 단기간 내에 회복하는 사람을 가리켜 회복 탄력성이 강하다고 말한다.

회복 탄력성에 관한 연구에서 자주 분석하는 스트레스 유발 조건과 사건은 사고, 질병, 가족의 죽음, 결별, 실직, 실업, 부채, 왕따 그리고 자연재해와 전쟁, 강도 혹은 성폭행 등의 트라우마 경험이다. 물론 개별 사건은 개개인에 따라 아주 다르게 받아들여진다. 사랑했던 이와의 결별은 어떤 사람에게는 마음 아픈 일이겠지만, 서로의 관계가 이전부터 무척 부담스러웠던 경우에는 오히려 마음이 가벼워질 수도 있다. 회사의 해고 조치는 일반적으로 당사자에게 부담을 주는 사건이지만, 때로는 드디어 자신에게 정말로 충만감을 안겨주는 일을 찾아 나서게끔 하는 계기가 되기도 한다.

이처럼 하나의 동일한 사건이 어떤 이에게는 '두더지가 파놓은 나지막한 흙더미'에 불과하고, 다른 이에게는 '도저히 넘을 수 없는 알프스산맥'일 수도 있다. 그 장벽이 얼마나 높은지는 자기 자신에게만 달린 것이 아니라 자신이 처한 상황에도 달려 있다. 두 사람의 관계가 어떤 이유로 깨어졌는지, 해고 통보를 받기 전에 하던 일이 얼마나 끔찍했는지 혹은 얼마나 보람찼는지, 여유자금은 얼마나 충분한지, 사회적 네트워크는 얼마나 탄탄한지, 기존보다 자신에게 더 잘 어울리는 일을 찾을 가능성은 얼마나 높은지 등이다. 개개인의 상황에 따라 정도의 차이는 있겠지만 특정한 '부정적인' 사건에 대해서는 대부분의 사람들이 (대체로) 스트레스를 받는다.

> 트라우마 유발 사건이 미치는 영향

연구 결과 더 알아보기

최근 들어 우리는 '트리거 워닝Trigger warning', 즉 해당 콘텐츠의 내용이 트라우마를 촉발할 수 있다는 경고 메시지를 점점 자주 접하는데, 이것이 우리 인간을 보호하는 기능을 한다. 다양한 책과 영화 혹은 연극에도 이런 '트리거 워닝'이 명시되어 있다. 학계에서는 트라우마(고대 그리스어로 trauma는 '훼손' '상처'를 의미한다)를 무엇이라고 정의할까?

학계에서 의미하는 트라우마는 지극히 위협적이고 거의 모든 사람에게 심각한 혼란을 초래할 만한 재난에 가까운 사건 혹은 상황을 가리킨다. 트라우마는 발생 원인에 따라 인간의 직접적 행위 없이 사고로 인해 발생하는 '인간 외적 트라우마'와 인간에게서 기인하는 '대인관계적 트라우마'로 구분할 수 있다. 그 밖에 트라우마를 지속 기간에 따라 이른바 '타입 1'과 '타입 2'로 구분하기도 한다. 타입 1은 예기치 않게 일회적으로 발생하며, 기간이 명백하게 정해져 있고, (강도 등) 위급한 생명의 위협과 결부되어 있다. 반면 타입 2는 장기간에 걸쳐 반복적으로 발생하며, (감금 등) 전개를 예측할 수 없다.

즉, 트라우마를 유발하는 사건은 발생 원인과 지속 기간에 따라 네 가지 유형으로 나눌 수 있다. 인간 외적 트라우마 타입 1(각종 사고와 낙뢰), 인간 외적인 트라우마 타입 2(원자력 사고와 홍수), 대인관계적 트라우마 타입 1(성폭행과 약탈, 습격), 대인관계적 트라우마 타입 2(유년기에 겪은 신체적·성적 학대, 전쟁 포로 혹은 감금).

대인관계적 트라우마 타입 2는 인간 외적 트라우마 타입 2에 비해 결과가 훨씬 치명적인 경향이 있다. 이는 무엇보다도 대인관계적 트라우마가 대인관계에 대한 신뢰를 심각하게 손상하거나 완전히 파괴할 수 있고, 심지어 타입 2가 그 끝을 예측할 수 없을 만큼 오랜 기간 무력감을 느끼게 하기 때문이다. 따라서 대인관계적 트라우마 타입 2의 경우 심각한 후유증, 즉 '외상 후 스트레스 장애'를 겪을 위험성이 현저하게 높다.

회복 탄력성 연구의 뿌리

회복 탄력성에 대한 학계의 견해는 시간이 흐르면서 달라졌다. 과거 학계에서는 회복 탄력성을 '변동성이 적은 성격 특성'이라고 파악했다. 그러면서 '강인함'이라는 용어를 사용하며 사람들이 일종의 '사계절 타이어'처럼 작동하길 기대했다. 사람들이 힘들어하는 것은 비바람이나 폭풍 혹은 우박 때문이 아니라, 적절한 옷을 입지 않아서라고 여겼던 것이다.

반면 오늘날 학계에서는 회복 탄력성을 '행동에 임하는 개인의 자세'가 아니라, 하나의 복잡하고 역동적인 '적응 프로세스'로 여긴다. 힘든 일을 겪고 나서도 심리적으로 건강한 상태를 유지하거나 처음에는 힘들어하다가 다시 안정을 찾는 것은 '정적인 상태'가 아니라, 안정을 찾기 위한 '부단한 행위'다. 이런 부단한 행위는 개인의 유전적·신체적 체질, 성격, 사회와 사회적 환경 등의 다양한 요인에 의해 영향을 받는다. 그리고 심리적 안정을 유지하는 개개인의 능력은 삶을 사는 동안, 그리고 극심한 스트레스를 겪는 동안 달라질 수 있다.

1970년대에 의학과 심리학 분야에서는 '살루토제네시스Salutogenesis'(건강을 뜻하는 라틴어 'salus'와 기원을 뜻하는 고대 그리스어 'genesis'를 조합한 말로, '건강의 기원'이라는 뜻-옮긴이)라는 새로운 개념이 대두했다. 사회학자 에런 안토놉스키Aaron Antonovsky가 처음 창안한 이후, 많은 학자가 질병을 일으킨 원인과 치료에만 초점을 맞추지 않고, 건강과 건강 증진 자체에도 중점을 두었다.

그 결과 진료에서 질병의 예방이 차지하는 비중도 높아졌다. "질병을 일으키는 원인과 치료 방법은 무엇인가?"라는 기존의 질문에 "건강 유지와 질병 예방을 위해 필요한 것은 무엇인가?"라는 질문이 추가된 것이다. 질병에 대한 관점이 이렇게 변해가면서, 출발 조건이 열악함에도 긍정적인 방향으로 발달하는 사람들의 특징을 파악하기 위해 어린이와 청소년을 대상으로 광범위하고 장기적인 추적 연구가 시작되었다. 이 연구의 취지는 아이들이 향후 건강하고 성공적인 성인으로 성장할 것인지를 예측할 수 있는 특정한 요인이 생후 처음 몇 년 동안에 나타나는지 알아내는 데 있었다.

회복 탄력성이라는 주제와 관련해 가장 오래되고 동시에 가장 유명한 '카우아이섬 종단 연구'를 살펴보면, 인생 초반이 불행한 사람도 행복한 삶을 살 수 있으며, 개인의 특정한 특성 몇 가지가 긍정적인 발달에 도움을 준다는 사실을 알 수 있다.[59·60] 불우한 환경에도 불구하고 잘 자란 아이들의 경우, 생후 처음 몇 년 동안 관심과 애정을 기울여준 사람이 주변에 한 명 이상 있었다. 이들에겐 어른이 되어서도 최소 한 명 이상의 가까운 친구가 있었다. 이들은 학교를 졸업할 무렵 긍정적인 자아상을 지녔고, 자신의 인생에 의미가 있다고 여겼으며, 자신의 운명을 스스로 개척할 수 있다고 확신했다.

> 카우아이섬 종단 연구

연구 결과 더 알아보기

미국의 성격심리학자 에미 워너Emmy Werner가 진행한 카우아이섬 종단 연구는 회복 탄력성에 관한 선구적 연구로 평가받는다.[59·60] 에미 워너는 여러 분야의 전문가로 구성된 팀과 함께 1955년 하와이의 카우아이섬에서 태어난 아이 698명을 대상으로 연구를 수행했다. 1차 관찰은 이들의 출생 전에 이루어졌고, 이어서 유아기와 아동기·청소년기·성인기에 걸쳐 성장 과정을 추적·관찰했다. 아이들의 가정 및 학업 환경도 연구 대상이었다.

관찰 대상 아이들 중 3분의 1은 가난, 방치, 가정 폭력, 부모의 질병 혹은 낮은 교육 수준으로 인해 매우 불우한 환경에서 살았다. 이들 중 3분의 2는 바람직하지 못한 방향으로 성장해 학습 부진, 이상 행동, 심리적 질환의 증상을 보이거나 범죄자가 되었다.

하지만 나머지 3분의 1은 불우한 환경에도 불구하고 놀라울 정도로 긍정적인 방향으로 성장했고, 연구 진행 내내 어떠한 이상 행동도 보이지 않았다. 이들은 질병에 걸리는 횟수도 적었으며, 영리하고 적극적이고 '돌보기 쉬운' 아이라는 평가를 받았다. 또한 호기심 많고, 사람들과 어울리기 좋아하고, 학습 속도가 빠르고, 집중력이 뛰어나고, 다양한 관심 분야와 취미를 지니고, 어린 형제자매를 잘 돌보고, 엄마 아빠를 잘 도와주었다. 또한 배려심 깊고, 책임감이 강하고, 성취욕이 높고, 독립적이고, 관철 능력이 있고, 학교 성적이 우수하고, 사회성이 좋고, 자신의 미래에 대해 낙관적이었다. 한마디로 이들은 자신의 삶에 만족하는, 자의식이 탄탄한 건강한 어른으로 성장했다.

이 밖에도 카우아이섬 종단 연구는 앞서 언급한 3분의 1의 아이들, 즉 회복 탄력성이 뛰어난 아이들에게 어떤 특징이 두드러지게 나타났는지를 규명했다. 만 2세 시점에 이들은 이미 운동과 언어 발달이 뛰어났고, 긍정적인 사회적 목표를 지니고 있었다. 만 10세 시점에는 문제 해결 능력과 문해력이 우수했고, 다양한 면에 관심을 지녔다. 그리고 청년기에 공통적으로 두드러지게 나타난 특징은 현실적인 미래 계획, 높은 자신감, 자신의 삶을 스스로 통제할 수 있다는 확신, 성실성, 사회적 책임감이었다. 이 밖에도 이들은 친한 친구들과 롤 모델이 있었고, 긍정적인 사회적 관계를 영위했는데, 이는 회복 탄력성의 중요한 요인이다.

이 대목에서 "닭이 먼저냐, 달걀이 먼저냐"라는 문제가 자연스럽게 대두된다. 아이들은 친밀한 사회적 관계 덕분에 긍정적인 자아상을 갖게 되었을까, 아니면 긍정적인 자아상 덕분에 친밀한 사회적 관계를 구축할 수 있었을까? 안타깝게도 관찰을 통한 연구는 이런 인과관계에 관한 질문에 답을 제공하지 못한다.

하지만 다수의 연구 결과에 따르면, 남다른 회복 탄력성을 부여해주는 단 하나의 특성만 있는 게 아니다. 요컨대 어려운 환경에도 불구하고 반듯하게 잘 자라 성공적인 삶을 사는 데에는 다양한 요인이 있다. 이런 요인은 각기 서로 다른 요인에 영향을 미치며 매우 복잡한 방식으로 상호작용을 한다.

한편으로 유아기에 형성된 특정한 기질 및 성격 특성이 이후 시기의 긍정적 발달에 유리하게 작용한다. 다른 한편으로는 유아기에 형성된 긴밀한 사회적 애착 관계가 아이들이 안정된 인격체로 성숙해가는 데 기여한다. 회복 탄력성을 강화하는 여러 요인은 시간이 흐르면서 점점 촘촘하게 얽혀 종래에는 일종의 실뭉치같이 하나로 어우러진다.

카우아이섬 종단 연구에서는 이처럼 회복 탄력성을 강화하는 수많은 요인을 확인할 수 있었다. 이러한 요인은 무엇보다도 탄탄한 사회적 관계와 자신의 삶을 스스로 통제할 수 있다는 자신감의 중요성을 분명하게 확인시켜준다. 이는 다수의 심리학 연구에서도 입증되었다.

회복 탄력성의 여러 측면

우리가 회복 탄력성이 강한 사람인지 아닌지는 다양한 측면에 의해 결정된다. 즉, 우리가 어떤 유형의 스트레스를 척도로 삼을 것인지, 건강과 관련해 어떤 요소를 지표로 삼을 것인지, 어떤 집단을 비교 대상으로 삼을 것인지, 어떤 시점에 평가할 것인지에 따라 달라진다.[61]

스트레스는 다양한 모습으로 나타난다. 일상의 만성적 스트레스는 몇 주 혹은 몇 달 동안 우리의 기분을 망쳐놓을 수 있지만, 극심한 스트레스를 유발하는 중대사 혹은 트라우마를 촉발하는 사건에 비하면 그 강도가 매우 약한 편이다. 반면 자동차 사고, 강도 사건, 성폭행 등은 불과 몇 분 만에 일어나지만, 후유증이 수십 년 넘게 지속될 정도로 강한 충격을 남긴다. 스트레스의 유형에 따라 회복 탄력성을 높여주는 요소 또한 상이하다.

스트레스를 접하는 나이는 매우 중요하다. 트라우마를 촉발하는 사건을 유아기에 경험하면 심각한 상처를 입어 평생 흉터로 남는다. 이는 유아기에 겪는 스트레스가 개개인의 발달에 엄청난 영향을 끼친다는 것을 분명하게 보여준다. 유아기에 겪는 스트레스는 개개인의 회복 탄력성에도 지속적으로 영향을 준다.

누군가에게 회복 탄력성이 있는지 없는지는 그 사람의 신체적·정신적 건강과 관련해 어떤 특성을 지표로 삼느냐에 달려 있다. 세계보건기구WHO에 따르면 건강이란 신체적·정신적·사회적으로 온전히 만족스러운 상태를 말하는데, 이는 도달하기가 힘든 '이상적인' 수준이다. 다시 말해서 건강은 신체적 상태뿐만 아니라 정신적 상태, 가족, 친구들과도 연관되어 있다. 사람에게는 누구나 강점으로 작용하는 부분과 약점으로 작용하는 부분이 있다. 건강 상태는 그중 어떤 부분을 지표로 삼느냐에도 달려 있다. 어떤 사람은 정신적 문제로 인해 힘겨워하고, 어떤 사람은 심장 질환 때문에 애를 먹고, 어떤 사람은 불안 증세가 자주 나타나고, 어떤 사람은 공격성과 알코올 남용 성향이 있다.

이처럼 건강의 모든 측면을 동시에 염두에 두는 것은 불가능에 가깝다. 이런 점에서 볼 때 누군가의 회복 탄력성이 강한지 약한지는 어떤 측면을 지표로 삼느냐에 따라 달라진다.

심리학 분야 여러 연구 결과에 따르면, 사람들은 동일한 스트레스 요인에 대해 지극히 상이한 반응을 보인다. 이런 현상을 '다중 결과성의 원리'라고 부르는데, 이를테면 똑같이 실직을 겪더라도 어떤 사람은 심리적 안정을 유지하는 반면, 다른 사람은 술을 과하게 마시고, 또 다른 사람은 우울증을 겪기도 한다. 이처럼 개인마다 다르게 나타나는 반응은 건강과 관련된 다양한 측면을 동시에 지표로 삼고 관찰해야만 인식할 수 있다.

누구와 비교하느냐도 중요하다. 예컨대 파트너가 세상을 떠나면, 우리는 평소보다 잘 지내지 못할 수 있다. 그렇지만 동일한 처지의 다른 사람들보다는 상황을 더 잘 극복해낼 수 있을 것이다. 이 경우 우리는 절대적으로 볼 때는 잘 지내지 못하지만, 상대적으로 볼 때는 더 잘 지낸다. 즉, 상대적으로 회복 탄력성이 좋은 편이라는 뜻이다. 또한 남들보다 훨씬 많은 스트레스를 겪었음에도 우리는 남들과 똑같이 잘 지낼 수 있다. 이 경우 우리는 절대적으로 볼 때는 남들과 똑같이 건강하지만, 상대적으로 볼 때는 회복 탄력성이 더 강하다. 이처럼 스트레스와 건강은 항상 다른 사람들과 비교하며 관계를 지어야 한다.

마지막으로, 역동적인 변화가 이루어지는 프로세스에서는 '시간'이라는 요소가 당연히 중요하다. 누군가를 회복 탄력성이 강한 사람이라고 확정할지 여부는 그의 건강을 점검하는 시점에 달려 있다. 건강 상태는 시간에 따라 변할 수 있기 때문이다.

> 성격 유형으로서 회복 탄력성

연구 결과 더 알아보기

회복 탄력성이라는 용어는 특정한 '성격 프로필'을 설명하는 데에도 쓰인다. 이러한 성격 프로필은 한 사람의 특징을 다수의 성격 특성, 예컨대 빅 파이브 성격 특성을 동시에 관찰함으로써 얻을 수 있다.

이론적으로 볼 때 개방성, 성실성, 외향성, 친화성, 정서적 안정성의 '값'을 각각 조합하면 다양한 성격 유형이 만들어지지만, 이 다양한 성격 유형 중 일부가 다수를 차지한다. 특정한 통계 프로세스를 활용하면, 특정한 성격 특성의 값이 유사한 사람들을 한데 묶어 하나의 클러스터Cluster 혹은 클래스Class로 나누고, 이를 상위 개념의 성격 유형으로 분류할 수 있다.

임의 추출된 다양한 샘플을 이와 같은 방식으로 반복해서 분석한 전 세계의 많은 연구자들은 인간의 성격 유형을 크게 세 가지로, 즉 '회복 탄력성이 강한 유형' '과잉 통제 유형' '과소 통제 유형'으로 분류했다(단, 회복 탄력성이 강한 유형이 다른 두 유형보다 실제로 스트레스에 대한 저항력이 더 높은지 여부를 사전에 평가하지는 않았다).

회복 탄력성이 강한 유형은 빅 파이브 성격 특성이 모두 두드러지게 높았다. 이들은 개방적이고, 성실하고, 외향적이고, 친화적인 동시에 정서적으로 안정되어 있다. 한편 과소 통제 유형은 성실성과 친화성이 낮고, 과잉 통제 유형은 개방성과 외향성이 낮고 정서적으로 덜 안정되어 있다. 다수의 장기 추적 연구 결과에 따르면, 과소 통제 유형은 '표면적인 문제', 알코올 의존, 마약 중독, 공격적 행동, 폭력 및 법률 위반 등에 연루될 위험도가 높다. 반면 과잉 통제 유형은 '내면적인 문제', 불안, 우울 및 식이 장애를 겪을 위험도가 높다. 무엇보다도 중요한 점은 회복 탄력성이 강한 유형이 다른 두 유형에 비해 대체로 '더 잘' 성장한다는 것이다. 이들은 상대적으로 신체적·정신적 건강 상태가 더 양호하고, 학교 성적이 더 우수하고, 업무 성과가 더 뛰어나고, 대인관계에 대한 만족도가 더 높고, 타인과의 갈등이 더 적다. 한마디로 미래가 장밋빛이다.[62]

또한 최근의 한 연구에서 나는 빅 파이브 성격 특성이 두드러지게 높은 사람, 즉 회복 탄력성이 강한 사람은 실직과 근로 능력 상실을 상대적으로 더 잘 극복한다는 사실을 입증할 수 있었다.[30] 그뿐만 아니라 연구 결과에 따르면, 이들은 극심한 스트레스를 유발하는 사건을 접할 확률 자체가 상대적으로 더 낮았다. 이러한 연구 결과들은 회복 탄력성이 강한 유형이 스트레스 유발 상황에서 이를 견뎌내는 능력이 상대적으로 더 높다는 걸 입증해준다.

트라우마를 소화하는 능력

회복 탄력성의 의미는 인생의 위기를 극복해낸 사람들의 사례에서 확실하게 알 수 있다. 이런 점에서 회복 탄력성에 관한 연구는 스트레스와 트라우마를 유발하는 중대한 사건에 주목한다.

다수의 주요 연구는 개인적인 불행한 사건과 집단적인 참사 전후로 우울 증상과 기타 정신적 문제가 어떤 양상으로 변해가는지를 분석했다.

애도 및 트라우마와 관련해 선도적인 연구 성과를 거둔 컬럼비아대학교 임상심리학 교수 조지 보내노George Bonanno와 그의 팀원들은 스트레스 유발 사건 전후로 나타나는 반응을 크게 네 가지로 구분했다. 만성적 부적응형, 지연된 애도형형, 회복형 그리고 탄력형이 그것이다.[63-65]

만성적 부적응형(약 10퍼센트)의 경우, 사건 직후부터 정신적 문제(우울 혹은 외상 후 스트레스 장애 등)가 현저하게 증가해 여러 해 동안 지속된다. 지연된 애도형은 사건 직후에는 심하게 영향을 받지 않지만, 상태가 점점 악화해 장기적으로 심각한 문제가 발생한다. 스트레스가 이런 형태로 진행되는 경우는 극히 드물어서 이에 해당하는 사람은 열 명 중 한 명 미만이다.

회복형은 사건 후 수개월부터 2년 사이에 이전 상태로 돌아온다. 이런 유형 가운데 다섯 명 중 한 명가량은 사건 후 이전보다 정신적 문제를 더 많이 겪지만, 짧은 시일 내에 회복한다. 탄력형은 사건 전후로 아무런 영향도 받지 않거나 매우 미미한 정도로만 영향을 받는다. 이 평온한 상태의 사람들은 극심한 스트레스 유발 사건을 겪더라도 세 명 중 두 명가량이 이로 인해 아주 작은 영향을 받는다. 다시 말해, 이들에게 회복 탄력성은 이례적인 게 아니라 일상적인 것이다.

> 외상 후 스트레스 장애

심리적으로 충격적인 사건을 겪고 나면 외상 후 스트레스 장애PTSD가 발생할 수 있다. 감당하기 힘들 정도로 부담이 큰 사건이라서 그걸 감정적으로 적절하게 소화해내지 못하는 것이다. 그런 충격을 받은 사람의 뇌는 극심한 스트레스로 비상 상태가 되어 그 사건의 정확한 전개를 기억하지 못한다. 이로 인해 이른바 비자발적 과거 회상인 '플래시백' 현상과, 단편적인 이미지 혹은 악몽의 형태로 트라우마를 반복적으로 경험한다.

그 결과 흔히 감정적으로 무감각해지거나, 몸이 지속적으로 긴장되거나, 트라우마와 연관된 모든 것(예컨대 특정한 장소, 물건, 혹은 영화 등)을 회피하기도 한다. 그 밖의 전형적인 증상으로는 소외감, 불안감, 분노, 죄책감 혹은 수치심, 자기 비난, 과민함, 공격성, 과도한 공포심 혹은 수면 장애 등이 있다.

심리 치료의 일반적 목표는 트라우마로 인한 뇌의 '혼돈 상태Chaos'를 '정리'하는 것이다. 이를 위해 전문 치료사는 세밀하게 준비된 안전한 환경에서 트라우마를 (당사자가 실제로 겪었던 순서대로 상세하게) 재현해본다. 그리고 뇌에 새로운 정보를 입력함으로써 잘못 주입된 기존의 기억을 바로잡는다. 이런 식으로 트라우마를 처리하면 스트레스 증세가 대부분 현저하게 감소한다.

심리 치료의 또 다른 목표는 수치심과 죄책감을 줄이고, 안정감과 자신감을 되찾고, 트라우마로 인해 생겨난 특정한 기본 전제와 사고방식, 예컨대 '세상에는 나쁜 사람밖에 없어' '누구도 믿어서는 안 돼' '세상은 위험한 곳이야' 등의 생각을 바꾸는 것이다.

좋은 소식 한 가지를 전하자면, 우리 가운데 많은 사람이 트라우마를 유발할 수 있는 심각한 사건을 소화해낼 능력을 지니고 있다는 것이다. 일부 연구와 대중 과학 분야의 조언자들은 스트레스와 트라우마 유발 사건이 '외상 후 성장'을 가져다준다는 이야기까지 한다. 그러한 사건을 겪고 나면 당사자의 긍정적 성격 특성이 강화되고, 강인해지고, 지혜로워진다는 것이다. 정말 그럴까? 실제로 상상하기도 힘든 고통을 이겨낸 후 이를 돌이켜보며 그 경험 덕분에 자신이 강해졌다고 말하는 사람이 있다. 이는 너무나도 인상적인 사례이지만, 그만큼 보기 드물다. 전체적으로 볼 때 '외상 후 성장'이라는 가설을 입증해주는 자료는 매우 빈약한 편이다.[66]

소수의 운 좋은 사람들의 경우 트라우마 촉발 사건을 계기로 성장할 수도 있겠지만, 일반적으로 이런 경험은 우리를 '단련'시키기보다는 '무력하게' 만든다. 앞서 언급한 것처럼 많은 사람이 자신에게 닥친 시련을 심각한 심리적 후유증 없이 소화해낸다. 하지만 이들에게도 상처는 남는다. 예컨대 시련을 겪기 전에 비해 위험 부담을 회피하는 경향이 커지고, 조그만 일에도 불안해하며 예민해지기도 한다.

스트레스 유발 사건의 심리적 후유증은 다양하다. 사람마다 이러한 경험을 대하는 태도가 매우 다르기 때문이다. 그리고 한 사람 내에서도 일부 성격 특성은 '긍정적으로' 변하고, 어떤 성격 특성은 '부정적으로' 변한다. 이혼이나 관계의 파탄을 겪은 사람은 타인을 예전처럼 다시 온전히 신뢰하기가 힘들지만, 다른 한편으로는 결과적으로 자신감이 높아지기도 한다.

우리의 연구 결과에 따르면 파트너와 결별하거나 사별한 사람의 경우, 몇 년이 지나면 자신의 삶을 통제할 수 있다는 확신을 회복했다.[57] 이런 점으로 미루어볼 때, 인생의 시련은 많은 부정적인 결과를 남기지만 긍정적인 결과도 가져다주며, 어떤 부분에서는 실제로 우리를 성장시키기도 한다. ➡ 8장

훈련으로 개인의 자원을 강화하는 방법

마지막으로 제기해볼 문제는 회복 탄력성을 훈련을 통해 키울 수 있는지 여부다. 몇 년 전부터 다양한 위기와 시련에 수월하게 대처하기 위해 개인의 능력과 자원을 강화시켜주는 다양한 회복 탄력성 훈련이 개발되어왔다.[67] 이러한 훈련의 초점은 예컨대 자존감, 자기 효능감에 대한 기대, 집중 및 자기 돌봄, 긍정적 감정,

향유 능력, 일관성 및 바람직한 사회적 관계 등에 맞추어져 있다.

그 효과를 검증하기 위해 훈련을 전후해 설문 조사를 실시했는데, 실제로 많은 응답자가 회복 탄력성이 강화되었다고 느꼈다. 단, 그렇다고 해서 회복 탄력성 훈련 프로그램이 사람들에게 크고 작은 시련에 맞설 힘을 부여한다고 단언할 수는 없다.

앞서 언급한 것처럼 스트레스에는 다양한 측면이 있다. 이런 다양한 스트레스 요인을 극복하기 위해서는 각기 다른 능력과 전략이 필요하다. 이론적으로 볼 때, 회복 탄력성 훈련의 효과는 다양한 스트레스 상황에서 검증되어야 한다는 뜻이다. 그러나 현실적으로는 이를 실현하기가 힘든데, 그 이유는 특정한 시련의 발생 빈도가 (다행히도!) 지극히 낮으며, 더군다나 학술적 검증 대상인 회복 탄력성 훈련이 완료된 상태에서는 이러한 시련의 발생 빈도가 더 낮아지기 때문이다.

하지만 종합적으로는 회복 탄력성 훈련이 우리의 건강에 긍정적 효과를 미친다고 결론지을 수 있다. 비록 이 훈련이 장기적으로 심각한 위기와 시련의 대처에도 유용한지는 현재 검증되지 않았지만 말이다.

> 눈에 보이지 않는 '회복 탄력성 자산'을 산정해보라

회복 탄력성은 복합적이며, 헤아리기 힘든 요인들에 의해 결정된다. 개개인의 회복 탄력성은 한 가지 요소에 의해 좌우되는 게 아니며, 사람들에게는 저마다 힘겨운 시기에 힘이 되어주는 다양한 자원이 있다. 당신에게는 어떤 자원이 있는가?

당신의 '회복 탄력성 계좌 잔고'를 확인하기 위해 특별한 은행 창구 앞에 서 있다고 상상해보라. 당신의 회복 탄력성 계좌에는 당신의 자원이 예치되어 있다. 이 자원은 당신에게 위기가 닥칠 때 그 위기를 딛고 일어서게끔 해주는 것들이다.

당신의 회복 탄력성 계좌에는 당신의 강점을 비롯해 다음과 같은 다양한 자원이 예치되어 있다.

당신의 경험과 지식　지금까지 살아오면서 당신은 (학교와 직장에서뿐만 아니라, 삶의 모든 구석구석에서 뭔가를 결정할 때마다) 많은 것을 배웠다. 당신이 특별히 잘 아는 분야는 무엇이고, 당신만이 지니고 있는 지식은 무엇인가? 당신이 극복해낸 위기는 무엇인가? 당신은 이를 계기로 무엇을 배웠는가? 미래에 닥쳐올 위기 또한 잘 극복하기 위해 지금까지의 경험을 어떻게 활용할 수 있겠는가?

당신의 사회적 관계　힘든 시기에는 누구에게나 주변 사람들이 '일용할 양식'만큼이나 중요하다. 이들은 당신을 위로해주고, 지지해주고, 버팀목이 되어준다. 가까운 가족·파트너·친구뿐만 아니라, 단순한 지인들도 위급한 때에는 당신에게 중요한 역할을 해준다(예컨대 일자리를 구할 때 당신과 다른 사람을 연결해줄 수 있다). 당신의 사회적 네트워크는 어떤 상태인가? 당신이 정말로 가깝게 지내는 사람은 누구이고, 당신이 어려울 때 도움을 요청할 수 있는 사람은 누구인가? 당신의 주변 사람들에게 투자하라. 당연히 그럴 만한 가치가 있는 일이다.

당신의 일　일을 하다 보면 스트레스받을 때도 많지만, 그 일은 당신에게 수입을 보장해줄 뿐만 아니라 당신의 일상에 안정감과 질서도 부여해준다. 삶의 한 부분이 삐걱거릴 때도 그 일이 당신을 지탱해준다. 당신의 재능에 부합하는 직업은 즐거움을 줄 뿐만 아니라, 세상의 움직임에 동참하고, 쓸모 있는 역할을 하고, 끊임없이 발전한다는 '기분 좋은 확신'을 준다. 당신의 직업이 어떤 면에서 마음에 드는가?

당신의 취미와 관심거리　자신이 좋아하는 일을 하면 삶에 대한 만족도가 높아진다. 좋아하는 일을 할 때 우리는 즐거움을 느끼고, 푹 쉴 수 있고, 위기 때 사용할 에너지를 마음껏 충전한다. 사람들은 예컨대 다양한 명예직 수행, 지적인 활동, 음악, 미술, 운동, '고대 바빌론 스타일의 원예'부터 '동남아시아 국가 교통 표지판 수집'까지 여러 가지 취미를 즐긴다. 취미 활동은 진정한 에너지를 줄 뿐만 아니라, 관심 분야가 비슷한 사람들과 어울리는 계기도 마련해준다. 당신은 어떤 것에 열광하는가?

당신의 건강 안타깝게도 우리는 건강의 중요성을 자주 잊어버리고, 신체적 혹은 정신적 문제가 생기고 나서야 비로소 자신의 건강을 돌본다. 당신의 건강은 어떤 상태인가? 가능한 한 질병에 걸리지 않고 오랫동안 건강을 누릴 수 있도록 몸을 잘 관리하라.

당신의 주변 환경 집은 당신이 아무 신경도 쓰지 않고 편안하게 쉴 수 있는 피난처다. 적어도 이론적으로 집은 이런 기능을 수행해야 한다. 당신은 집에 있을 때 얼마만큼 편안한 기분이 드는가? 자신이 거주하는 지역을 좋아하는가? 일상에서 필요한 것들을 손쉽게 구할 수 있는가? 집 주변에 공원이나 녹지대가 있는가? 집을 더 안락하게 만들려면 무엇을 해야 하는가?

당신이 추구하는 가치 가치란 타인이 우리에게 요구하는 것이 아니라 우리가 스스로 추구하는 것이다. 가치는 삶의 기준이 되어주고, 때때로 우리가 어떤 방향으로 나아가야 할지 알 수 없을 때 방향을 제시해준다. 당신은 어떤 방식으로 행동하길 원하고, 어떤 사람이 되고 싶은가? 어떤 일을 어떤 방식으로 하고 싶은가? 개개인이 추구하는 가치에는 겸손, 정직, 의리, 인내, 공정, 강인함, 생산성, (경제적) 독립, 자율, 영향력, 사랑, 연대감 등이 있다.

당신이 삶에 부여하는 의미 대부분의 사람이 삶의 의미에 관한 문제를 외면한 채 일상을 살아간다. 이에 관해 니체는 다음과 같은 말을 남겼다. "인생의 의미를 아는 사람은 인생의 쓰디쓴 고통도 견뎌낸다." 의미 치료 기법인 로고테라피Logotherapie를 창시한 빅터 프랭클Viktor Frankle은 나치의 집단 수용소에서 겨우 살아남아 신경정신과 의사로 성공한 인물이다. 그의 고단한 삶의 여정을 통해 우리는 상상하기조차 힘든 일이 닥치더라도 그 속에 숨어 있는 의미를 찾아낸다면, 최악의 고난도 이겨낼 수 있다는 걸 알 수 있다. 당신은 자신의 삶에 어떤 의미를 부여하는가?

이 모든 것이 당신의 회복 탄력성 자산이다. 처음 이 연습을 할 때는 당신의 회복 탄력성 계좌에 예치되어 있는 것보다 훨씬 적은 목록이 머릿속에 떠오를 것이다. 하지만 연습을 반복하면, 당신의 계좌에 있는 자원들이 점점 더 많이 모습을 드러낼 것이다. 당신의 회복 탄력성 자산을 (위기 때뿐만 아니라 평상시 모든 상황에서) 의식적으로 활용할 수 있도록 머릿속에 잘 각인해두라.

10장

체념할 것인가 반항할 것인가

: 팬데믹을 견디는 성격

지금 당신에게는 아프리카에서
기아로 사망하는 사람들보다
당신의 집 앞마당에서 죽어가는
다람쥐가 더 중요할 수도 있다.

마크 저커버그

남들에게 일어나는 일은 우리에게도 일어난다. 우리 가까이에서 일어나는 게 아니라, 우리한테 직접 일어난다. 이번에는 남의 일이 아니다. 부모가 되고, 부모와 사별하고, 승진으로 기뻐하거나 실직으로 슬퍼하고, 결혼했다가 이혼하고, 병에 걸리고, 집을 상속받는 등 우리 삶에 영향을 미치는 중대사는 남의 일이 아니라 우리의 일이다. 이제 우리의 차례가 된 것이다. 즉, 우리의 건강, 우리의 집, 우리의 가족, 우리의 삶에 관한 일이다. 우리는 이런 일을 몸소 겪는다.

파트너와의 관계, 가족, 건강, 직장 혹은 경제와 관련한 개별 사건들이 우리 일상을 뒤흔든다. 눈 깜빡할 사이에 새로운 역할이 주어지고, 이에 따라 우리는 기존과 다른 행동을 하도록 요구받는다. 예컨대 나태한 대학생이 야심 찬 직장인이 되고, 아무 걱정 없던 남녀가 자녀 양육에 지친 부모가 되고, 또는 싱글 대디나 싱글 맘이 되어 '멘붕' 상태에 이르기도 한다.

반면 '집단적 중대사'는 다수가 동시에 겪는 사건을 말하는데, 사람들은 이런 상황을 두고 "우리는 모두 한배를 타고 있다" "연대감을 발휘하자" 등의 진부한 문구를 마치 바겐세일이라도 하듯이 쏟아낸다. 이러한 집단적 중대사에는 화산 폭발이나 지진 해일 등의 자연재해, (과거의 체르노빌 원전 사고, 현재와 미래의 기후변화 같은) 인재, 정치적·경제적·사회적 위기, (지금 유럽 한복판에서 자행되고 있는) 전쟁과 갈등 그리고 인플레이션 등이 있다.

이처럼 다른 모든 사람이 함께 피해를 본 상황에서 누가 자신이 피해자라며 나서겠는가? 모두가 도움이 필요한데 누구를 가장 먼저 도와야 하며, 누군가를 돕는 것 자체가 가능하겠는가? 그 모든 것의 책임은 누구에게 있는가? 누군가는 가진 것을 모두 잃는 상황에서, 어떻게 다른 누군가는 이로 인해 이득을 볼 수 있단 말인가?

한 사회의 '집단성'이 어떤 유형이든 집단적 중대사는 개개인에게 상이한 방식으로 영향을 끼친다.[68] 전쟁이 일어나면 어떤 이는 집을 잃고, 어떤 이는 일자리를 잃고, 또 어떤 이는 가족 혹은 자기 목숨마저 잃고 만다. 전쟁이라는 집단적 중대사에 대한 공간적·시간적 거리 또한 개인마다 천차만별이다. 전쟁에 직접적으로 개입되지 않은 나라의 사람들은 미디어를 통해 그 참상을 접하고, 전쟁을 겨우 피해 나온 사람들과 접촉하거나 봉사자로서 난민 지원 활동에 적극적으로 참여한다.

바이러스로 무너지는 사람들

우리는 집단적 중대사가 모든 사람에게 해당하더라도 각자에게 미치는 영향은 다르다는 사실을 코로나19 팬데믹을 통해서 확실하게 경험했다. 코로나19 팬데믹은 현존하는 세대 네 명 중 세 명이 지금껏 한 번도 경험하지 못했던 비상 상황이다.

우리는 친척들 모임 때마다 '전쟁 때는…, 전후에는…' 하며 몇 번이고 들은 이야기를 꺼내는 할머니와 삼촌 옆자리에 앉지 않으려 신경전을 편다. 그런데 이런 '옛날이야기'가 최근 들어 갑자기 쓸모 있는 것으로 드러났다. 우리에게 팬데믹이라는 비상 상황이 닥칠 줄 알았더라면 할머니와 삼촌의 청력이 나빠지기 전에 그들의 이야기에 귀를 기울이고 조언을 구했을 것이다. 그랬다면 '세상의 종말'에 대비하기 위해 파스타 면이나 두루마리 화장지만 무턱대고 사들이지 않고 좀 더 필요한 물품 비축법을 전수받았을 텐데.

하지만 그들의 소중한 조언을 듣지 못했기 때문에, 집집마다 '솜털같이 폭신하고 부드러운' 두루마리 화장지가 〈요한계시록〉에 등장하는 기사들의 말도 뛰어넘지 못할 만큼 높다랗게 쌓여갔고, 팬데믹이 끝나면 파스타 면이 금값이 된다는 전설 같은 소문에도 우리의 마음은 흔들렸다.

피자와 택배 배달원은 숨이 가쁠 정도로 바쁘게 돌아다니며 감염 위험에 노출되었지만, 아무도 이들을 신경 쓰지 않았다. 간

병과 간호에 종사하는 사람 역시 숨 돌릴 틈도 없이 일했는데, 적어도 이들은 시민의 응원을 받았다. 이들이 정말로 중요한 일을 하고는 있지만 정작 비상 상황에는 관련 시스템 자체에 별다른 영향을 미치지 못한다는 사실에 많은 사람이 놀랐다. 얼마 전까지만 해도 오페라 무대에서 공연하던 프리마돈나가 우편물을 배달하는 상황도 생겨났다. 팬데믹으로 운영 제한을 받은 요식업계는 (팬데믹을 인테리어 보수 기간으로 활용한 일부 업체를 제외하고는) 너 나 할 것 없이 파산 지경에 이르렀다. 헐렁한 트레이닝복을 입고 온라인으로 진행하는 중요한 회의에 참석하는 걸 즐기는 사람들도 있었다.

반면 '거리 두기' 차원에서 가족과 하루 종일 좁은 집 안에 갇힌 채 긴 시간을 보내다 보니, 사무실에 출근해 사랑하는 가족과 '안전한 거리를 유지하면서' 자신의 시간을 보내는 것이 얼마나 소중한지 알게 된 사람들도 있었다. 죽음을 동경하는 이들은 슈퍼마켓의 계산 줄에서 거리 두기를 위해 규정된 2미터 간격을 지키지 않고 앞 사람에게 다가갔다. 조기 퇴근한 사람들은 학급 친구가 코로나 양성 반응이 나와 당분간 집에서 자가 격리에 들어간 자녀에게 하루 세끼를 모두 챙겨주느라 근로시간 단축으로 빠듯해진 자신의 소득에 대해 걱정할 시간적 여유도 없었다.

정말로 험난한 시간이었다. 때로는 너무 고립되어서, 때로는 충분한 거리가 확보되지 않아서, 때로는 과도한 규제로 인해, 때로는 무계획으로 인해, 불확실하고 불안한 상황이 예상보다 길어졌다. 모두에게 힘든 시간이었다. 그래도 최소한 가구업계와 실내장식업계는 팬데믹의 덕을 보았다. 집 안에서 지내는 시간이 길어진 사람들이 갑갑한 마음에 기분 전환을 하려고 집 내부라도 멋진 회갈색으로 꾸미고 싶어 했기 때문이다.

팬데믹 초반의 대처

코로나19 팬데믹으로 인해 우리에게 요구된 과제들이 매우 달랐던 만큼, 이에 대처하는 방식도 저마다 달랐다. "상황이 어떻게 돌아가는지 한 번 지켜보자"라는 상대적으로 침착한 반응부터 "이제 우리 모두가 죽게 생겼어!"라는 반응까지, 냉담한 무관심부터 맹목적인 행동주의까지, 과학에 대한 비논리적 믿음부터 험악한 음모론까지 갖가지 반응이 공존했다.

이처럼 사람들이 저마다 다른 반응을 보인 것은 우리의 성격이 지극히 다양하다는 사실을 잘 보여주는 증표다. 어떤 이는 더 강력한 조치를 요구했고, 어떤 이는 더 완화된 조치를 요구했다. 어떤 이는 백신 접종에 찬성한다며 소리를 높였고, 또 어떤 이는 반대한다고 소리를 높였다. 어떤 이는 조용히 체념했고, 어떤 이는 시끄럽게 시위했다.

팬데믹 초반에 성격이 개개인의 행동에 어떤 작용을 했을까? 나는 마스트리흐트대학교 소속 두 명의 경제학자 필리프 제게르스Philipp Seegers와 렉스 보르간Lex Borgan과 함께 독일 대학생 7천여 명을 대상으로 이 문제를 연구했다.[69] 우리의 가설은 특히 '성실성'이 강한 사람은 팬데믹 상황의 보건 정책 차원에서 새로 도입된 규칙과 권고를 남다른 의무감에 더 철저하게 준수할 거라는 것이었다.

하지만 뚜껑을 열어보니 놀랍게도 이 문제에서 가장 중요하게 작용한 요인은 '친화성'이었다. 친화적인 사람은 팬데믹 동안 남들보다 손을 더 자주 더 꼼꼼하게 씻었고, 공공 교통수단 이용 빈도를 줄이거나 아예 이용하지 않았고, 사람이 모인 곳에 가지 않았고, 뉴스를 통해 상황을 의식적으로 주시했고, 감염 예방 차원에서 친구들이나 가족과의 만남을 자제했다. 이는 친화적인 사람이 타인에 대한 배려심이 많아서, 혹은 (정해진 규칙에 반항하고 싶은 마음이 있더라도) 충돌을 꺼리기 때문일 수 있다.

'신경성', 즉 정서적으로 불안정한 사람은 팬데믹 상황에서 남들보다 더 동요했다. 이들은 공공장소에서 불안감을 더 많이 느꼈고, 공공 교통수단 이용률이 더 낮았고, 경제적 손실을 예상했고, 만일을 대비해 사재기를 했다. 정서적으로 불안정한 사람이 스트레스에 더 예민하다는 점을 고려하면 이들의 이러한 반응은 충분히 수긍이 간다.

팬데믹이 정신 건강에 미치는 영향

팬데믹이 지속되는 동안 사람들의 정신 건강은 어떻게 변화했을까? 나는 베를린 샤리테대학병원의 동료들과 함께 독일인 8천여 명의 데이터를 분석해보았다. 이들을 대상으로 한 설문 조사는 2020년 3월 팬데믹 발생 이후 아홉 차례 반복되었다[70](최근 실시한 설문 조사 시점은 2021년 10월이었다).

흥미로운 점은 피실험자들이 각 설문 조사 때마다 매번 코로나19 감염과 관련해 자신보다는 타인의 건강 악화를 더 많이 우려했다는 것이다. 경제적인 문제는 피실험자들이 다른 문제들에 비해 가장 덜 우려하는 것으로 나타났는데, 시간이 지날수록 경제적인 면에서의 걱정은 가장 큰 폭으로 줄어들었다. 이는 독일의 경우 단축 근무, 실직 혹은 소득 감소로 자금난을 겪거나 생계유지가 힘든 사람이 일부에 그쳤기 때문일 것으로 추측된다.

사람들의 정신 건강이 타격을 받은 것은 팬데믹 초반이었을까? 코로나19의 재유행이 파도처럼 밀려오고 이에 대한 규제가 나올 때마다 사람들은 정신 건강에 타격을 입었을까? 아니면 팬데믹 상황이 '엿가락처럼' 늘어질 거라는 게 분명해졌을 때에야 비로소 정신적인 문제가 본격적으로 증가했을까?

이에 관한 우리의 연구 결과에 따르면, 정신적인 문제는 팬데믹 초기에 특히 두드러졌다. 정신적인 문제로는 코로나19에 관한 두려움을 비롯해 일반적인 불안 및 우울 증세가 주를 이루었다. 이런 문제는 시간이 흐르면서 점점 줄어들었는데, 팬데믹이 라는 초유의 상황으로 인해 초반에 많은 사람이 불안감을 느꼈던 것으로 추측된다.

또한 이러한 정신적 문제는 시시각각 변하는 확진자 수에 따라 변화했고, 재유행의 파도가 밀려올 때마다 심해지는 경향을 보였다. 팬데믹 이전부터 정신 질환 병력이 있던 사람들은 각 설문 조사 때마다 심한 증세를 호소했다. 이들의 증세는 특히 팬데믹 초반에 두드러졌는데, 시간이 지나면서 점점 완화되었다.

연구 결과에 따르면, 특히 정신 질환 병력이 있는 사람은 팬데믹 초기에 '세상의 종말이 왔다는 시나리오'에 끊임없이 노출되면서 정신적 문제로 인해 힘겨워했다. 이러한 현상은 이른바 '취약성-스트레스 모델'을 통해 설명할 수 있다. 이는 (명칭에서 알 수 있듯이) 두 가지 요인이 만나 상호작용을 할 때 정신적 문제가 발생할 확률이 커진다는 이론인데, 그 두 가지 중 하나는 개인의 취약성이고 다른 하나는 스트레스다.

여기서 개인의 취약성이란 유전적 소인에 기인한 것으로서 정신 질환 가족력이 있거나 본인에게 과거력이 있는 경우를 가리킨다. 이런 면에서 취약한 사람이 팬데믹 같은 과중한 스트레스에 직면하면, 정신 질환에 걸릴 위험이 높아진다. 이미 정신 질환 과거력이 있는 사람의 경우에는 팬데믹 같은 비상 상황이 이른바 '낙타의 등을 부러뜨리는 지푸라기'처럼 작용할 수 있다. 즉, 엄청난 짐 때문에 쓰러질 지경에 있는 낙타한테 지푸라기 하나를 얹었더니 등이 부러져버렸다는 얘기처럼, 정신 질환 과거력이 있는 사람에게 팬데믹 상황은 그들의 오래된 상처를 다시 헤집거나 새로운 문제를 유발할 수 있다.

이러한 맥락에서 '건강한 루틴'은 우리의 정신 건강에 중요한 역할을 하는데, 팬데믹 봉쇄 조치로 많은 이들의 건강한 루틴이 상당 부분 깨어져버렸다. '정상적인' 시기라면 누구나 아침 일찍 울리는 알람 소리에 달콤한 잠에서 깨어나 어둡고 차가운 바깥세상으로 나가는 게 싫을 수도 있다. 날마다 옷을 차려입고, 출근하고, 집안일까지 겸하는 게 귀찮을 수도 있다. 투덜거리는 상사와 비협조적인 자녀들로 (혹은 비협조적인 상사와 투덜거리는 자녀들로) 인해 가뜩이나 빡빡한 일정에 차질이 생기고, 이런저런 오류나 지연으로 계획이 틀어지면 분노로 폭발할 수도 있다.

하지만 이런 건강한 루틴은 우리에게 안정감과 질서를 부여해준다. 우리가 무언가에 걸려 넘어질 때 완전히 '꺾이지' 않고, 얼른 다시 자신의 리듬을 되찾도록 만들어준다. 건강한 루틴이 없어지면, 흔히 해묵은 습관이 재등장한다. 이를테면 우울 성향이 있는 사람은 신선한 공기를 마시면서 자전거를 타고 출근할 필요가 없으므로, 아침에 침대에 누워 이런저런 생각에 골몰한다. 과거에 알코올 남용 과거력이 있는 사람은 고독과 욕구불만을 해소하기 위해 다시 술병에 손을 댈 수도 있다. 비대면 줌 회의에서는 입에서 풍기는 술 냄새를 아무도 맡지 못할 테니까.

언택트 시대의 행복

마르부르크대학교 소속 동료들과 함께 나는 팬데믹 초기의 '대면 제한 조치'가 사람들의 삶의 만족도와 정신 건강에 미치는 영향을 분석해보았다. 이를 위해 우리는 2020년 봄에 만 18세 이상 95세 이하의 독일인 4,335명을 대상으로 연구를 진행했다.[71–73]

연구 결과, 정부의 조치와 관련해 끊임없이 업데이트되는 수많은 정보를 들여다보길 힘들어하는 사람이 많았다. 네 명 중 한 명은 실제로 자신이 거주하는 지역에는 '외출 금지'가 시행되지 않음에도 불구하고, 자신이 외출 금지로 인해 영향을 받는다고 여겼다.[72] 그리고 사회로부터 '격리'된다는 생각만으로도 다양한 정신적 문제가 유발되었다. 불안 및 우울, 공황장애, 사회·심리적 스트레스, 고독감 증가, 삶의 만족도 저하 등이 여기에 속했다. 이런 현상은 실제 외출 금지로 직접 영향을 받은 사람들이나 직접적 영향이 없었던 사람들에게서 동일하게 관찰되었다.

외출 금지는 특히 젊은이들에게 타격이 컸다. 만 35세 이하 성인 중 40퍼센트가 (자발적인) 외출 금지로 인한 불안 혹은 우울 증세를 호소했다. 반면 만 35세 이상의 경우는 외출 금지 조치가 개인적인 정신 건강에 영향을 미치지 않았다. 청년기는 분명 사람들과 만나 아무 걱정 없이 파티를 하고 독립성과 자유를 즐기기에 가장 적합한 시기이자, 넓고 커다란 세상을 알아가고 그 속에서 자신이 자리 잡을 틈을 모색하는 시기일 것이다. 사람은 누구나 집 안의 거실 소파에만 자신의 '자국'을 남기는 데 그치지 않고, 넓은 세상에서 여러 가지 경험을 하며 자신의 '흔적'을 남기고 싶어 한다(재활용 분리수거 문제로 이웃과 말다툼하거나 동네 빵집에서 날씨 이야기를 하는 것으로 만족하기에는 아직 우리 인생에 남아 있는 시간이 너무 많다).

대면 제한 조치로 인해 인생이라는 '게임'에서 젊은이들에게 이 중요한 '레벨'이 없어져버린 것이다. 이제 자기 곁에 아무도 없다는 씁쓸함, 즉 가벼운 마음으로 만나 술을 한잔하거나, 쇼핑을 가거나, 대학교 교내 식당에서 함께 식사할 사람이 없다는 씁쓸함만 가득하고 예전에 누렸던 자유를 만끽하지 못하게 된 것이다.

청년들은 흔히 본가에서 독립한 지 얼마 되지 않았고 (대부분 난생처음) 혼자서 살고 있기에, 다른 연령 그룹에 비해 본래 고독감을 더 많이 느끼는 경향이 있다.[74] 그런데 이러한 경향이 팬데믹으로 인해 한층 더 심화된 것이다. 연구 결과에 따르면, 청년들이 체감하는 고독감은 (코로나19와 무관하게) 지난 40년간 지속적으로 증가 추세를 보여왔다.[75] 이는 점점 더 '조각나고 있는' 사회적 관계와 이동성의 증가, 그리고 (의외의 요소인) 디지털 미디어의 출현과 관련이 있을 것으로 추측된다.

고령자들이 봉쇄 조치로 심한 타격을 입었다는 것은 명백하다. 이들은 바이러스에 감염될 위험이 높아 한동안 집이나 요양시설 혹은 병원에서 누구와도 면회하지 못했다. 하지만 어린아이가 있는 가정 또한 힘든 시기를 보내야만 했다.

고령자의 경우 사람과의 접촉이 너무 적었던 반면, 어린아이가 있는 가정의 경우는 (24시간 내내) 너무나 좁은 공간에서 너무나 가까이 너무나 자주 너무나 과도하게 접촉할 수밖에 없는 것이 문제였다. 학교와 직장의 사회적 거리 두기로 인해 온 식구가 하루 종일 집 안에서 지내야 했기 때문에 (마치 영화 〈인디아나 존스〉의 한 장면처럼) 사람들은 사방에서 자신을 옥죄어오는 것 같은 힘든 시간을 보냈다. 24시간 내내 집에서 자녀들과 함께 지내면서 부모들은 '멀티태스킹'이 TV를 보면서 감자 칩을 먹는 동시에 통화를 하는 것보다 훨씬 더 많은 걸 포함한다는 사실을 깨달았다.

부모들은 강아지를 돌보면서 집안일을 하고, 재택근무에 집중하면서 자녀들의 학습까지 돌봐야 하는 '진정한 시험대'에 올랐다. 그리고 이 모든 걸 수행하면서 배우자의 심기를 건드리지 않고 자신도 기분 좋은 상태를 유지하려 (혹은 적어도 나쁜 기분을 드러내지 않으려) 애써야 했다.

아이들에게도 예부터 내려오던 말, 즉 "어린 시절은 인생에서 가장 아름다운 시간"이라는 말이 팬데믹 이후 갑작스럽게 무색해졌다. 쉬는 시간마다 또래 친구들과 함께 운동장에서 뛰놀던 아이들은 날마다 소파에 앉아 (시간 절약을 위해) 인스턴트 음식을 먹으며 몇 시간이고 계속 게임기만 들여다보며 시간을 보냈다. 팬데믹 기간 동안 어린이와 청소년들에게 이상행동과 정신적 문제가 증가한 것은 전혀 이상한 일이 아니다.

다수의 연구 결과에 따르면, '가정 학습'을 하는 아이들은 학습 성과에 대해 주관적인 압박감을 느낄 뿐만 아니라 삶의 질이 저하되고 외로움과 불안감, 우울감, 과잉 행동이 증가했다.[76] 유치원과 학교의 휴원 및 휴교 조치로 아이들이 방치되고 폭언과 폭력에 내몰린 것도 심각한 문제였다. 가족 간 스트레스로 인해 가정 내 폭력이 늘어난 동시에 이러한 사태를 외부에서 인식하기도 힘들어졌다.

여기서 한 가지 분명히 해둘 점은 대부분의 연구가 팬데믹 이후에 이뤄졌기 때문에, 이러한 정신적 문제들이 실제로 팬데믹이라는 특별한 상황으로 인해 증가한 것인지, 아니면 이미 오래전부터 '인식되지 않은 상태로' 존재했는지 단언할 수 없다는 것이다. 또한 급박하게 생긴 스트레스 증상이 아이들과 청소년, 성인의 발달에 미치는 영향이 장기적으로 지속될지도 확실치 않다.

이런 많은 문제를 고려할 때 봉쇄 조치가 사람들에게 긍정적인 작용을 했다면, 조금이라도 위로가 될까? 많은 부모와 자녀들은 팬데믹이라는 어두운 상황에서 온갖 어려움을 겪었지만, 가족이 함께 보내는 시간이 많아졌고, 가족 간 결속력이 강해졌고, 가정 분위기가 더 좋아졌다고 말한다. 또 많은 사람이 재택근무를 부담스러운 일로만 여기지 않고, 자신에게 유용한 것으로 여기게 되었다. 출퇴근을 위해 교통 체증을 참아내거나 붐비는 전동차에서 불쾌한 표정의 사람들 옆에 서 있을 필요도 없다. (잠옷을 갈아입지 않고) 편안한 옷차림으로 일할 수도 있다. 일정을 유연하게 편성하고 더 넓은 공간에서 더 편안하게 일할 수도 있다. 고단한 출장을 온라인 회의로 대체하는 장점도 있다(여기에 중요한 점을 몇 가지 덧붙여보자. 몇 발짝만 걸어가면 냉장고가 있고, 내가 좀 전에 기껏 끓여놓은 커피를 가져가서 마셔버리는 동료도 없다. 사무실에서 까칠하기로 유명한 동료의 신랄한 비판을 듣지 않아도 된다. 옆자리에서 담배 냄새를 풍기는 무뚝뚝한 동료도 없다. 내가 좋아하는 간식거리만 품절 표시가 되어 있는 자판기도 없고, 맛없는 구내식당을 이용할 필요도 없다…).

이 새로운 상황을 소중한 시간으로 여겼는지, 혹은 불평과 원망만 토로했는지는 (당연히) 개개인의 성격에 달려 있다. 우리의 연구 결과에 따르면, 자신에 대해 공감을 잘하는 사람은 팬데믹 기간 동안 남들보다 훨씬 더 잘 지냈다.[77] 이들은 다른 사람보다 삶에 대한 만족도가 더 높았고, 행복감을 더 자주 느꼈으며, 슬픔에 젖는 빈도가 더 낮았고, 스트레스와 불안감 혹은 우울감을 덜 느꼈다.

이는 (무엇보다도) 이들이 스트레스에 대처하기 위해 다른 사람보다 더 유용한 전략을 사용했기 때문이다. 자신에 대해 공감을 잘하는 사람은 자신에게 필요한 정서적 지원을 요청해 받았고, 힘겨운 순간에는 자신의 관점을 바꾸어보려 노력했으며, 주어진 상황에 대해 불평만 늘어놓지 않고 이를 온전히 받아들였다.

개개인의 성격이 여기서 어떤 역할을 했는지는 이 대목에서 상세하게 다룰 필요가 없을 것이다. 지금까지 이 책을 읽은 당신은 이제 이에 대해 잘 알고 있을 테니까.

둠스크롤링의 위협

둠스크롤링Doomscrolling은 시대적 현상이다! '둠Doom'은 몰락, 파괴, 재앙 등 정말로 암울한 것들을 표현하는 영어 단어다. 그리고 '스크롤링scrolling'은 독일에서도 흔히 쓰이는 단어로, 일차적으로는 스마트폰이나 컴퓨터 화면을 아래위로 움직이는 행위를 가리키지만, 여기서는 화면에 연속적으로 나타나는 정보를 (끊임없이 계속) 클릭하고 확인하는 행위를 말한다.

이 두 단어를 합친 둠스크롤링은 2018년에 처음 등장했으며, 부정적이고 암울한 정보만을 찾아 탐닉하는 것을 뜻한다. 이를테면 마치 마라톤을 하듯이 몇 시간 내내 살인에 관한 새로운 뉴스를 찾아 읽는 것이다.

진화론적 이유로 인간은 긍정적인 것보다 부정적인 것에 더 민감하게 반응하는데, 심리학에서는 이를 '부정성 편향'이라고 부른다.[78] 과거 우리 선조들에게는 위협적인 상황을 과대평가하는 것보다는 과소평가하는 것이 훨씬 더 위험했다. 독성 있는 식물, 야생동물 혹은 적대적인 인근 부족部族의 위험을 간과하면 최악의 경우 목숨을 잃을 수 있고, 위협 감지 안테나를 민감하게 가동하면 목숨을 지킬 수 있었다.

오늘날도 마찬가지다. 사람들은 동일한 양의 긍정적인 정보와 부정적인 정보를 접할 경우 부정적 정보에 더 집중한다. 또 여러 가지 리스크를 고려하며 결정을 내릴 때, 부정적인 정보에 더 주의를 기울이고, 이를 더 잘 기억하며 더 중요하게 여긴다.

이는 부정적인 뉴스가 긍정적인 뉴스보다 더 잘 '팔린다'는 말이기도 하다. 미디어업계에서 부정적인 뉴스는 일종의 '먹잇감'이다. 그래서 자사의 매출을 높이기 위해 끔찍한 뉴스를 눈에 가장 잘 띄는 자리에 배치한다. 디지털 채널과 소셜 플랫폼은 이른바 '클릭베이트Clickbait', 즉 '클릭을 위한 미끼'를 통해 사용자를 잡아두려 한다. 사용자를 오랫동안 한 사이트에 머물게 하고 최대한 자주 자사 사이트로 돌아와 뭔가를 검색하게끔 만들려 하는 것이다. 그리고 사용자는 세상일에 대한 최신 정보를 얻길 바라며 앞을 내다볼 수 없는 위험한 상황에 대한 통제권을 되찾고 싶어 하는데, 이것이 디지털 채널 및 소셜 플랫폼 측의 전략과 교묘하게 맞아떨어진다.

한 가지 치명적인 것은 인터넷상에서 밀물같이 쏟아지는 부정적인 뉴스의 물결이 멈추지를 않는다는 점이다. 사람들은 뚜렷한 안목으로 근본적이고 중요한 정보를 찾으려 하지 않는다. 그저 시선을 끄는 데 급급한, 과장된 '정보 조각'에 자신을 방치한다. 그 결과 많은 사람이 끔찍한 뉴스만을 쫓아다니며 클릭한다. 부정적인 헤드라인은 무자비한 소용돌이를 만들어내고 사람들을 불안, 경악, 두려움, 무력감, 무능함 그리고 우울 증상이 뒤섞인 어두운 구렁텅이로 몰아넣는다. 학계에서도 이 같은 사실을 입증해준다.

다수의 연구 결과에 따르면, 팬데믹 기간 동안 미디어를 과도하게 소비한 사람은 코로나19와 관련된 불안과 우울 증세를 남들보다 더 심하게 겪었다. 이런 현상은 특히 해당 질환의 과거력이 있는 사람과 소셜 미디어 사용량이 과도한 사람에게서 두드러지게 나타났다.[79]

> 위기 때 명료한 정신을 유지하는 법

퍼스널 코칭

집단적 위기 때에 둠스크롤링의 피해자가 되지 않고 '차가운 이성'을 유지하는 방법으로는 무엇이 있을까? 크게 두 가지 방법이 있다. 첫째, 미디어에는 주로 부정적인 뉴스가 보도되고 당신은 이 부정적인 뉴스를 더 부정적으로 인식한다는 사실을 끊임없이 염두에 두라. 둘째, 뉴스를 무분별하게 소비하지 말고, 의식적으로 소비하라. 이와 관련해 다음과 같은 몇 가지 팁을 소개하고자 한다. 당신에게 유용한 팁을 골라 실천해보라.

하루 중 한두 번 정확한 시간대를 정해놓고, 그 시간에만 뉴스를 검색하라. 한 번에 30분 이상은 보지 말고, 이른 아침과 자기 전에는 피하는 편이 좋다.

뉴스 검색에 활용할 미디어를 몇 개 선별하라. 소셜 미디어는 우리에게 많은 즐거움을 주지만, 엄청난 속도로 확산·전파되어 어느 순간부터는 출처도, 신빙성도, 근거도 없는 소문의 근원지가 되는 경우가 많다.

온라인에서 보내는 시간을 상쇄해줄 아날로그 활동을 찾아보라. 사랑하는 이들과 만나고, 운동을 하고, 자연으로 나가라.

양질의 잠을 잘 수 있도록 신경 쓰라(그러려면 스마트폰을 가지고 침대에 들어가 둠스크롤링하는 것을 자제하라!).

마음의 여유를 갖고 아무것에도 신경 쓰지 않으며 자신만의 생각을 펼칠 수 있는 여건을 조성하라.

당신이 뉴스를 '소비'한다고 해서 바깥세상에서 일어나는 일들이 변하는 게 아니라는 걸 명심하라. 당신이 아무리 끊임없이 뉴스를 읽는다고 해도 일어날 일은 일어난다. 부정적인 뉴스를 읽고 기분이 상하면 당신 자신에게도, 남들에게도 전혀 도움이 되지 않는다. 속수무책이라는 심정과 무력감에 맞서려면, 뭔가를 행하라. 예컨대 다양한 구제 기관에서 봉사를 하거나, 기부를 하거나, 이웃에 힘이 되어주거나, 난민이 정착할 수 있도록 독일어를 가르쳐주고 관공서까지 동행할 수도 있다.

nur-positive-nachrichten.de와 같이 긍정적인 뉴스에 특화된 채널을 방문해보라. 부정적인 뉴스가 대부분인 '정상적인' 채널에서 보내는 시간만큼을 이 채널에 투자하라.
자신이 둠스크롤링에서 헤어 나오지 못하는 게 느껴지면 제때 도움을 받아라. 가족과 친구들에게 당신을 이 '구렁텅이'에서 건져 달라고 말하라. 혹은 전문가에게 도움을 요청하라.

> 지금 이 순간 자신이 있는 곳에 온전히 집중하기

솔직히 우리는 지금 이 순간 자신이 있는 곳에 온전히 집중하는 경우가 극히 드물다. 편안하게 마사지를 받으며 '뇌가 따뜻한 바닐라 푸딩처럼 말랑말랑해질' 때, 혹은 정말로 '만족스러운' 섹스를 할 때, 혹은 연습이 잘된 상태에서 요가나 명상을 할 때, 어쩌면 우리는 그 순간과 그곳에 온전히 집중할 수 있을 것이다. 또는 한 가지 일에 완전히 몰입해 시간과 공간을 잊어버리고 있다가 배에서 꼬르륵 소리가 나는 바람에 비로소 배고픔을 인식할 때도 그 순간과 그곳에 온전히 집중할 수 있을 것이다.
하지만 일종의 비상 상황에서는 누구도 이렇게 온전히 집중할 수가 없다. 마치 도토리를 파묻어놓은 장소를 잊어버려 겨우내 이곳 저곳을 바쁘게 오가는 다람쥐처럼, 비상 상황에서 우리의 불안정한 정신은 과거와 미래를 오가고, 걱정과 희망을 오간다. 우리는 글자 그대로 제정신이 아닌 채 와해된 일상 하나하나에 매몰되거나 미디어의 보도로 굴절된 '가짜 현실'에 빠져 허우적거린다.

이럴 때는 '대참사가 닥칠 거라는 시나리오'에 몰두하지 말고, 지금 이 순간에 집중하는 것이 더없이 중요하다. 왜냐하면 우리가 체험하고, 결정하고, 변화시킬 수 있는 것은 오로지 지금 이 순간뿐이기 때문이다.

어떻게 하면 지금 이 순간에 집중할 수 있을까? 가장 간단한 방법은 당신의 감각과 몸을 활용하는 것이다. 당신의 몸에는 지금 이 순간과 이곳, 그리고 몸의 내부(피부에 의해 둘러싸여 있는 모든 것)와 외부(피부에 의해 둘러싸여 있지 않은 모든 것)밖에 없다. 다음에 소개할 연습법은 당신이 지금 이 순간에 집중할 수 있도록 도와줄 것이다.

조용한 장소와 방해받지 않는 시간대를 찾아 몸과 마음을 이완시켜라. 마음의 준비가 되었으면, 머리부터 발끝까지 '보디 스캔 요법'으로 훑어내린다. 그러고 나서 눈을 뜨고 몸 바깥에 무엇이 있는지 주의 깊게 살펴보라. 무엇이 보이는가? 주변의 물건들이 어떤 모양인지, 어떤 색인지, 어떤 위치에 있는지 인식하라. 어떤 세부적인 것이 눈에 띄는가? 당신이 바라보는 물건 위에 빛이 어떻게 비치는가? 그 물건의 색이 어떻게 변해가는지 보이는가?

이제 다시 눈을 감고, 몸이 좀 전과 다르게 느껴지는지 감지해보

라. 몸이 여전히 이완되어 있는가? 양쪽 손바닥에 주의를 기울여 보라. 어떤 느낌이 드는가? 손바닥이 간질간질한가? 따뜻한가? 손을 움직이고 싶다는 충동이 드는가?

이제 양쪽 귀와 주변 소리에 주의를 기울여보라. 무엇이 들리는가? 자동차 소리, 사람들 목소리, 혹은 새소리가 들리는가? 어딘가에서 문 닫히는 소리가 들리는가? 혹은 어딘가에서 물 흐르는 소리가 들리는가?

이제 다시 손바닥에 주의를 기울여보라. 손바닥이 좀 전과 다르게 느껴지는가? 머릿속으로 열 손가락을 하나씩 훑어 내린다. 각 손가락에서 무엇이 느껴지는가?

이제 숨을 깊이 들이마시고 무슨 냄새가 나는지 집중해보라. 안나 이모에게서 자주 맡아본 여러 가지가 뒤섞인 냄새가 나는가? 아니면 쿰쿰한 곰팡내가 나는가? 지금 어딘가에서 요리하는 듯한 냄새가 나는가? 세탁 후 오늘 처음 입고 나온 스웨터 냄새가 나는가?

이제 배에 주의를 기울여보라. '배 안쪽에' 어떤 느낌이 드는가? 따뜻하고 이완된 느낌이 나는가? 무언가 요란한 느낌이 드는가? 지금 배에서 소화가 이루어지고 있는가? 아니면 당신의 배가 전혀 느껴지지 않는가? 그렇다면 가슴 안쪽의 폐를 느껴보라. 숨을 쉴 때 폐가 어떻게 확장하고 다시 수축하는지 주의를 기울여보라.

내부와 외부로부터 오는 자극이 몸의 어디에서 느껴지는가? 외부로부터 오는 자극은 어떻게 느껴지는가? 이를 느끼기 위해 이제 눈을 떠도 좋다. 유리창을 통해 들어오는 공기가 느껴지는가? 목덜미에 부드러운 쿠션이 느껴지는가? 피부에 닿는 옷이 느껴지는가? 따뜻한 기운이 느껴지는가, 차가운 기운이 느껴지는가? 지금 당신이 앉아 있거나 누워 있는 상태가 전반적으로 편안하게 느껴지는가?

몸 내부에 주의를 기울일 때 더 좋은 느낌이 드는가, 외부에 주의를 기울일 때 더 좋은 느낌이 드는가?

어떤 곳을 감지하기가 가장 쉬운가? 몸의 내부를 감지하기가 가장 쉬운가?

눈으로 보는 것, 귀로 듣는 것, 코로 냄새 맡는 것, 외부에서 느끼는 것 중 어느 것이 가장 쉬운가?

당신의 염려, 당신의 문제, 당신의 생각도 좀 전에 이 자리에 함께 있었는가? 아니면 정말로 어딘가로 사라져버렸는가?

조금 전 당신은 몇몇 순간을 온전히 '현재'에서 보냈다. 지금 이 순간 당신이 있는 곳은 '이렇게' 느껴진다!

11장

내 성격을 튜닝할 수 있을까

: 성격 변화의 가능성

완벽한 사람은 없다!

이 대목까지 읽었다면, 바라건대 당신은 성격이 개개인의 삶에 영향을 미친다고 확신할 것이다(이 대목부터 읽기 시작한 사람은 이를 일종의 전제라고 여겨라). 그리고 당신은 OCEAN 값이 높은 사람은 삶의 많은 분야에서 높은 점수를 딸 수 있다는 것 또한 알게 되었을 것이다. 물론 어디에서나 항상 그런 것은 아니다. 이들은 자신을 좋아하는 경향이 있고, 남들보다 더 건강하며, 친구나 남녀 관계가 원만하고, 학교 성적과 직업적인 성과도 좋다. 만일 누구라도 자신을 '약간 바꿔서' OCEAN 값이 높은 '빅 파이브 스타'라는 이상적인 전형과 조금이라도 비슷해질 수 있다면 어떨까? 귀가 솔깃해지는 말이다.

다양한 연구 결과에 따르면, 대부분의 사람은 이른바 빅 파이브 스타, 즉 OCEAN 값이 높은 사람이 되고 싶어 한다. 2014년에 성격심리학자 네이선 허드슨Nathan Hudson과 브렌트 로버츠는 미국 대학생들을 대상으로 자신의 성격을 바꾸고 싶은지 물었다. 그 가운데 87퍼센트가 OCEAN 값이 높아지길 원했고, 단지 3퍼센트만이 이러한 성격 특성이 약해지길 바랐다.[12]

대학생 외에 다른 사람들도 설문 대상으로 삼은 전 세계의 다른 많은 연구에서도 이와 유사한 결과가 나타났다. 무엇보다도 젊은이들과 OCEAN 값이 낮은 사람은 (특히 성실성, 외향성, 정서적 안정성에서) 자신의 OCEAN 값이 더 높아지길 원했다.[80·81] 그리고 이런 소망이 강한 사람일수록 실제로 성격이 변하는 비율 또한 더 높았다.[82] 당연히 이 같은 변화를 이루려면 '꽃길'이 아니라 '장애물 경마 코스'를 통과해야 한다. 정말로 의지가 있는 사람만이 몸에 밴 행동의 틀을 깨고 기존의 '안전지대'를 벗어날 수 있다.

이 시대를 사는 사람들은 자신에게 변화가 필요하다는 언질을 여러 방면에서 강력하게 받는다. (〈독일의 차세대 톱 모델Germany's Next Top Model〉이라는 프로그램과 인스타그램 등) 미디어를 잠깐 들여다봐도 어떻게든 우리 자신을 변화시켜야겠다는 느낌이 들고, 직장 상사들의 건설적인 피드백을 비롯해 가까운 사람들이 던지는 선의의 조언을 들어보면 우리가 반드시 개조되어야 할 형편없는 유형의 사람이라는 걸 절감하곤 한다. 그러니까 팔을 걷어붙이고 적극적으로 나서보자!

오늘 현재 우리는 여전히 폐쇄적이고, 나태하고, 내향적이고, 친화적이지 않고, 정서적으로 불안정하다. 누군가가 지저분한 소파에서 엉덩이를 떼고 밀려 있는 우편물을 우체국에 가서 부치라고 요구해도, 우리는 무례한 말만 던지고 TV 볼륨을 높인다. 하지만 이제 곧 우리는 빅 파이브 스타가 될 것이다. 개방적이고, 성실하고, 외향적이고, 친화적이고, 정서적으로 안정된 멋진 사람 말이다. 그러면 보내야 할 우편물은 이미 발송된 상태일 테고, 우리는 직업적인 성공과 행복한 이성 관계를 유지하면서 기후변화 문제의 해결에도 적극적으로 나설 것이다.

다양한 연예 프로그램은 우리가 '각자에게 내재해 있는 최고의 버전'으로 바뀔 수 있다는 걸 증명해준다. 이런 프로그램에서는 평소 소파에 들러붙어 감자 칩만 집어먹던 무뚝뚝하고 뚱뚱한 출연자들이 잠깐의 '도전'을 통해 (물론 채식 위주의 식단만으로) 순식간에 10킬로그램을 감량한 후 키도 10센티미터 정도 더 커 보이고, 예전보다 이해심도 많아지고, 추진력도 강해지고, 카리스마도 생기고, 업무 능력도 높아진다.

우리는 누구나 어떻게 하면 체중을 감량하고 건강해질 수 있는지(올바른 식단과 적당한 운동은 비용도 전혀 들지 않는다) 이론적으로는 잘 알고 있다.

그런데도 사람들은 더 효율적이고 더 빠르고 더 간단한 방법이 있다는 걸 믿고 싶은 마음에 엄청난 돈을 쏟아붓는다. 자신이 왜 특정한 '이상형'에 부합해야 하는지에 관해서는 그저 눈을 감고, '자기 최적화'를 통해 더 행복해지고 더 큰 성취감을 느끼길 희망한다. 그리고 잘 알다시피 "희망은 맨 마지막에 죽는다."

변화하고자 하는 의지는 결코 신체에만 국한되지 않는다. 현재 시중에는 이른바 "당신의 성격을 튜닝하라" "세상에서 가장 사랑스러운 사람으로 변신하기 위한 열 가지 단계" "테레사 수녀와 알베르트 슈바이처, 스티브 잡스의 최고 장점을 합쳐 당신의 장점이 되게 하는 법" 등의 '성격 튜닝 프로그램'이 넘쳐난다. 그리고 이에 대한 수요는 날로 늘어나고 있다. 독일 대도시 중 어디든 지하철역 쪽으로 걸어가다 보면, 적어도 한 명 이상의 '라이프 코치'와 '인사 담당자' 그리고 주말에 열리는 '성격 관련 워크숍'을 예약한 다양한 사람들과 마주친다. 이 분야는 지금 성업 중이다!

그런데 이런 유의 성격 튜닝 프로그램은 대부분 학문적 검증을 거치지 않았다. 따라서 실제로 효과가 있는지, 효과가 있다면 어떤 방식으로 있는지 자체가 의문이다. 기껏해야 참가자들에게 영감을 주는 역할에 그치며, 흔히 참가자들의 지갑만 축내고, 최악의 경우에는 심지어 참가자들에게 해로울 수도 있다.

한 가지 놀라운 점은 이처럼 상업적인 훈련이 쏟아져나오는 반면, '성격심리학적 개입'에 관한 학문적 연구는 아직 초보 단계에 머물러 있다는 것이다. 현재 학문적으로 효과가 입증된, 성격 변화를 위한 체계적인 훈련법에 관해 우리는 아는 게 너무나도 적다. 하지만 이 주제에 쏟아지는 관심을 감안하면, 머지않아 이 분야에 관한 연구가 활발하게 진행될 것으로 전망해본다.

심리학적 개입의 효과

기존의 굳어버린 사고의 틀과 루틴을 깨고, 바람직하지 않은 행동을 바람직한 행동으로 대체하고, 삶의 만족감을 끌어올리는 데는 심리학이 제격이다. 심리 치료와 건강 증진, 예방 및 재활 분야에서 제공하는 다양한 접근법과 방법론은 환상적인 로고와 힙한 색상을 입힌 성격 관련 워크숍으로 상품화되어 있지는 않지만, 철저한 학문적 검증을 거쳤다.

스트레스 경감, 불안 및 우울증 극복, 금연, 금주 혹은 건강한 식생활을 원하는 사람들에게는 효율적인 심리학적 조치를 풍성하게 준비한 이른바 '멘탈 뷔페'가 눈앞에 차려져 있는 셈이다.

성격심리학자 브렌트 로버츠는 2017년 이른바 일종의 메타 분석을 진행함으로써 '심리학적 개입'에 관한 207건의 연구를 체계적으로 분석 · 평가했다.[83] (여기서 '심리학적 개입'이란 심리학에서, 심리학적 특성과 행동 양식을 자발적으로 변화시키기 위해 투입하는 조치를 의미한다).

당사자를 전체적으로 파악하기 위한 '개입'의 주된 목적은 본래 우울 및 불안 장애 등의 정신 질환을 치료하는 것이었다. 그런데 이러한 심리학적 개입이 성격 변화라는 '부작용'을 초래했는데, 그중에서도 정서적 안정성과 외향성의 증가가 주를 이루었다. 이는 사람들의 성격이 이런 유형의 조치를 통해 변화할 수 있다는 사실을 확실하게 보여준다.

구체적인 목표가 구체적인 변화를 일으킨다

어떻게 하면 개인의 성격을 가장 효율적으로 변화시킬 수 있을까? 미국의 성격심리학자 네이선 허드슨과 크리스 프랠리Chris Fraley는 이에 관한 연구를 진행했다.[84] 이들은 대학생들을 임의로 두 그룹, 즉 '개입 집단'과 '비교 집단'으로 나누어 한 학기에 걸쳐 매주 이들의 변화를 점검했다.

연구 시작 시점에 참가자들은 자신의 성격과 관련해 어떤 변화를 원하느냐는 질문에 답했다. 이어서 연구자들은 참가자의 성격 특성이 본인이 원하는 방향으로 실제로 변화했는지를 조사하기 위해 각 성격 특성의 정도를 반복적으로 측정했다. 개입 집단에는 자신이 원하는 성격에 단계적으로 근접해가고, 이에 상응하는 행동을 하도록 매주 목표를 기록하게끔 했다. 예를 들어 좀 더 외향적인 성격으로 바뀌기를 원하는 학생은 "여러 사람을 식사에 초대한다" 혹은 "세미나 시간에 손을 들고 의견을 말한다" 등의 구체적인 목표를 종이에 기록했다.

연구 결과에 따르면, 두 집단 모두 한 학기가 지나는 동안 자신이 원하는 성격과 가까워졌다. 다시 말해, 좀 더 외향적인 성격을 원한 학생은 실제로 더 외향적으로 변했다. 그런데 개입 집단의 경우, 이러한 변화가 비교 집단에 비해 두 배나 더 강력했다. 자신의 목표를 잘 다듬어 구체적으로 표현하는 것이 변화에 유용했던 것이다.

이 밖에 연구자들은 변화가 어떻게 진행되었는지도 분석했다.

그 결과 특정한 상황에서 개별적인 생각과 행동 방식이 가장 먼저 변했다는 게 밝혀졌다. 시간이 가면서 이러한 작고 개별적인 변화들이 점점 더 많이 쌓여 마침내 개개인의 성격 속에 굳어진 것이다. 이른바 "될 때까지 그런 척하면 그렇게 된다"는 말이 실현된 셈이다.

또 한 가지 확실하게 드러난 것은 참가자들이 구체적으로 표현한 목표만 이뤄졌다는 점이다. 예컨대 "나는 스스로를 더 사랑하는 법을 배울 것이다" 혹은 "나는 좀 더 신중해질 것이며, 사소한 일을 마음에 두지 않을 것이다" 같은 매우 막연한 결심은 구체적으로 어떤 목표를 어떤 방식으로 달성하고자 하는지가 명확하지 않다.

반면 "하루 중 내가 잘해낼 일 세 가지를 매일 저녁 기록한다" 혹은 "식사할 때마다 미루지 않고 설거지를 하고 그릇을 정리한다" 등 목표가 구체적일수록 결과가 더 좋았다.

특정한 상황에서 구체적인 행동 목표가 변화 달성에 근본적으로 훨씬 유용하다는 결과가 나온 것이다. 자신의 삶에서 뭔가를 변화시키려 한다면 이를 마음에 새겨두는 것이 중요하다. 이는 자신의 성격을 변화시키고 싶을 때뿐만 아니라, 새해를 맞아 새로운 결심을 할 때도 마찬가지다.

> 아주 SMART하게!: 확고한 목표를 설정하는 방법

당신이 이루고자 하는 확고하고 바람직한 목표를 설정하기 위해 다음과 같은 'SMART 방식'을 활용할 수 있다.

Specific(구체적인) "성실한 사람이 될 것이다"라는 막연한 목표보다는 "탁자 위에 우편물을 산더미처럼 쌓아두지 말고, 즉시 읽은 후 정리한다"라는 식의 구체적인 목표를 설정한다.

Measurable(측정할 수 있는) 당신의 변화를 확인할 수 있는 측정 단위를 정해두라. 예컨대 '할 일 목록'으로 적어놓은 과제 중 완수한 것에 표시를 하는 것이다. 혹은 당신이 날마다 집안일에 할애하는 시간을 적어둘 수도 있다.

Attractive(흥미를 돋우는) 당신을 움직이게 만드는 목표를 선택하고, 그 목표를 달성했을 때 기분이 얼마나 좋아지는지를 반복적으로 확인하라. 그러면 아침마다 세탁한 양말을 찾느라 15분을 소비하는 일은 없어질 것이다.

Realistic(현실적인) 현실적인 목표를 세우라. "다시는 싸우지 말기!"라는 목표는 야심 차긴 하지만 실패할 수밖에 없다. 이보다는 "화가 나면 반응하기 전에 우선 숫자를 열까지 센다(혹은 커피를 한 잔 마신다, 욕조를 닦는다…)" 등의 목표가 적절하다.

Terminated(기한이 있는) 목표를 달성하고자 하는 시점을 정해두라. 이는 마감 일정과도 같다. 마감 일정이 없다면 시간이 한없이 있다는 생각이 들 것이다. 끝나는 시점이 있어야 가차 없이 결산을 하게 된다.

그 밖에 당신의 목표를 미래형이 아니라 현재형으로 표현하라. 머릿속으로 이미 목표가 달성되었다고 생각하면 그 목표에 가까워질 수 있다. "나는 침착하고 인내심이 많아질 거야"보다는 "나는 침착하고 인내심이 많은 사람이야"라고 말하는 식이다(이 문장을 읊을 때 거짓말하는 것 같은 기분이 들더라도 이를 악물고 그렇게 말하라. 그러면 그 말이 사실이 될 것이다).

스마트폰을 활용하라

변화하는 것은 힘들다. 종이와 펜을 챙겨 목표를 적는 것은 물론, 목표했던 변화와 달성해낸 변화를 일상 속에서 기록하는 것조차 힘들 때도 많다. 이런 경우 호주머니 속 우리의 '친구' 스마트폰이 도움을 줄 수 있다. 우리는 스마트폰을 항상 지니고 다니며, 대체로 스마트폰 사용하길 좋아하기 때문에, 이를 활용하는 훈련법에 쉽게 친숙해질 수 있다. 가령 문자나 메신저 서비스 혹은 앱을 통해 리마인드 문자, 안내, 피드백을 받을 수 있다. 이 밖에 자신의 운동 프로필과 신체 데이터를 (예컨대 스마트워치 혹은 스마트밴드와 연동시켜) 스마트폰에 기록해둘 수도 있다. 이는 훈련을 개개인에 적합하게 변형시키고, 특정한 연습법을 남보다 더 자주 혹은 덜 자주 시행하고, 의욕 저하를 조기에 발견하고, 목표를 조정하는 데 유용하다.

스위스의 심리학자 연구팀이 스마트폰의 이러한 장점을 활용해 자발적인 성격 변화 훈련법을 테스트해보았다.[85] 이 연구에서 참가자들은 (성실성의 한 측면인) 자제력을 키우고 싶은지, 혹은 개방적인 사람이 되고 싶은지를 선택했다. 그리고 스마트폰으로 당일 목표를 상기시켜주는 문자, 자기 고찰을 독려하는 조언, 배경지식, 개인적 피드백이 담긴 간단한 메시지를 2주 동안 날마다 두 개씩 받았다. 진행 과정은 항상 동일했으며, 참가자들이 선택한 성격 특성에 따라 메시지의 내용과 목표는 각각 달랐다. 참가자들이 받은 전형적인 메시지는 예를 들면 다음과 같았다. "변화를 원하는 당신에게. 좋은 아침입니다. 오늘 당신이 정해둔 목표는 '양말 서랍 정리하기'입니다. 우리는 당신이 이 목표를 성공적으로 달성하길 바라며, 당신의 성과를 기대합니다!"

연구 결과에 따르면, 자제력을 키우고 싶어 한 사람들의 경우, 개방성보다 자제력이 훨씬 강화되었다. 반면 개방적인 사람이 되고 싶어 한 사람들은 자제력보다 개방성이 훨씬 더 강화되었다. 훈련이 끝나고 6주 후에도, 즉 연구 기간 종료 6주 후에도 이러한 효과는 지속되었다. 한 가지 덧붙이자면, 대부분의 참가자는 자신한테 약하게 나타나는 성격 특성을 변화시키겠다고 결정했다. 이는 사람들이 자신한테 약하게 나타나는 빅 파이브 성격 특성을 바꾸고 싶어 한다는 일반적인 인식에도 정확히 부합한다.

> 어느 정도의 기간이면 충분히 길까?

연구 결과 더 알아보기

성격 특성은 시간이 흘러도 상대적으로 변동성이 적다는 특징이 있다. 이것은 구체적으로 무엇을 의미하는가? 한 사람의 성격이 '완전히 말끔하게' 변했다고 말할 수 있으려면, 이로 인한 행동 변화가 얼마나 오랫동안 지속되어야 할까? 석 달, 여섯 달, 아니면 아홉 달? 금연한 지 반년 만에 다시 니코틴의 유혹에 넘어간 친구를 떠올려보라. 혹은 2년 동안 지옥의 다이어트를 하다가 요요 현상으로 이전보다 체중이 더 늘어난 사람을 떠올려보라. 성격의 변화에도 요요 현상이 올까?
어느 정도의 기간이 지나야 변화한 성격이 자리를 잡았다고 할 수 있는지는 구체적 맥락 없이는 대답하기 힘들다. 그 경계는 (흔히 그러하듯이) 정해져 있지 않다. 학술적인 연구들이 자발적 훈련을 통해 빅 파이브 성격 특성 등의 주요 성격 특성과 연관된 행동을 변화시킬 수 있다는 걸 보여줄 수 있다면, 이는 변화된 성격이 자리를 잡았다는 초기 단서가 될 수 있다. 단, 이러한 효과의 지속성을 평가하기 위해서는 장기간에 걸친 후속 연구가 필요한데, 현재까지는 이러한 후속 연구도 미진한 상태다.

앱 활용하기

앞에서 소개한 다수의 연구에서는 성격에 관한 정보를 본인이 직접 기록했다. 훈련 전후로 참가자들은 자신의 성격에 관한 질문에 대답하고, 두 시점을 서로 비교했다. 이러한 점 때문에 당사자들이 이 대목에서 어쩌면 눈속임을 할 수도 있다는 문제가 제기된다.

자제력을 강화하기 위해 여러 주 동안 노력해온 사람은 자신의 노고가 보람이 있었기를 바라기 마련이며, 훈련 성과를 지나치게 낙관적인 시각으로 바라볼 수도 있다. 어쩌면 달성한 변화가 매우 작아서 당사자의 눈에만 띌 수도 있다. 자발적인 훈련이 대대적인 변화를 초래해 가족, 친구, 동료 등 주변 사람들도 그 변화를 알아챌 정도일까?

이를 알아보기 위해 PEACH라는 이름의 앱이 개발되었는데, 이 앱은 사용자가 자신의 성격을 원하는 대로 바꿀 수 있게끔 자동으로 도와준다.[86] 사용자들은 챗봇과 (일기장이나 비디오 클립 등의) 보조 툴을 사용해 자신의 목표를 최대한 달성하기 위해서 다양한 정보와 과제, 동기 부여 메시지 및 피드백을 전송받는다. 초반의 몇몇 연구 결과에 따르면, 해당 앱은 실제로 유용한 것으로 입증되었다. 이 앱을 석 달 동안 사용한 사람들의 경우, 앱을 사용하지 않은 사람들에 비해 성격이 자기가 원하는 방향으로 두드러지게 변화했다.

한 가지 덧붙이자면, 이러한 변화는 앱 사용자만 인지한 게 아니라, 가족과 친구들까지 알아차렸으며, '개입'을 완료하고 석 달이 지난 후에도 유지되었다. 종합해보면, 이는 디지털 툴이 단순히 현금 없이 커피값을 결제하고, 과거의 사진들을 계속 들여다보거나 어디서든 게임을 즐길 수 있도록 해주는 것 외에 더 많은 일을 가능하게 해준다는 걸 분명하게 보여준다.

성격을 바꾸려는 이유

어떤 성격적 특징은 우리의 일상을 힘겹게 만든다. 예컨대 게으름이 심해서 집 안이 발 디딜 틈 없을 정도로 엉망진창인 경우, 온종일 방에만 틀어박혀 있느라 친구들이 다 떨어져나간 경우, 항상 '가시가 돋아 있어' 사람들과 사사건건 부딪치는 경우, 스스로 지나친 스트레스를 받아 자신이 세상의 모든 짐을 혼자서 짊어지고 있다고 여기는 경우, 일상이 힘들어진다. 이럴 때는 문제에 직접 접근해 특정한 사고의 틀과 행동 방식을 의식적으로 바꾸는 게 도움이 된다.

그런데 여기에서 문제란 무엇을 의미할까? 예를 들면 게으른 것이 우리에게 왜 문제가 될까? 우리 스스로가 주변 지인들처럼 정리 정돈이 잘된 상태를 원하기 때문인가? 아니면 정리 정돈이 안 된 상태를 지적하면서 자신들의 가정교육이 실패한 증거라고 한탄하는 부모님을 의식하기 때문인가? 정리 정돈을 잘하면 작업 능률이 오르고 실적이 더 좋아질 거라는 스스로의 생각 때문인가? 혹은 게으름을 피우지 않고 정리 정돈을 잘하면 더 사랑스럽고, 더 가치 있고, 더 나은 사람이 될 거라는 단순한 믿음 때문인가? 자기 변화에 대한 동기는 지극히 다양하다. 외부적 동기도 있고, 내부적 동기도 있고, 합당한 동기도 있고, 합당하지 않은 동기도 있을 수 있다.

스스로를 돌아보고, '오류'를 교정하고, 주어진 도전을 뛰어넘어 성장하고, 발전해나갈 준비가 되어 있는 것은 멋진 일이다. 단, 학습 의욕이 과도한 '자기 최적화'로 변질되는 것은 바람직하지 않을 수 있다. 즉, 사회에서 인정받는 '이상적인 전형' 혹은 타인의 기대에 부합하기 위해 있는 힘을 다해 스스로를 하나의 '틀'에 맞추어야 한다고 생각하는 것은 바람직하지 않다. 지금 '있는 그대로의 자신'으로는 부족하다고 여겨 자신으로부터 도망치려는 것도 바람직하지 않다.

어떤 이유에서든 자신을 온전히 받아들이지 못하고 자신이 지금보다 더 사랑스럽고, 더 매력적이고, 더 융통성 있고, 더 재치 있어야만 한다는 것은 일종의 궤변에 불과하다. 지금 '있는 그대로의 자신'에 대해 만족하지 못하는 사람은 설령 미스터 혹은 미스 유니버스의 완벽한 몸매를 가지고 노벨상을 받는다 해도 여전히 스스로 만족하지 못할 것이다.

'있는 그대로의 자신'을 온전히 받아들이는 것은 더없이 중요하다. 그런데 자발적인 '성격 훈련' 과정을 거치면서 우리는 자신의 부족함 및 약점과 끊임없이 직면하게 된다. 이로 인해 자신에 대한 불만이 더 커지고, 자존감이 하락할 수도 있다. 자신이 설정한 훈련 목표를 달성하지 못해 실패할 수도 있고, 자기 효능감에 대한 기대가 쪼그라들 수도 있다.

우리 자신의 본질적 특징을 '수리'하기에 앞서 한 번 솔직하게 터놓고 말해보자. 우리가 왜 더 개방적이고, 더 성실하고, 더 외향적이고, 더 친화적이어야 하고, 왜 정서적으로 안정되어야 하는가? 혹은 반대로 표현해보자.

우리가 지금 상태 그대로 개방적이고, 성실하고, 외향적이고, 친화적이고, 지금 이대로의 정서적 안정성을 유지하면 정확히 무엇이 문제란 말인가? 우리의 성격이 근본적으로 변해야만 달성할 수 있는 구체적인 목표가 눈앞에 있기 때문인가? 혹은 변화에 대한 우리의 갈망은 공허한 것인가? 우리가 지금과는 완전히 다른 사람이 된다면, 일상이 구체적으로 어떻게 달라질까? 무엇이 더 나아지고, 무엇이 더 나빠질 것인가? 감점이 될 만한 부분은 무엇일까? 어쩌면 우리가 다소 폐쇄적이긴 하지만, 그 대신 모든 새로운 트렌드를 쫓아다닐 필요는 없지 않은가? 어쩌면 정리 정돈을 못하지만, 그 대신 정리가 잘 안 된 곳에서도 마음 편히 잘 지내지 않는가? 어쩌면 말수 없이 조용히 살긴 하지만, 그 대신 남의 말을 아주 잘 경청하지 않는가? 어쩌면 너무 직설적으로 말하는 경향이 있지만, 그 대신 우리의 필요를 아주 잘 대변하지 않는가? 혹은 예민하긴 하지만, 그 대신 다가오는 위험을 제때 감지하는 능력이 있지 않은가?

여러 차례 언급했듯 OCEAN 값이 높으면 장단점이 있다. 따라서 성격 특성을 바꾼다는 것은 기존의 강점과 새로운 약점을 교환하는 걸 의미하기도 한다. 자기 성격의 장점을 분명히 알고 있으면, 성격을 바꾸는 과정에서 이러한 장점을 성급하게 없애버리는 일을 방지할 수 있다. 우리는 흔히 다른 사람이 메꿔줄 수 없는 자신의 작은 틈새를 특수한 효과를 통해 부족함 없이 메꾼다. 이는 우리 자신에게나 남들에게나 모두 바람직하다.

남들과 차별화되는 강점과 약점을 지니는 것은 매우 중요한데, 이런 경우에만 서로에게 부족한 부분을 서로 보완해줄 수 있기 때문이다. 다음과 같은 사실을 명심하라. 당신은 이 세상에 하나밖에 없는 유일한 존재다. 당신은 지금 이대로도 더없이 멋진 사람이다.

성격 변화 연습

만약 스스로를 바꾸고 싶다면 네 가지 항목에 주목해야 한다. 취리히대학교의 심리학 교수 마티아스 알망Mathias Allemand과 크리스토프 플뤼키거Christoph Flückiger는 다음과 같이 정리했다.[87]

① 현재 상황과 목표 파악하기

시작하기 전에 목표를 설정하라. 당신의 현재 위치는 어디이고, 이제 어디로 가려고 하는가? 그리고 왜 그걸 원하는가? 당신의 동기를 다시 생각해보라. 그 목표가 의미 있는 것이며, 또 변하고 싶다는 바람이 당신에게서 자발적으로 나온 것인가? 당신의 근원적 욕구는 무엇이고, 오래도록 행복하기 위해 당신에게 필요한 것은 무엇인가? 이는 마치 출발 지점과 도착 지점을 알면 경로를 정할 수 있는 구글 지도와 같다.

> 스스로에게 '기적의 질문'을 해보라

스스로에게 '기적의 질문'을 해보면 당신의 목표가 분명해진다. 당신이 오늘 밤 침대에 몸을 눕히며 불을 끄고, 눈을 감고, 잠드는 모습을 상상해보라. 당신이 잠든 동안 기적이 일어나서 지금 당신을 괴롭히는 문제가 저절로 해결된다. 다만 너무 깊게 잠들어서 그 과정을 체험하지는 못한다.

다음 날 아침, 당신은 무엇을 보고 기적이 일어났다는 사실을 알게 될까? 뭐가 제일 먼저 눈에 띌까? 정확히 무엇이 달라졌고, 어떤 느낌이 들까? 주변 사람들은 당신에게 기적이 일어났다는 걸 뭘 근거로 알아차릴까?

기적의 질문은 1980년대에 미국의 심리치료사이자 '해결 중심 단기 치료법'의 창시자 스티브 드셰이저Steve de Shazer가 개발했는데, 그는 실의에 빠진 한 환자가 기적 말고는 아무런 방법이 없다고 말하는 걸 듣고서 이를 고안해냈다.

얼마 지나지 않아 이 질문이 얼마나 쓸모가 있는지 밝혀졌다. 그 환자가 결국 자신의 문제를 잊고 해결 방법에 관심을 돌렸으며, 자신에게 중요한 게 무엇인지 깨달은 것이다.

기적의 질문에서는 목표뿐만 아니라 그 뒤에 숨어 있는 것들, 즉 개개인의 욕구는 무엇인지가 중요하다. 어쩌면 우리가 동료의 뒤를 열심히 쫓아가는 것은 그 동료만큼 성공하기 위해서일 수 있다. 또한 우리가 자신의 매력을 열심히 가꾸는 것은 영원한 사랑을 찾기 위해서일 수 있고, 부를 쌓는 것은 성공한 사람이 되기 위해서일 수 있다. 우리가 지나가는 세월을 아쉬워하며 젊음을 추구하는 것은 그 시절의 유연성을 그리워하기 때문일 것이다.

이러한 구체적인 바람 뒤에는 대개 지극히 기본적인 욕구가 숨어 있다. 즉, 남에게 인정받고 싶은 욕구, 소중한 사람으로 평가받고 싶은 욕구, 결속과 안정·통제·자유에 대한 욕구, 그리고 자신이 좋아하는 일을 하고 싶은 욕구 말이다.

그런데 이러한 기본 욕구들이 우리가 정한 목표를 통해서는 전혀 충족되지 않는 경우가 종종 있다. 대부분은 이러한 기본 욕구를 충족할 수 있는 훨씬 더 간단하고 효율적인 방법이 있다. 하지만 우리는 스스로가 지닌 문제의 늪에 너무 깊이 빠져 있어 나무만 보고 숲을 보지 못하는 경우가 많다. 절망이 깊을수록 시야는 더 좁아지게 마련이다.

따라서 기적의 질문은 문제가 아니라 그 해결책에서 출발한다. 즉, 기적의 질문에 답할 때, 당신은 일종의 이상적인 상황을 '창조' 해내는데, 이 경우 있을 만한 장벽이나 한계 상황, 그리고 실제로 존재하는 장벽이나 한계 상황에 전혀 구애받지 말아야 한다. 그러면 하나의 강력한 비전이 탄생하며, 이 비전은 당신에게 낙관적인 분위기뿐만 아니라 새로운 길을 보여준다. 그러고 나서 당신이 할 일은 원대한 목표에 한 발짝이라도 더 다가서기 위해 발걸음을 내디딜지 고민하는 것이다.

우리는 이런 '단계별 질문'을 통해 중간 목표를 설정하고 자신의 변화를 측정할 수 있다. "1이 시작할 때의 상황이고 10이 목표 상황이라면, 당신은 지금 어디에 서 있는가? 한 단계 더 나아가기 위해 당신이 할 수 있는 일은 무엇인가? 그러려면 얼마나 많은 시간이 필요한가?" 이 밖에도 다음과 같은 질문을 스스로에게 해볼 수 있을 것이다. "X 시점 이후로 무엇이 바뀌었나? 한 달 전에는 어디에 있었고, 한 달 후에는 어디에 있고 싶은가?"

② 강점과 자원 활용하기

당신의 강점과 당신이 활용할 수 있는 자원은 무엇인가? 무언가를 바꾸기 위해 당신은 그중에서 무엇을 사용할 수 있는지 고민해보라. 일기장에 오늘은 어떤 일이 순조롭게 진행되었고, 가장 행복한 순간은 언제였으며, 어떤 감사할 만한 일이 있었고, 동기를 유발한 일은 무엇이었는지 기록해보자.

주변에서도 당신의 지원군을 찾아보라. 칭찬이나 진심 어린 피드백, 아니면 드문드문 아련한 기억을 상기시켜줄 수 있는 사람을 떠올려보라. 최대한의 성과를 끌어내고 싶다면 아는 사람 모두에게 당신의 목표를 떠벌려라. 그러면 의무감이 생기고 압박이 커진다. 사람들 앞에서 웃음거리가 되고 싶지는 않을 테니까.

③ 행동과 경험 되돌아보기

자기 성찰이 중요하다는 사실을 모르는 사람은 없다. 하지만 일상생활 속에서 자신을 성찰하기란 쉽지 않은 일이다. 우리는 신나게 담배꽁초를 빨다가 문득 자신이 금연했다는 사실이 떠올라, '아차!' 하고 만다. 끊임없이 문제를 일으키는 사람들을 보고 화를 내지만 정작 자신도 만만치 않다는 사실은 알아채지 못한다. 그리고 한창 싸움이 격해지고 나면 처음에 먼저 상대방을 자극한 게 자신이었다는 사실을 까맣게 잊어버린다. 아이들이 늘 하는 말을 기억하라. "재가 먼저 그랬단 말이에요!"

이런 상황에서 생각과 감정 그리고 태도는 늘 함께 가기 마련이다. 사람은 누구나 부당한 대우를 받았다는 생각이 들면 분노가 치밀고 비난을 봇물 터지듯 쏟아낸다. 눈 깜짝할 사이에 상황은 살벌해지고, 어쩌다 그 지경에 이르렀는지 도무지 설명이 안 된다. 하지만 어떤 상황에서 어떻게 행동하는지를 되돌아보는 일은 매우 중요하다. 그래야만 미래에 유사한 상황에서 더 잘 행동하기 위해 구체적으로 어디에서 무엇부터 시작해야 하는지 알아낼 수 있다.

> ABC 모델

당신이 실행할 차례

ABC 모델(유발 상황Auslösende Situation, 평가Bewertung, 결과Konsequenzen)은 당신이 사건을 정리할 수 있게끔 도와준다. 만약 당신이 어떤 상황에 휘말렸는데 당신이 원하는 이상적인 성격의 사람과는 완전히 다른 대처를 했다면, 사건 후(사건이 일어나는 도중이라면 더욱 좋다!)에 그 일을 곰곰이 생각하고 다음과 같이 자문해보라. 이 일을 유발한 상황은 어떠했는가? '쓰레기를 누가 버리러 갈 것인가' 하는 문제를 갖고 사랑하는 사람과 말다툼을 하게 된 상황을 예로 들어보자. 그다음 단계로 당신이 이 상황을 어떻게 평가했는지 생각해보라.

무슨 생각으로 그랬는가? 아마 다음과 같은 생각으로 그랬을 것이다. '늘 나만 집안일에 묶여 있는 멍청이지. 도대체 왜 내가 이런 일을 다 해야 해? 도대체 왜? 완전 불공평해!' 마지막 단계에서는 그 결과 당신이 어떤 느낌이 들었는지, 그리고 어떻게 행동했는지가 관건이다. 아마 당신은 화가 많이 났을 것이다. 그래서 목소리가 커지고 문을 쾅하고 닫았을 것이다. 좀 더 친화적인 사람이 되고자 했던 결심과는 전혀 다르게 말이다.

ABC 모델을 활용하면 당신은 자신의 행동을 이해할 수 있을 뿐만 아니라, (부당한 대우로 자제력을 잃지 않고) 앞으로는 어떻게 다르게 반응할지 계획할 수 있다. 이를 위해 당신이 원하는 이상적인 성격의 사람이라면 같은 상황을 어떻게 평가할지, 즉 대안적인 평가를 떠올려보라.

예를 들면 다음과 같은 대안적인 평가가 있을 것이다. '이번에도 내가 쓰레기를 버리러 가야 한다는 게 화나. 우리는 지난주에 집안일을 공평하게 분담하기로 약속했어. 나는 지금 그 얘기를 하고 싶은 거야!' 그리고 당신이 원하는 이상적인 성격의 사람이라면 일종의 대안적인 평가로서 이 상황을 명백히 정의하고, 누가 그 일을 처리해야 하는지 확인해줄 것이다. 그러면 당신은 비록 화는 나겠지만 곧바로 폭발하지는 않을 것이다. 만일 당신이 다음번에 이같이 행동할 수 있다면, 조금 더 친화적이고자 하는 당신의 목표에 성큼 다가선 셈이다.

④ 연습, 연습, 연습… 그리고 익힌 것을 내 것으로 만들기

이제 당신이 원하는 이상적인 성격의 사람이 했을 행동을 당신이 똑같이 했다면? 축하합니다! 하지만 한 번 성공했다고 끝난 건 아니다. 이러한 행동을 지속적으로 유지하는 것이 중요하다. 새로운 태도가 습관이 될 때까지 계속 정진하라. 처음부터 매번 성공할 수는 없다. 하지만 몇 번의 실수로 체념하지 않고 계속 노력한다면 시간이 갈수록 수월해질 것이다.

이때 하루 또는 한 주 동안 해야 할 정확한 목표를 정하는 것이 도움이 될 수 있다. "매일 자기 전에 설거지를 끝내자. 그리고 이번 주에는 적어도 한 번 구석구석 청소기를 돌리자." 다음과 같은 '만약-그러면if-then 계획'도 매우 유용하다. "만약 그날 설거지를 할 수 없다면, 다음 날 아침에 15분 일찍 일어나서 다른 일을 하기 전에 설거지를 해치우자."

당신이 원하는 성격에 맞춘 과제를 정해서 연습 삼아 실천해볼 수도 있다. 더 친화적인 사람이 되고 싶다면, 낯선 사람에게 말을 걸어볼 수 있다(더 욕심을 내자면, 지금 바로 가라오케 무대에 올라가 당신의 애창곡을 부를 수도 있다). 지금보다 더 개방적인 사람이 되고 싶다면, 주변에서 가장 이국적인 식당에 가서 낯선 음식을 주문하라. 메뉴판이 외국어로 쓰여 있다면 더 좋다.

우리는 이처럼 간단한 전략만 가지고도 자신의 성격을 원하는 방향으로 끌어나갈 수 있다. 다만 이러한 노력이 항상 필요한 것은 아니다. 스스로를 더 잘 이해하고, 있는 그대로 받아들이는 방법을 배우면 우리의 행복감은 분명히 상승할 것이다. 또한 사람들이 왜, 어떻게 서로 다른지를 파악하면 타인을 있는 그대로 이해하는 일이 더 쉬워진다. 이 책이 그 일에 도움을 준다면 나는 더없이 기쁠 것 같다. 당신이 지금까지 읽은 내용을 더 깊이 이해하고 싶다면, 마지막으로 '연구실'의 모습을 살짝 들여다보기 바란다.

12장

나를 어떻게 해석할 것인가

: 연구실에서 하는 일

당신은 대부분 '선택한 무기Weapon of Choice'인 설문지를 통해 진행된 다수의 연구 결과를 읽고 난 지금, 이러한 설문지 자체에 어떤 의미가 있는지 궁금해졌을 것이다. 이 장에서는 심리학 설문지가 어떻게 만들어지는지, 그리고 이를 통해 얻은 테스트 점수를 어떻게 해석해서 활용할 수 있는지 알아보자. 덤으로 책 마지막에 당신의 '빅 파이브 성격 특성'은 어떤지 설문지를 통해 확인할 수 있을 것이다.

심리에 관한 설문지 작성

설문지는 개별 질문을 임의로 모아 붙이는 것이 아니라, 특정 규칙에 따라 단계적으로 제작한다. 첫 번째 단계는 측정해야 하는 성격 특성을 자세히 관찰하는 것이다. 즉, 이 성격적 특징은 어떤 점에서 구별되는가? 중요한 면모는 어떤 것인가? 이를 구성하는 요소들을 분리할 수 있는가? 이를 위해서는 이와 관련된 학술지를 연구하거나, 전문가 또는 당사자에게 질문할 수도 있다.

그다음 단계는 설명이나 질문(아이템)을 가능한 한 많이 수집하는 것이다. 실제로 사용하는 것보다 다섯 배에서 열 배 정도의 아이템을 수집해야 설문을 계속 진행하면서 나중에 부적절하다고 판명되는 것들을 가차 없이 빼버릴 수 있다. 이 단계에서는 표현을 적절하게 하는 게 핵심인데, 쉽고 명확하며 간결하면서도 구체적이고 중립적일 뿐만 아니라 내용적으로나 시간적으로도 분명해야 한다. 불분명하거나 난해한 표현, 낯선 외국어 단어, 종속문이 중첩된 긴 문장, 암시적인 질문, 가치 평가가 강한 판단이나 몇 번이고 생각해야 이해할 수 있는 이중 부정 문장은 금기사항이다.

아이템 자체만 중요한 것이 아니라 답변 형식도 중요하다. 자주 쓰이는 것은 표준적인 방식으로, -2점(전혀 그렇지 않다)에서 +2점(매우 그러하다)에 이르는 네 단계 또는 다섯 단계의 리커트 척도Likert scale가 있다. 답변의 선택지가 홀수인 경우에는 결단력이 없거나 무관심한 응답자들이 뒤로 가면서 결정을 내리지 못한 채 전부 중간값(이 경우는 0점)에 표시해버릴 위험이 있다. 또 답변의 수가 짝수인 경우에는(예, 1점에서 4점까지) 응답자들이 특정한 경향이 없거나 중간에 해당하는 경향이 있음에도 한 가지 방향으로 결정해버릴 위험이 있다. 그리고 답변의 수가 적은 경우는 한눈에 들어오기는 해도 단계적으로 구별하기가 어렵다. 답변의 종류가 많으면 더 정확하기는 해도 답변자들을 힘들게 할 수 있다. 각각의 형식마다 장단점이 있어 설문지를 작성할 때에는 꼼꼼히 저울질을 해보아야 한다.

그다음 단계는 수집한 아이템을 (가능한 한 해당 집단을 잘 대표할 수 있게) 임의 추출한 답변자들에게 제공하는 것이다. 그리고 여기서 나온 답변을 통계적 분석으로 평가한다.

이러한 답변을 통해서 특징적 구조(첫 번째 단계 참조)와 일치하는 다양한 아이템 그룹들이 생성되는가? 그룹 간 차이는 분명한가? 한 그룹에 속하는 아이템은 충분히 일치하는가? 특징이 두드러지는 사람과 불분명한 사람이 확실히 구별되는가, 아니면 모두에게 별 차이가 없는가?

전체 아이템과 개별 등급 그리고 아이템을 통계학적으로 속속들이 분석한 다음, 임시 설문지를 작성하고 나중에 (추가적인 점검 후에) 최종 설문지를 완성한다.

테스트 점수 해석

설문지에 대한 답변이 끝나고 개별 아이템의 점수를 더하면 특정 수치가 나온다. 이 수치는 무엇을 의미할까? 결과를 해석하려면 비교 가능한 일정한 기준이 있어야 하고, 이 기준을 위해서는 목표 집단을 잘 대표할 수 있는 특정한 비교 샘플을 통해 설문지와 수행력 테스트의 표준을 (보통은 작성 직후에) 마련해야 한다. 예컨대 독일에서 공부하는 대학생을 염두에 둔 설문 조사에서는 (노르웨이의 중년 인구가 아니라) 독일 대학생을 대표하는 샘플을 표준으로 삼아야 할 것이다. 그런 다음 표준화 작업을 통해 생성된 표준값과 우리가 얻은 자체 결과를 비교한다.

대부분의 성격 특성과 수행력 특성은 정규분포되어 있다. 특정 개체군 내에서 개별 값의 빈도를 그래프로 나타내면 이른바 '가우스의 종형 곡선bell-shaped curve'이 탄생한다. 다시 말해, 대부분의 사람은 평균치 근처의 점수에 해당한다. 수치가 평균치와 멀어질수록 해당 점수를 받은 사람의 수는 적어진다. 정규분포에서 중요한 특징적인 수치는 분산된 정도를 알려주는 표준편차와 중간값이다.

중간값과 표준편차를 이용하면 설문지와 수행력 테스트의 결과를 항목별로 분류하고 적절하게 분석할 수 있다. 이 과정에서 다음과 같은 대략적인 원칙이 정착되었다. 즉, 중간값 부근에서 표준편차에 못 미치거나(-) 초과하는(+) 사람은 해당 특징에서 평균적인 성향을 가지고 있다. 해당 특징이 완벽하게 정규분포되었다면, 이들은 약 68퍼센트에 해당한다. 중간값에서 표준편차 1 이상 점수가 낮은 사람은 평균 이하의 성향을 가지고 있다(약 16퍼센트). 마찬가지로 중간값에서 표준편차 1보다 높은 점수를 가진 사람은 평균 이상의 영역에 있다(이 또한 약 16퍼센트).

좋은 예로는 중간값이 100이고 표준편차 15인 지능지수IQ를 들 수 있다. IQ가 85에서 115 사이인 사람은 평균 지능, 85 이하인 사람은 평균 이하, 그리고 115 이상인 사람은 평균 이상으로 보는 식이다.

어느 하나의 특징이 정규분포되었다면 2퍼센트 정도만 중간값에서 표준편차 2 이상 또는 이하 값을 나타낸다. 예를 들면 IQ가 70 이하일 때는 저지능, 130 이상일 때는 영재라고 말할 수 있을 것이다. 물론 우리와 같은 일반인을 대상으로 고안된 기존 설문지와 테스트 방식은 특수한 영역에서는 별다른 변별점을 찾아내지 못한다. (예컨대 영재 등) 극단적인 집단에 특정한 질문을 하기 위해서는 별도의 특별한 테스트가 필요하다.

이처럼 설문지 또는 수행력 테스트에서 얻은 결과는 특정 관련 집단에 대해서만 상대적으로 해석할 수 있다. 중요한 것은 누구와 비교하느냐는 것이다. 단거리 경주에서, 우리를 올림픽 우승자와 비교한다면 당연히 옆집 할머니를 기준으로 삼는 것보다 훨씬 낮은 점수를 받게 될 것이다. 성격 특징에서도 마찬가지다. 따라서 중요한 것은 우리에게 맞는 비교 샘플에서 표준값을 정하는 것이다.

표준값은 적절해야 할 뿐만 아니라 가장 최신의 수치여야 한다. 그 이유는 IQ를 예로 들어 잘 설명할 수 있다. 뉴질랜드 출신 정치학자 제임스 플린James Flynn은 1984년 서방 세계에서 IQ 테스트로 측정한 지능이 점차 높아져 고점을 갱신하고 있다는 걸 최초로 확인했다.[88] 14개국 넘는 선진국에서 한 세대마다 평균적으로 5점에서 25점까지 지능이 상승했다. 특히 유동성 지능, 즉 언어 또는 사전 지식의 영향을 배제한 추론적 사고 능력 테스트에서 그러했다.

어떻게 이런 결과가 나왔을까? 인간이라는 종이 이렇게 단기간에 영리해졌을 것 같지는 않다. 이러한 진화론적 변화는 당연히 수백 년 또는 수천 년에 해당하는 오랜 기간이 걸리기 때문이다. 따라서 사람들은 환경적 요소가 '플린 효과'(발견자의 이름을 딴 이러한 효과는 현재로서는 약화된 상태다)에 영향을 미친다고 여긴다.

대부분의 국가는 과거 수십 년 동안 영양 공급, 생활 방식 및 의료 서비스가 확실히 개선되었다. 이는 신체의 상태뿐만 아니라 인지 기능에도 유리하게 작용해 궁극적으로 인간의 능력을 더욱 향상시켜주었다. 게다가 많은 지역에서 학교와 교육의 중심이 바뀌었다. 과거의 교육이 주입식과 맹목적인 암기에 주력했던 반면, 현재의 교육은 연역적·귀납적 사고, 지식의 응용 및 다른 분야로의 이전에 가치를 두고 있다. 과거 할아버지 세대에서는 괴테와 쉴러의 시를 암기했다면, 현재 학생들은 가상현실 속에서 정교한 도형 문제를 풀고 있다. 이런 과제는 기존의 지능 검사와 놀라우리만치 유사해서 상당한 훈련 효과를 발휘한다.

젊은 세대에게 IQ 테스트가 누워서 떡 먹기라는 사실은 정기적으로 새로운 표준을 마련해야 한다는 걸 의미한다. 우리가 관심을 가지는 것은 (적어도 한 개인의 조상에 대한 연구가 목적이 아니라면) 동시대인들과의 비교 점수이지, 우리가 조부모 세대와 비교해서 얼마나 나은지가 아니기 때문이다.

성격 변화 측정 방법

개개인의 성격이나 삶의 만족도가 변화했는지를 조사하고 싶다면, 두 가지 방식을 활용할 수 있다.

우선 '횡단 연구'에서는 해당 특징을 한 번만 측정한다. 직장생활을 시작한 이후, 혹은 최초로 남녀 관계를 맺은 이후 성격이 어떻게 변했는지 질문할 수 있다. 다만 이때는 질문을 받은 사람이 자신에 대해 (정확히) 기억하지 못하거나, 과거를 왜곡해서 기억하고 있을 가능성이 상당히 높다. 특정한 일이 자신에게 얼마나 힘들었는지, 이별했을 당시 얼마나 괴로웠는지를 그걸 극복하고 난 후에는 종종 잊어버리는 경우가 많기 때문이다.

따라서 변화를 조사할 때는 '종단 연구'가 더 적합하다. 종단 연구에서는 한 가지 특징을 반복적으로 여러 시점에 따라 조사하고 그 변화를 통계적으로 계산하기 때문에 오류 가능성이 줄어든다. 종단 연구 방식은 특정한 사건이 발생하기 이전에 미리 그 차이나 변화를 조사하는 데도 적합하다. 예컨대 종단 연구에서는 첫 직업 활동을 시작하기 전 개인의 성격이 어떻게 변하는지, 또는 어떤 위험 요인이 향후 몇 년 안에 개인의 우울증 발병 여부를 예측하게 해주는지 등을 분석할 수 있다. 이와 같은 이른바 '전향적-종단적 연구 방식'은 심리학과 의학에서 특정 위험군을 예측 및 확인하고 표적 예방 조치를 개발할 수 있으므로 매우 중요하다.

어떤 사건이 일어나기 전에 그 차이나 변화를 조사하기란 매우 힘든 일이다. 그 사건이 일어날지, 언제 일어날지 아무도 알 수 없다. 향후 몇 년 안에 영원한 사랑을 발견할지, 큰 병에 걸릴지, 아니면 자식을 잃게 될지 아무도 (아니면 적어도 정확히는) 모른다. 따라서 조만간에 이러한 사건을 경험하게 될 사람을 표적해 조사하는 일은 거의 불가능하다. 그러므로 꽤 많은 사람을 반복적으로 조사해야만 적어도 그중 몇 명 정도는 나중에 그런 일을 경험하게 될 것이다. (자식의 죽음 등) 매우 드물게 일어나는 일에는 더욱 그렇다.

대규모 종단 연구는 시간과 비용이 많이 소요되기 때문에 대부분 주요 기관의 지휘하에 관리된다. 이 책에서 여러 차례 언급한 SOEP에서는 1980년대부터 독일 전역을 대표하는 가정을 표본으로 매년 수천 명에게 설문 조사를 진행한다. 이와 관련해 베를린에 있는 독일경제연구소는 모든 전공 분야의 연구자에게 정보를 제공하는 데 주도적인 역할을 하고 있다.

직접 테스트하기

당신의 빅 파이브 성격 특성이 어떤 모습일지 궁금한가? 그렇다면 방해받지 않고 설문지에 답할 수 있는 시간을 마련하라. 시간이 부족하면 당황해서 성의 없이 틀린 답을 하는 일이 발생할 수 있으니 말이다. 당신에게 가장 잘 맞는 상황에 체크하되 가능한 한 즉석에서 신중하게 답하라. 정답이 있는 시험이 아니다. 또한 당신이 어떻게 보이고 싶다거나, 과거에는 어땠다거나, 아니면 언젠가는 이러이러한 모습일 거라고 이야기하는 것도 아니다. 단지 당신의 현재 성격의 상태를 체크하는 것이다! 그러니 당신 스스로에게 솔직하라. 평상시에 어떻게 행동하며, 중요한 것은 무엇이고, 어떤 점이 당신 특유의 것인가?

만약 현재 당신이 예외적인 상황에 처해 있다면, 평소 때보다 답변이 조금 달라지는 것은 당연하다. 하지만 분명 당신은 자신의 어떤 태도가 그 상황에서 비롯된 것이고, 어떤 태도가 '일반적인' 태도, 즉 일상적인 태도인지 구별할 수 있을 것이다. 또한 이를 통해 당신은 자신의 성격에 변동이 전혀 없는 게 아니라, (어떤 상황에 처할 때, 혹은 장기적으로) 변화할 수 있다는 걸 이해하게 될 것이다. 이러한 변화를 측정하고 싶다면, 몇 달 후 설문지에 다시 한번 답하고, 오늘 답변의 결과와 비교해보라.

당신이 표시한 각 점수를 모두 더하라. 그러면 각 성격 특성이 평균 미만인지, 평균인지, 혹은 평균 이상인지 알 수 있다.[89]

	새로운 경험에 대한 개방성	전혀 아님	아님	보통	맞음	매우 맞음
1	나는 종종 몽상에 잠길 때가 있다.	1	2	3	4	5
2	나는 세상을 여행하는 상상을 즐긴다.	1	2	3	4	5
3	나는 생각에 잠겨 있기를 좋아한다.	5	4	3	2	1
4	나는 공상을 자주 한다.	5	4	3	2	1
5	나는 상상력이 아주 뛰어나다.	5	4	3	2	1
6	나의 상상력은 삶의 여러 상황에 도움이 된다.	1	2	3	4	5
7	나는 예술을 매우 중요하게 여긴다.	1	2	3	4	5
8	나는 미적 감각이 남다르다.	5	4	3	2	1
9	나는 사물에서 남들이 알아채지 못하는 아름다움을 인식할 수 있다.	5	4	3	2	1
10	예술 작품은 내게 깊은 감명을 준다.	1	2	3	4	5
11	나는 모든 아름다운 것에 열광한다.	5	4	3	2	1
12	아름다운 것은 내 삶에 특별한 비중을 차지한다.	5	4	3	2	1
13	나는 내 감정을 매우 심도 있게 느낀다.	1	2	3	4	5
14	나는 타인의 감정을 공감하는 데에 특별한 능력이 있다.	1	2	3	4	5
15	나의 감정은 나의 생각과 행동을 이끈다.	1	2	3	4	5
16	나는 감정적 '고기압'과 '저기압'을 남들보다 더 자주 접한다.	5	4	3	2	1
17	나는 분위기를 매우 민감하게 감지한다.	5	4	3	2	1
18	나의 감정 세계는 지극히 다양하다.	1	2	3	4	5
19	나는 내가 잘 알지 못하는 것들을 시도하기 좋아한다.	1	2	3	4	5
20	나는 루틴보다 변화를 선호한다.	1	2	3	4	5
21	나는 변화를 모색한다.	1	2	3	4	5
22	나는 새로운 경험을 추구한다.	5	4	3	2	1
23	나는 알려진 것보다 새로운 것을 더 좋아한다.	5	4	3	2	1

24	나는 내 삶의 특징이 '다양한' 걸 중시한다.	5	4	3	2	1
25	나는 복잡한 문제를 다루는 걸 좋아한다.	5	4	3	2	1
26	나는 추상적인 아이디어에 관심이 많다.	5	4	3	2	1
27	나는 수준 높은 내용에 몰두하는 걸 좋아한다.	1	2	3	4	5
28	나는 다양한 이론을 분석하는 걸 좋아한다.	5	4	3	2	1
29	생소한 분야의 지식은 나의 호기심을 깨운다.	5	4	3	2	1
30	나는 새로운 아이디어를 다루는 걸 좋아한다.	5	4	3	2	1
31	나는 세금으로 예술가를 지원하는 것이 중요하다고 생각한다.	5	4	3	2	1
32	나는 '지원'해주는 것이 '징계'하는 것보다 항상 낫다고 생각한다.	1	2	3	4	5
33	나는 모든 형태의 권위를 비판적인 눈으로 살펴본다.	1	2	3	4	5
34	나는 죄수들이 가혹한 대우를 받는다고 생각한다.	1	2	3	4	5
35	나는 시간이 흐르면서 전통이 달라지는 건 적절하다고 생각한다.	1	2	3	4	5
36	나는 공동체의 규범에 관해 자주 비판적인 회의를 품는다.	5	4	3	2	1
합산 점수	• 111 미만: 개방성 평균 미만 • 111~145: 개방성 평균 • 145 초과: 개방성 평균 이상					

	성실성	전혀 아님	아님	보통	맞음	매우 맞음
1	나는 뭐든 쉽고 빠르게 이해한다.	1	2	3	4	5
2	나는 좋은 해법을 찾는 데 소질이 있다.	1	2	3	4	5
3	나는 맡은 일을 항상 성공적으로 마친다.	5	4	3	2	1
4	나는 이성적인 결정을 쉽게 내린다.	5	4	3	2	1

5	나는 미래의 과제를 수행할 준비가 잘 되어 있다고 느낀다.	5	4	3	2	1
6	나는 내 삶을 성공적으로 수행할 수 있다고 확신한다.	1	2	3	4	5
7	나는 물건을 사용하고 나면 항상 제자리에 놓으려고 신경 쓴다.	1	2	3	4	5
8	나는 정리 정돈을 좋아한다.	5	4	3	2	1
9	나는 내 물건과 재산을 아주 소중히 다룬다.	5	4	3	2	1
10	나는 정리 정돈이 안 되어 있는 상태가 매우 거슬린다.	1	2	3	4	5
11	나는 정해진 순서대로 일을 처리하는 걸 좋아한다.	5	4	3	2	1
12	나는 체계적으로 정리하고 그 상태를 유지한다.	5	4	3	2	1
13	나는 아주 믿을 만한 사람이다.	1	2	3	4	5
14	나는 삶의 모든 분야에 강한 책임 의식을 지니고 있다.	1	2	3	4	5
15	나는 나의 원칙을 엄격하게 지키며 행동한다.	1	2	3	4	5
16	내게 시간 엄수는 매우 중요하다.	5	4	3	2	1
17	나는 나의 의무를 이행하려 최선을 다한다.	5	4	3	2	1
18	나는 즐겁게 노는 것보다 일하는 것이 우선이다.	1	2	3	4	5
19	나는 나의 목표를 달성하기 위해 최선을 다한다.	1	2	3	4	5
20	나는 열심히 일한다.	1	2	3	4	5
21	나는 내가 맡은 일을 매우 적극적으로 수행한다.	1	2	3	4	5
22	나는 기대치보다 항상 목표를 상향 달성하고 싶어 한다.	5	4	3	2	1
23	나는 달성하기 쉽지 않은 목표가 생기면 힘이 난다.	5	4	3	2	1
24	나는 나의 계획을 이루기 위해 많은 시간과 노력을 쏟는다.	5	4	3	2	1

25	나는 하나의 과제를 시작하면 다른 것에 신경 쓰지 않는다.	5	4	3	2	1
26	나는 의지가 강하기 때문에 의욕 부진을 쉽게 극복한다.	5	4	3	2	1
27	나는 과제를 수행할 때 매우 자제력 있게 행동한다.	1	2	3	4	5
28	나는 결심한 바를 쉽게 실천에 옮긴다.	5	4	3	2	1
29	나는 오래 걸리는 과제를 매우 끈기 있게 수행한다.	5	4	3	2	1
30	나는 일단 계획을 수행하기 시작하면 힘든 기간도 잘 넘겨 끝까지 마친다.	5	4	3	2	1
31	나는 행동하기 전에 어떤 오류가 생길지 미리 생각해본다.	5	4	3	2	1
32	나는 말할 때 단어를 신중하게 선택한다.	1	2	3	4	5
33	나는 행동에 나서기 전에 충분히 숙고한다.	1	2	3	4	5
34	나는 모든 일에 항상 신중하게 접근한다.	1	2	3	4	5
35	나는 나의 계획을 항상 철저하게 검토한다.	1	2	3	4	5
36	나는 신중하게 결정하기 위해 충분한 시간을 둔다.	5	4	3	2	1
합산 점수	• 117 미만: 성실성 평균 미만 • 117~152: 성실성 평균 • 152 초과: 성실성 평균 이상					

	외향성	전혀 아님	아님	보통	맞음	매우 맞음
1	나는 친구를 쉽게 사귄다.	1	2	3	4	5
2	사람들은 나와 쉽게 친해진다.	1	2	3	4	5
3	나는 남들에게 쉽게 다가간다.	5	4	3	2	1

4	나는 사람들과 대화하는 걸 좋아한다.	5	4	3	2	1
5	나는 사교적인 사람이다.	5	4	3	2	1
6	나는 친절한 사람이라는 인상을 준다.	1	2	3	4	5
7	나는 혼자 있는 걸 좋아하지 않는다.	1	2	3	4	5
8	나는 사람들이 모이는 대소사를 좋아한다.	5	4	3	2	1
9	나는 그룹의 일원이 되고 싶어 한다.	5	4	3	2	1
10	나는 정적을 피한다.	1	2	3	4	5
11	나는 다수의 사회적 관계를 관리·유지한다.	5	4	3	2	1
12	나는 여러 사람과 모이는 걸 좋아한다.	5	4	3	2	1
13	나는 남을 가르치는 걸 좋아한다.	1	2	3	4	5
14	나는 남다른 설득력이 있다.	1	2	3	4	5
15	나는 내가 관심 있는 일에 사람들의 관심을 쉽게 끌어 모은다.	1	2	3	4	5
16	나는 한 그룹의 주도권을 잡는 걸 좋아한다.	5	4	3	2	1
17	리더 역할을 하는 것은 나의 강점 중 하나다.	5	4	3	2	1
18	나는 나의 의견을 강력하게 내세운다.	1	2	3	4	5
19	나는 만사에 속도가 빠르다.	1	2	3	4	5
20	나는 항상 도약하는 중이다.	1	2	3	4	5
21	나는 자유 시간을 다양하게 보낸다.	1	2	3	4	5
22	나는 반응이 빠르다.	5	4	3	2	1
23	나는 다양한 일을 동시에 진행하는 걸 좋아한다.	5	4	3	2	1
24	나는 추진력이 매우 강하다.	5	4	3	2	1
25	나는 스릴 넘치는 일을 좋아한다.	5	4	3	2	1
26	나는 무모한 일을 시도하는 걸 좋아한다.	5	4	3	2	1
27	나는 모험을 좋아한다.	1	2	3	4	5
28	나는 항상 흥분할 만한 거리를 찾아다닌다.	5	4	3	2	1

29	나는 모험할 기회를 절대 놓치지 않는다.	5	4	3	2	1
30	나는 리스크가 따르는 일을 좋아한다.	5	4	3	2	1
31	나는 기쁨이 넘치는 사람이다.	5	4	3	2	1
32	나는 사는 것이 즐겁다.	1	2	3	4	5
33	나는 어린아이처럼 기뻐할 때가 종종 있다.	1	2	3	4	5
34	나는 인생의 밝은 면을 본다.	1	2	3	4	5
35	나는 친구들을 웃게 만든다.	1	2	3	4	5
36	나는 때때로 감격에 겨워 열광하는 순간이 있다.	5	4	3	2	1
합산 점수	• 105 미만: 외향성 평균 미만 • 105~143: 외향성 평균 • 143 초과: 외향성 평균 이상					

	친화성	전혀 아님	아님	보통	맞음	매우 맞음
1	나는 타인들이 내게 호의를 지니고 있다고 굳게 믿는다.	1	2	3	4	5
2	나는 선의를 지니고 있다.	1	2	3	4	5
3	나는 항상 남들이 선의를 지니고 있다고 생각한다.	5	4	3	2	1
4	나는 인간의 내면에 선이 있다고 확신한다.	5	4	3	2	1
5	나는 근본적으로 인간이 정직하다고 여긴다.	5	4	3	2	1
6	나는 남들이 공정하게 행동한다고 전제한다.	1	2	3	4	5
7	나는 나의 이익을 위해 남들에게 영향을 미칠 마음이 전혀 없다.	1	2	3	4	5
8	나는 남들과 경쟁할 때 규칙을 철저하게 지킨다.	5	4	3	2	1
9	나는 내가 들고 있는 카드를 항상 다 보여주고 경기에 임한다.	5	4	3	2	1
10	나는 손해를 보더라도 정직하게 행동한다.	1	2	3	4	5
11	나는 어린아이와 같은 솔직함을 유지해왔다.	5	4	3	2	1

12	나는 남을 칭찬할 때도, 비판할 때도 거리낌이 없다.	5	4	3	2	1
13	남들의 욕구가 내게는 1순위다.	1	2	3	4	5
14	나는 나 자신보다 남들을 더 돌본다.	1	2	3	4	5
15	나는 모든 사람에게 좋은 말을 해준다.	1	2	3	4	5
16	나는 남들을 안전하게 보호해준다.	5	4	3	2	1
17	나는 남들이 잘 지내도록 나 자신이 원하는 바를 뒤로한다.	5	4	3	2	1
18	나는 남들이 기분 좋게 지낼 수 있도록 조치한다.	1	2	3	4	5
19	나는 남의 말에 반박하는 걸 매우 꺼린다.	1	2	3	4	5
20	나는 갈등을 조속하게 없애려 최선을 다한다.	1	2	3	4	5
21	나는 다툼을 감수하기보다는 나의 불만을 억제하는 편이다.	1	2	3	4	5
22	나는 갈등이 있을 때 화해하려고 나선다.	5	4	3	2	1
23	나는 분쟁이 있을 때마다 대부분 양보한다.	5	4	3	2	1
24	나는 내가 옳다고 주장하는 것보다 타협하는 편이 마음 편하다.	5	4	3	2	1
25	나는 나의 재능을 숨기려는 경향이 강하다.	5	4	3	2	1
26	나는 남들의 시선을 받는 게 불편하다.	5	4	3	2	1
27	나는 나의 능력이 부각되는 걸 원치 않는다.	1	2	3	4	5
28	나는 나의 성공에 관해 이야기하는 걸 즐기지 않는다.	5	4	3	2	1
29	나는 남들 앞에서 두각을 나타내고 싶은 욕심이 없다.	5	4	3	2	1
30	나는 나에 관한 것을 남들 앞에서 축소하는 경향이 있다.	5	4	3	2	1
31	나는 마음이 부드러운 사람을 본받고 싶다.	5	4	3	2	1
32	나는 경쟁력이 있는 것보다 협력을 잘하는 걸 더 중요하게 여긴다.	1	2	3	4	5

33	나는 타인의 아픔이 마음 깊이 와닿는다.	1	2	3	4	5
34	약자와의 연대는 내게 가장 중요한 덕목이다.	1	2	3	4	5
35	나는 모든 사람이 행복하기를 진심으로 바란다.	1	2	3	4	5
36	나는 정의보다 착한 마음을 더 중요하게 여긴다.	5	4	3	2	1
합산 점수	• 109 미만: 친화성 평균 미만 • 109~140: 친화성 평균 • 140 초과: 친화성 평균 이상					

	신경성(정서적 안정성)	전혀 아님	아님	보통	맞음	매우 맞음
1	나는 쉽게 염려하는 편이다.	1	2	3	4	5
2	나는 내가 긴장하고 있다고 느낄 때가 많다.	1	2	3	4	5
3	나는 뭔가가 잘못될 수 있다는 생각을 자주 한다.	5	4	3	2	1
4	나는 어떤 사건이 생길 때마다 쉽게 불안해한다.	5	4	3	2	1
5	나는 두려운 것이 많다.	5	4	3	2	1
6	나는 초조할 때가 많다.	1	2	3	4	5
7	나는 강한 분노를 느낄 때가 자주 있다.	1	2	3	4	5
8	나는 쉽게 화가 난다.	5	4	3	2	1
9	나는 마음의 상처를 잘 받는다.	5	4	3	2	1
10	나는 쉽게 자극을 받는다.	1	2	3	4	5
11	나는 급속도로 기분이 저하된다.	5	4	3	2	1
12	나는 나 자신이 성미가 급하다고 느낀다.	5	4	3	2	1
13	나는 슬픈 기분이 자주 든다.	1	2	3	4	5
14	나는 자신에 대한 회의를 자주 느낀다.	1	2	3	4	5
15	나는 회의감이 자주 든다.	1	2	3	4	5
16	나는 현재의 나와 달라지고 싶은 마음이 자주 든다.	5	4	3	2	1

17	나는 무언가에 대한 압박감을 자주 느낀다.	5	4	3	2	1
18	나는 모든 것을 비관적으로 생각하는 날이 있다.	1	2	3	4	5
19	나는 쉽게 당황한다.	1	2	3	4	5
20	나는 부끄러운 것이 많다.	1	2	3	4	5
21	나는 낯선 사람을 사귀는 게 힘들다.	1	2	3	4	5
22	나는 힘겨운 사회적 상황이 눈앞에 닥치면 의기소침해진다.	5	4	3	2	1
23	나는 남들의 시선이 내게 집중되면 당황스럽다.	5	4	3	2	1
24	나는 사람들 앞에서 이야기하는 게 불편하다.	5	4	3	2	1
25	나는 유혹을 물리치기가 힘들다.	5	4	3	2	1
26	나는 나중에 후회할 일을 자주 한다.	5	4	3	2	1
27	나는 방종한 생활을 좋아한다.	1	2	3	4	5
28	나는 결심을 지키기가 힘들다.	5	4	3	2	1
29	나는 포기하는 걸 매우 싫어한다.	5	4	3	2	1
30	나는 절제하기가 힘들다.	5	4	3	2	1
31	나는 패닉 상태에 쉽게 빠진다.	5	4	3	2	1
32	나는 압박을 받으면 급속도로 불안해진다.	1	2	3	4	5
33	나는 긴박한 상황을 잘 넘기지 못할 거라는 느낌을 자주 받는다.	1	2	3	4	5
34	나는 불리한 일이 생기면 쉽게 쓰러진다.	1	2	3	4	5
35	나는 스트레스 상황에서 감정에 휘둘린다.	1	2	3	4	5
36	나는 어려운 상황에서 외부의 도움에 의지한다.	5	4	3	2	1
합산 점수	• 72 미만: 신경성 평균 미만(정서적으로 꽤 안정적이다) • 72~118: 신경성 평균 • 118 초과: 신경성 평균 이상(정서적으로 불안정하다)					

주

1 Vazire, S. Who knows what about a person? The self-other knowledge asymmetry (SOKA) model. *Journal of Personality and Social Psychology* 98, 281-300 (2010).

2 Kruger, J. & Dunning, D. Unskilled and unaware of it: how difficulties in recognizing one's own incompetence lead to inflated self-assessments. *Journal of Personality and Social Psychology* 77, 1121-1134 (1999).

3 Allport, G. W. & Odbert, H. *Trait-Names: a Psycho-lexical Study. No.* 211. Psychological Review Monographs (1936).

4 Skinner, E. A. A guide to constructs of control. *Journal of Personality and Social Psychology* 71, 549-570 (1996).

5 McCain, J. L. & Campbell, W. K. Narcissism and social media use: a metaanalytic review. *Psychology of Popular Media Culture* 7, 308-327 (2018).

6 Helliwell, J. F., Layard, R., Sachs, J. D., De Neve, J.-E. & Aknin, L. B., & Wang, S. *World Happiness Report 2022*. Sustainable Development Solutions Network (2022).

7 Anglim, J., Horwood, S., Smillie, L. D., Marrero, R. J. & Wood, J. K. Predicting psychological and subjective well-being from personality: a metaanalysis. *Psychological Bulletin* 146, 279-323 (2020).

8 Strickhouser, J. E., Zell, E. & Krizan, Z. Does personality predict health and well-being? A metasynthesis. *Health Psychology* 36, 797-810 (2017).

9 Bogg, T. & Roberts, B. W. Conscientiousness and health-related behaviors: a meta-analysis of the leading behavioral contributors to mortality. *Psychological Bulletin* 130, 887-919 (2004).

10 Friedman, H. S. et al. Does childhood personality predict longevity? *Journal of Personality and Social Psychology* 65, 176-185 (1993).

11 Friedman, H. S. et al. Childhood conscientiousness and longevity: health behaviors and cause of death. *Journal of Personality and Social Psychology* 68,

696-703 (1995).

12 Hudson, N. W. & Roberts, B. W. Goals to change personality traits: Concurrent links between personality traits, daily behavior, and goals to change oneself. *Journal of Research in Personality* 53, 68-83 (2014).

13 Luhmann, M., Lucas, R. E., Eid, M. & Diener, E. The prospective effect of life satisfaction on life events. *Social Psychological and Personality Science* 4, 39-45 (2013).

14 Fox, N. A., Henderson, H. A., Marshall, P. J., Nichols, K. E. & Ghera, M. M. Behavioral inhibition: Linking biology and behavior within a developmental framework. *Annual Review of Psychology* 56, 235-262 (2005).

15 Sandstrom, A., Uher, R. & Pavlova, B. Prospective association between childhood behavioral inhibition and anxiety: a meta-analysis. *Research on Child and Adolescent Psychopathology* 48, 57-66 (2020).

16 Tang, A. et al. Infant behavioral inhibition predicts personality and social outcomes three decades later. *Proceedings of the National Academy of Sciences* 117, 9800-9807 (2020).

17 Asselmann, E., Wittchen, H. U., Lieb, R., Hofler, M. & Beesdo-Baum, K. The role of behavioral inhibition and parenting for an unfavorable emotional trauma response and PTSD. *Acta Psychiatrica Scandinavica* 131, 279-289 (2015).

18 Asselmann, E. et al. Assessing the interplay of childhood adversities with more recent stressful life events and conditions in predicting panic pathology among adults from the general population. *Journal of Affective Disorders* 225, 715-722 (2018).

19 Klimstra, T. A., Hale III, W. W., Raaijmakers, Q. A., Branje, S. J. & Meeus, W. H. Maturation of personality in adolescence. *Journal of Personality and Social Psychology* 96, 898-912 (2009).

20 Roberts, B. W., Walton, K. E. & Viechtbauer, W. Patterns of mean-level change in personality traits across the life course: a meta-analysis of

longitudinal studies. *Psychological Bulletin* 132, 1-25 (2006).

21 Branje, S. J., Van Lieshout, C. F. & Gerris, J. R. Big Five personality development in adolescence and adulthood. *European Journal of Personality* 21, 45-62 (2007).

22 Asselmann, E. & Beesdo-Baum, K. Predictors of the course of anxiety disorders in adolescents and young adults. *Current Psychiatry Reports* 17, 1-8 (2015).

23 Bleidorn, W. *et al.* Personality maturation around the world: a cross-cultural examination of social-investment theory. *Psychological Science* 24, 2530-2540 (2013).

24 Roberts, B. W. & Wood, D. Personality development in the context of the neo-socioanalytic model of personality in *Handbook of Personality Development* (eds D. K. Mroczek & T. D. Little) 11-39. Lawrence Erlbaum Associates Publishers (2006).

25 Carstensen, L. L. The influence of a sense of time on human development. *Science* 312, 1913-1915 (2006).

26 Asselmann, E. & Specht, J. Personality maturation and personality relaxation: Differences of the Big Five personality traits in the years around the beginning and ending of working life. *Journal of Personality* 89, 1126-1142 (2021).

27 Denissen, J. J. *et al.* Uncovering the power of personality to shape income. *Psychological Science* 29, 3-13 (2018).

28 Asselmann, E. & Specht, J. Longitudinal bidirectional associations between personality and becoming a leader. *Journal of Personality*, advance online publication, doi: 10.1111/jopy.12719 (2022).

29 Asselmann, E. & Specht, J. Becoming a leader does not make happy: changes in cognitive and affective well-being in the years before and after starting a leadership position. *Talk at the 52nd Congress of the German Psychological Society in Hildesheim, Germany* (2022).

30 Asselmann, E., Klimstra, T. & Denissen, J. J. Unraveling resilience: Personality predicts exposure and reaction to stressful life events. *Personality Science* 2, e6055 (2021).

31 Pusch, S., Mund, M., Hagemeyer, B. & Finn, C. Personality development in emerging and young adulthood: a study of age differences. *European Journal of Personality* 33, 245-263 (2019).

32 Neyer, F. J. & Asendorpf, J. B. Personality-relationship transaction in young adulthood. *Journal of Personality and Social Psychology* 81, 1190-1204 (2001).

33 Wagner, J., Becker, M., Ludtke, O. & Trautwein, U. The first partnership experience and personality development: a propensity score matching study in young adulthood. *Social Psychological and Personality Science* 6, 455-463 (2015).

34 Lehnart, J., Neyer, F. J. & Eccles, J. Long-term effects of social investment: The case of partnering in young adulthood. *Journal of Personality* 78, 639-670 (2010).

35 Asselmann, E. & Specht, J. Taking the ups and downs at the rollercoaster of love: Associations between major life events in the domain of romantic relationships and the Big Five personality traits. *Developmental Psychology* 56, 1803-1816 (2020).

36 Headey, B. & Wearing, A. Personality, life events, and subjective well-being: Toward a dynamic equilibrium model. *Journal of Personality and Social Psychology* 57, 731-739 (1989).

37 Asselmann, E. & Specht, J. Changes in affective well-being around positive and negative events in the domain of love. *Talk at the 16th Biennial Conference of the German Psychological Society - Personality Psychology and Psychological Diagnostics (DPPD) Section in Ulm, Germany* (2021).

38 Asselmann, E. & Specht, J. Testing the Social Investment Principle around childbirth: Little evidence for personality maturation before and after becoming a parent. *European Journal of Personality* 35, 85-102 (2021).

39 van Scheppingen, M. A. *et al.* Personality trait development during the

transition to parenthood: a test of social investment theory. *Social Psychological and Personality Science* 7, 452-462 (2016).

40 Asselmann, E. & Specht, J. Changes in subjective well-being around childbirth in women and men, in preparation.

41 Asselmann, E., Wittchen, H.-U., Petzoldt, J. & Martini, J. Peripartum changes in partnership quality among women with and without anxiety and depressive disorders prior to pregnancy: a prospective-longitudinal study. *Archives of Women's Mental Health* 19, 281-290 (2016).

42 Asselmann, E., Hoyer, J., Wittchen, H.-U. & Martini, J. Sexual problems during pregnancy and after delivery among women with and without anxiety and depressive disorders prior to pregnancy: a prospective-longitudinal study. *The Journal of Sexual Medicine* 13, 95-104 (2016).

43 Luhmann, M., Hofmann, W., Eid, M. & Lucas, R. E. Subjective well-being and adaptation to life events: a meta-analysis. *Journal of Personality and Social Psychology* 102, 592-615 (2012).

44 Asselmann, E., Garthus-Niegel, S., Knappe, S. & Martini, J. Physical and mental health changes in the five years before and five years after childbirth: a population-based panel study in first-time mothers and fathers from Germany. *Journal of Affective Disorders* 301, 138-144 (2022).

45 Asselmann, E., Kunas, S. L., Wittchen, H.-U. & Martini, J. Maternal personality, social support, and changes in depressive, anxiety, and stress symptoms during pregnancy and after delivery: a prospective-longitudinal study. *PloS one* 15, e0237609 (2020).

46 Asselmann, E., Wittchen, H.-U., Erler, L. & Martini, J. Peripartum changes in social support among women with and without anxiety and depressive disorders prior to pregnancy: a prospective-longitudinal study. *Archives of Women's Mental Health* 19, 943-952 (2016).

47 Asselmann, E., Wittchen, H.-U., Lieb, R., Hofler, M. & Beesdo-Baum, K. Does low coping efficacy mediate the association between negative life events and incident psychopathology? A prospective-longitudinal community study among adolescents and young adults. *Epidemiology and Psychiatric Sciences* 25, 171-180 (2016).

48 Asselmann, E., Wittchen, H.-U., Lieb, R. & Beesdo-Baum, K. A 10-year prospective-longitudinal study of daily hassles and incident psychopathology among adolescents and young adults: interactions with gender, perceived coping efficacy, and negative life events. *Social Psychiatry and Psychiatric Epidemiology* 52, 1353-1362 (2017).

49 Asselmann, E., Wittchen, H.-U., Lieb, R., Perkonigg, A. & Beesdo-Baum, K. Incident mental disorders in the aftermath of traumatic events: a prospective- longitudinal community study. *Journal of Affective Disorders* 227, 82-89 (2018).

50 Asselmann, E., Wittchen, H. U., Lieb, R. & Beesdo-Baum, K. Sociodemographic, clinical, and functional long-term outcomes in adolescents and young adults with mental disorders. *Acta Psychiatrica Scandinavica* 137, 6-17 (2018).

51 Asselmann, E., Wittchen, H.-U., Lieb, R., Hofler, M. & Beesdo-Baum, K. Danger and loss events and the incidence of anxiety and depressive disorders: a prospective-longitudinal community study of adolescents and young adults. *Psychological Medicine* 45, 153-163 (2015).

52 Kische, H., Zenker, M., Pieper, L., Beesdo-Baum, K. & Asselmann, E. Applied relaxation and cortisol secretion: findings from a randomized controlled indicated prevention trial in adults with stress, anxiety, or depressive symptoms. *Stress* 25, 122-133 (2022).

53 Beesdo-Baum, K., Kische, H., Zenker, M. & Asselmann, E. Ecological momentary assessment and Applied Relaxation: results of a randomized indicated preventive trial in individuals at increased risk for mental disorders. *Talk at the 52nd Congress of the German Psychological Society in Hildesheim, Germany* (2022).

54 Asselmann, E. et al. The role of gender and anxiety in the association between somatic diseases and depression: findings from three combined epidemiological studies in primary care. *Epidemiology and Psychiatric Sciences* 28, 321-332 (2019).

55 Specht, J., Egloff, B. & Schmukle, S. C. The benefits of believing in chance or fate: External locus of control as a protective factor for coping with the death of a spouse. *Social Psychological and Personality Science* 2, 132-137 (2011).

56 Asselmann, E. & Specht, J. Dramatic reaction but fast adaptation: Changes in subjective well-being around the death of a partner and death of a child. *Symposium at the 15th Conference of the German Psychological Society – Health Psychology Section in Erlangen-Nurnberg, Germany* (2021).

57 Asselmann, E. & Specht, J. Personality growth in reaction to relationship losses: Changes in perceived control before and after separation, divorce, and the death of a partner. *PloS one*, in press (2022).

58 Asselmann, E. & Specht, J. Till death do us part: Transactions between losing one's spouse and the Big Five personality traits. *Journal of Personality* 88, 659-675 (2020).

59 Werner, E. & Smith, R. S. *Journeys from childhood to midlife: Risk, resilience, and recovery*. Cornell University Press (2001).

60 Werner, E., Bierman, J. & French, F. *The children of Kauai Honolulu*. University of Hawaii Press (1971).

61 Asselmann, E. Gesundheitsbezogene Resilienz in *Gesundheitswissenschaften*(ed R. Haring). Gesundheitswissenschaften. Springer Reference Pflege-Therapie-Gesundheit. Springer (2021).

62 Bohane, L., Maguire, N. & Richardson, T. Resilients, overcontrollers and undercontrollers: a systematic review of the utility of a personality typology method in understanding adult mental health problems. *Clinical Psychology Review* 57, 75-92 (2017).

63 Bonanno, G. A. Loss, trauma, and human resilience: Have we underestimated the human capacity to thrive after extremely aversive events? *American*

Psychologist 59, 20-28 (2004).

64 Bonanno, G. A., Romero, S. A. & Klein, S. I. The temporal elements of psychological resilience: An integrative framework for the study of individuals, families, and communities. *Psychological Inquiry* 26, 139-169 (2015).

65 Galatzer-Levy, I. R., Huang, S. H. & Bonanno, G. A. Trajectories of resilience and dysfunction following potential trauma: a review and statistical evaluation. *Clinical Psychology Review* 63, 41-55 (2018).

66 Mangelsdorf, J., Eid, M. & Luhmann, M. Does growth require suffering? A systematic review and meta-analysis on genuine posttraumatic and postecstatic growth. *Psychological Bulletin* 145, 302-338 (2019).

67 Chmitorz, A. *et al.* Intervention studies to foster resilience-A systematic review and proposal for a resilience framework in future intervention studies. *Clinical Psychology Review* 59, 78-100 (2018).

68 Wundrack, R., Asselmann, E. & Specht, J. Personality development in disruptive times: The impact of personal versus collective life events. *Social and Personality Psychology Compass* 15, e12635 (2021).

69 Asselmann, E., Borghans, L., Montizaan, R. & Seegers, P. The role of personality in the thoughts, feelings, and behaviors of students in Germany during the first weeks of the COVID-19 pandemic. *PloS one* 15, e0242904 (2020).

70 Bendau, A. *et al.* Longitudinal changes of anxiety and depressive symptoms during the COVID-19 pandemic in Germany: The role of pre-existing anxiety, depressive, and other mental disorders. *Journal of Anxiety Disorders* 79, 102377 (2021).

71 Benke, C., Autenrieth, L. K., Asselmann, E. & Pane-Farre, C. A. One year after the COVID-19 outbreak in Germany: long-term changes in depression, anxiety, loneliness, distress and life satisfaction. *European Archives of Psychiatry and Clinical Neuroscience*, advance online publication, doi: 10.1007/ s00406-022-01400-0 (2022).

72 Benke, C., Autenrieth, L. K., Asselmann, E. & Pane-Farre, C. A. Stay-at-home orders due to the COVID-19 pandemic are associated with elevated depression and anxiety in younger, but not older adults: results from a nationwide community sample of adults from Germany. *Psychological Medicine*, 1-2 (2020).

73 Benke, C., Autenrieth, L. K., Asselmann, E. & Pane-Farre, C. A. Lockdown, quarantine measures, and social distancing: Associations with depression, anxiety and distress at the beginning of the COVID-19 pandemic among adults from Germany. *Psychiatry Research* 293, 113462 (2020).

74 Luhmann, M. & Hawkley, L. C. Age differences in loneliness from late adolescence to oldest old age. *Developmental Psychology* 52, 943-959 (2016).

75 Buecker, S., Mund, M., Chwastek, S., Sostmann, M. & Luhmann, M. Is loneliness in emerging adults increasing over time? A preregistered crosstemporal meta-analysis and systematic review. *Psychological Bulletin* 147, 787-805 (2021).

76 Ravens-Sieberer, U. *et al.* Impact of the COVID-19 pandemic on quality of life and mental health in children and adolescents in Germany. *European Child & Adolescent Psychiatry*, 1-11 (2021).

77 Asselmann, E., Bendau, A., Hoffmann, C. F. A. & Ewert, C. More functional coping explains the beneficial effects of self-compassion on mental health during the COVID-19 pandemic. *Talk at the 20th European Conference on Personality in Madrid, Spain* (2022).

78 Soroka, S., Fournier, P. & Nir, L. Cross-national evidence of a negativity bias in psychophysiological reactions to news. *Proceedings of the National Academy of Sciences* 116, 18888-18892 (2019).

79 Bendau, A. et al. Associations between COVID-19 related media consumption and symptoms of anxiety, depression and COVID-19 related fear in the general population in Germany. *European Archives of Psychiatry and Clinical Neuroscience* 271, 283-291 (2021).

80 Thielmann, I. & de Vries, R. E. Who wants to change and how? On the traitspecificity of personality change goals. *Journal of Personality and Social Psychology* 121, 1112-1139 (2021).

81 Hudson, N. W. & Fraley, R. C. Do people's desires to change their personality traits vary with age? An examination of trait change goals across adulthood. *Social Psychological and Personality Science* 7, 847-856 (2016).

82 Hudson, N. W., Fraley, R. C., Chopik, W. J. & Briley, D. A. Change goals robustly predict trait growth: a mega-analysis of a dozen intensive longitudinal studies examining volitional change. *Social Psychological and Personality Science* 11, 723-732 (2020).

83 Roberts, B. W. *et al.* A systematic review of personality trait change through intervention. *Psychological Bulletin* 143, 117-141 (2017).

84 Hudson, N. W. & Fraley, R. C. Volitional personality trait change: Can people choose to change their personality traits? *Journal of Personality and Social Psychology* 109, 490-507 (2015).

85 Stieger, M. et al. Becoming more conscientious or more open to experience? Effects of a two-week smartphone-based intervention for personality change. *European Journal of Personality* 34, 345-366 (2020).

86 Stieger, M. et al. Changing personality traits with the help of a digital personality change intervention. *Proceedings of the National Academy of Sciences* 118, e2017548118 (2021).

87 Allemand, M. & Fluckiger, C. Personality change through digital-coaching interventions. *Current Directions in Psychological Science* 31, 41-48 (2022).

88 Flynn, J. R. Massive IQ gains in 14 nations: What IQ tests really measure. *Psychological Bulletin* 101, 171-191 (1987).

89 Iller, M., Grunder, M. & Schreiber, M. *Handbuch Fragebogen zur Erfassung der Persönlichkeit (IPIP-5F30F-R1).* Hochschule für Angewandte Wissenschaften (2020).